戎光祥中世史論集　第8巻

承久の乱の構造と展開

転換する朝廷と幕府の権力

野口 実◉編

戎光祥出版

はしがき

戦後、「皇国《こうこく》史観《しかん》」の呪縛から解き放たれた日本中世史研究は、下部構造《かぶこうぞう》を重視する社会経済史の研究を基調に進められた。とはいえ、その担い手となった世代は、戦前までの歴史学が築きあげてきた実証的学風と身分や秩序に関する諸制度に対する理解を身につけていた。しかし、戦後生まれの次の世代になると、戦前来の蓄積は継承されず、「領主制論《りょうしゅせいろん》」「階級闘争《かいきゅうとうそう》史観《しかん》」に基づいた公武対立の基調と在地・民衆を主たるテーマとした方法がほとんどすべてを占めるようになる。

一九七〇年代以降、冷戦の終結や公害の蔓延などを背景に階級関係や社会変革に対する関心が薄れ、ある時代を切り取ってそこに生きた人々の生活や心の内面を追う「社会史」が、社会経済史研究の限界を克服する意味からも歴史学の中心を占めるようになった。「社会史」の隆盛は日本中世史研究に大きな成果をもたらした。武士を職能から評価するという見方もその所産である。しかし、「社会史」には民俗学と同様に、実証から遊離してしまう部分が多く、そこで注目された現象が、構造的に分析されることなしに表面的な興味の対象として一般に還元されてしまう側面もあった。それが、安倍晴明《あべのせいめい》や刀剣に対するブームに繋がった。おかしな表現だが、これが今日の「学問的な歴史学」の危機を招いた原因の一つであると思う。

このような、戦後から今日にいたる歴史学の潮流の中で、「承久《じょうきゅう》の乱《らん》」に対する理解は、その呼称が皇室（王家）の変事を意味する「変」から「乱」となって定着した程度の変化にとどまっているように見える。しかし、「社会史」

研究から派生した武士理解の変化は、当然、鎌倉幕府の成立に対する評価に変更を加えることになった。在京活動を身分的な存在証明とする東国武士が、幕府によって一元的に統制されていたわけではなかったことも明らかにされている。幕府を評価するには、京都の王朝に対する理解が前提となるのである。

源頼朝《みなもとのよりとも》が東国鎌倉に政権を樹立したことは、さほど大きな変革なのだろうか。「幕府」の成立は、この政権の成長過程の問題として考えるべきことであろう。治承・寿永内乱後も白河《しらかわ》・鳥羽《とば》以来の「院政」を基調とした政治システムは継続し、国家のありかたに変動は少ないと思う。「荘園公領制《しょうえんこうりょうせい》」はむしろ徹底し、官位に基づく王朝身分秩序は地方社会にも深く浸透していたのである。武士が侍（サムライ）と呼ばれるようになったのも、その反映として認識されるべきものである。では、その四十年後に起こった承久の乱はどのように理解するべきなのか、どのような論点があるのか。本書はこのような問題意識から編ませていただいた。三部仕立ての各論で、それぞれの課題設定と回答が示されるだろう。

二〇一九年二月

野口 実

※本書に収録された論文のうち、拙論三編は旧稿の再掲である。基本的に初出の形式を踏襲しているが、編集サイドで、画像（写真）を付し、各章の註を末尾にまとめたり、地図のキャプションの文言など変更を加えた部分もある。また、各論末尾の【付記】については、初出の際の文章は削除し、かわりに本書掲載にあたって必要な情報を記載した。

目次

第2部　後鳥羽院をめぐる人間関係

第3部　さまざまな資料に描かれた承久の乱

承久の乱の構造と展開

序論　承久の乱の概要と評価

野口実

承久の乱の史料

従来、承久《じょうきゅう》の乱の顛末《てんまつ》は、鎌倉幕府編纂の『吾妻鏡《あずまかがみ》』や流布本《るふぼん》『承久記』によって叙述されてきた。本来なら、一次史料である貴族の日記などに拠らなければならないのだが、乱後の院方与同者にたいする幕府の追及が厳しかったため、事件に直接関係する記事を載せた貴族の日記などの記録類がほとんどのこっていないからである。しかし、『吾妻鏡』や流布本『承久記』は、勝者の立場あるいは鎌倉時代中期以降の政治秩序を前提に成立したものであって、客観的な事実を伝えたものとはいえない。承久の乱後の政治体制の肯定を前提に後鳥羽院を不徳の帝王と評価したり、従軍した武士の役割などについて乱後の政治変動を背景に改変が加えられている部分が指摘できるからである。

そうした中、最近その史料価値において注目されているのが、『承久記』諸本のうち最古態本とされる慈光寺本《じこうじぼん》『承久記』である。本書は、乱中にもたらされた生の情報を材料にして、乱の直後にまとめられたものと考えられる。そこで、ここでは、できるだけ慈光寺本『承久記』の記述を踏まえて承久の乱の経過を再構成してみたい。

実朝暗殺の波紋

建保七年（一二一九）正月、将軍実朝《さねとも》が暗殺された。後鳥羽院と個人的な親交もあり、公家政権に好意的で、院と北条《ほうじょう》氏の間の緩衝《かんしょう》装置の役割を果たしていた実朝が死んだこと、また、幕府は源氏の家政機関から成長したものといえるのだが、その源氏が断絶してしまったことによって、京都では反幕府の雰囲気がさらに強まるとともに、幕府の内部崩壊への期待も高まった。

一方、京都の形勢を察した幕府執権北条義時《よしとき》は、実朝の死んだ翌月に、自分の妻の兄にあたる伊賀光季《いがみつすえ》と幕府の宿老大江広元《おおえのひろもと》の子親広《ちかひろ》を京都守護に任命するとともに、政所《まんどころ》執事《しつじ》の二階堂行光《にかいどうゆきみつ》を使者として京都に派遣し、かねてからの黙約にしたがって、皇子の東下を要請した。しかし、院はこれを留保する一方、実朝の弔問のため鎌倉に派遣した藤原忠綱《ふじわらのただつな》に、自分の寵愛する遊女亀菊《かめぎく》（伊賀局《いがのつぼね》）の所領である摂津国長江庄《せっつのくにながえのしょう》（大阪市）の地頭職《じとうしき》改補の要求を伝えさせた。長江庄の地頭は北条義時である。

これに対して義時は弟の時房に千騎の軍勢を率いて上洛させ、幕府の方針に照らして地頭職改補には応じられないことを伝えるとともに、皇子の下向について再度折衝させた。結局、六月に至り、左大臣九条道家《くじょうみちいえ》の子で外祖父の大納言《だいなごん》西園寺公経《さいおんじきんつね》に養われていた三寅《みとら》（のちの頼経《よりつね》）が頼朝の妹の血を引くということで鎌倉殿《かまくらどの》の後継者に決まったが、ここにおいて公武両勢力の間に生じた亀裂はすでに修復不可能となったのである。

三浦胤義の誘引

幕府討伐を決意した後鳥羽院は、院近臣の武士である能登守《のとのかみ》藤原秀康《ひでやす》に北条義時追討計画の立案を命じた。これを

後鳥羽天皇画像　大阪府三島郡島本町・水無瀬神宮蔵

うけて秀康は、北条氏以外の御家人の中で最大の有力者である三浦《みうら》義村《よしむら》の弟の胤義《たねよし》が検非違使《けびいし》（判官《ほうがん》）として在京中であることに目をつけ、院御所高陽院殿《かやのいんどの》（左京二条二坊十五・十六町）の近くあった自らの宿所に胤義を招いて、鎌倉を捨てて院に祗候《しこう》することを勧めた。

この胤義の妻（一品房昌寛《いっぽんぼうしょうかん》の娘）は、かつて将軍頼家《よりいえ》の寵愛をえて男子をもうけた女性で、頼家の死後、胤義の妻になったものである。この男子は仏門に入って禅暁《ぜんぎょう》と称したが、三代将軍実朝が暗殺されるにおよび将軍後継候補者となり、胤義もその嗣立に期待をかけたのであったが、三寅の関東下向によって、その望みが絶たれ、そのうえ北条義時によって禅暁が殺害されるにおよび、関東に居住するに忍びず、長く在京していたのであった。

胤義は、秀康からの誘いを「我が意を得たり」と引き受けたばかりか、関東にいる兄の義村に「義時を討って兄弟で日本国を知行しよう」という書状を送ってを味方につければ事の成就はたやすいとこたえている。秀康から、これをきいた後鳥羽院はおおいに悦に入ったという。鳥羽城南寺で仏事を催すので守護に当たるべしという指令が、畿内近国の武士に対して下されたのは、その直後のことであった。

承久三年四月二十八日、催促に応じた武士一千余騎が高陽院殿に参上。院は秀康に京都守護伊賀光季の追討を命じた。秀康は光季を院御所に召して討ち果たすべしという胤義の策を用いたが、光季が参上しないため、光季の館に討手を差し向けることとした。五月十五日のことである。

ちなみに、もう一人の京都守護大江親広は、院から三井寺《みいでら》の騒動鎮圧を命じられたため、五十騎ほどを率いて高陽院殿に参向したが、そこで院より直接に討幕の官軍に加わるか否か返答を求められ、やむなく京方として御所に祗候している。また、鎌倉殿三寅の関東下向の立役者として幕府と親密な関係にあった西園寺公経と子息の中納言《ちゅうなごん》実氏《さねうじ》は、高陽院殿に出頭を命じられ、その弓場殿《ゆばどの》に召籠《めしこ》められていた。

さて、院から討手が差し向けられたことを知った光季は、たとえ宣旨に背いても、落ちのびずに徹底抗戦することを宣言。これに応じたのは家子・郎等八十五騎のうち、二十九騎に過ぎなかった。

光季の宿所は高辻《たかつじ》北・京極《きょうごく》西に位置し、京極面《おもて》は大門、高辻面は小門であった。京極面に押し寄せた一千余騎の討手を前にして討死の覚悟を決めた光季は大門を開け放って奮戦したが、衆寡敵せず、寝殿に火を懸けて二男の光綱《みつつな》（童名は寿王《じゅおう》）とともに壮絶な自害を遂げた。光季四十八歳、光綱は元服直後の十四歳であった。この合戦の顛末は、早速、秀康から院に奏上され、院は「光季を味方につけて、大将軍にさせたかったものを」と、その死を惜しんだという。

京よりの使者

光季は討死の前に、院の挙兵を鎌倉に伝える文書を下人に託していた。この下人が京都を発ったのは十五日戌刻《いぬのこく》（午後八時頃）であったが、これと同時刻に三浦胤義の使者も義村宛の書状を携えて鎌倉に向かっている。また、院からは幕府の有力御家人である北条時房・三浦義村・武田信光《たけだのぶみつ》・小笠原長清《おがさわらながきよ》・小山朝政《おやまともまさ》・宇都宮頼綱《うつのみやよりつな》・長沼宗政《ながぬまむねまさ》・足利義《あしかがよし》氏《うじ》らに、五畿七道諸国に宛てた義時追討の官宣旨《かんせんじ》と義時の幕政奉行を停止すべしとする院宣《いんぜん》が下された（とりわけ北条時房・三浦義村の両人に対しては、院の内意を伝える秀康の書状が添えられた可能性がある）。これらを携えた院の下部《しもべ》押松《おしまつ》が、鎌倉を目指して京都を出発したのは、十六日の寅刻《とら》（午前四時頃）のことであった。

早馬を駆って夜を日についで東海道を走り抜けた押松が鎌倉に到着したのは、十九日の申刻《さる》（午後四時頃）のことであった。一方、光季の使者も僅かに遅れて酉刻《とり》（午後六時頃）に鎌倉に入り、すぐに北条政子《ほうじょうまさこ》のもとに参上したのである。政子は即座にこの情報を諸方に伝え、政子のもとには武田・小笠原・小山・宇都宮・長沼・足利氏ら義時追討宣旨の発給対象となった有力御家人たちが参集した。

ここで政子は、義時追討を幕府追討にすり替えることによって彼らを説得してしまう。すなわち、義時が討たれれば、頼朝以来築き上げてきた幕府という組織とその機能が消滅し、御家人たちの既得権が失われてしまうことを、頼朝の後家、頼家・実朝の母、義時の姉という立場から情を交えて切々と語りかけたのである。

後鳥羽院は北条義時を追討することによって、幕府を完全にみずからのコントロールのもとに置こうとしたのであって、決して幕府を消滅させようと考えていたのではなかった。北条氏の専権に不満を持つ御家人たちが義時追討の宣旨を受けて起ち上がることを期待していたのである。しかし、この政子の説得によって、院の目算は水泡に帰してしまった。

三浦義村の去就

三浦胤義の下人が鎌倉の義村亭に到着したのも十九日酉刻のことであった。義村はこの下人から途中まで院使の押松と同行したことを聞くと、即座に北条義時のもとに赴き、胤義からの書状を見せ、鎌倉以東に情報が漏れることを阻止するために、急ぎ押松を捕縛することを進言した。義時はただちに鎌倉中を六手に分けて捜索することを命じ、その結果、押松は奥州総奉行をつとめる葛西清重《かさいきよしげ》の宿所で逮捕された。

院の挙兵を鎌倉に報じる使者は、京都守護の伊賀光季のほか、西園寺公経の家司《けいし》三善長衡《みよしのながひら》からも遣わされており、義時追討の宣旨を持参した院使を含めて、その到着はすべて五月十九日のことであった。史料によってその到着の順序は前後するが、流布本『承久記』には「平《へい》九郎判官（胤義）ノ使《つかい》ハ、案内者《あないじゃ》ニテ、先サマニ鎌倉ヘ入テ、駿河守《するがのかみ》（義村）ニ文ヲ付テ候ヘバ」と見えており、前後の状況から考えても、鎌倉で院の挙兵の情報を真っ先につかんで、北条義時に伝達したのが義村であったことは動かないと思う。

この義村の素早い判断と行動が御家人たちの動揺を未然に防いだ。北条政子の説得と義村の行動こそが、御家人たちの対応、幕府の勝利を決定づけるする上で具体的な効力をもったと考えてよいであろう。

なお、この義村とともにとくに北条時房が蹶起を期待されたのは、彼こそが北条氏の在京活動の担い手として、院近臣の公卿《くぎょう》たちとも親密な関係にあったからであろう。当時は北条氏嫡流（得宗家《とくそうけ》）の権力が確立していた訳ではなく、時房が義時から離反する可能性も否定は出来なかったのである。しかし、実質的に鎌倉将軍家と北条氏双方の家長の立場にあった政子の存在がそれを抑止したのであった。

幕府の軍議

義時亭の侍所《さむらいどころ》には有力御家人たちが集まり、作戦会議行われた。まず、東海道の清見関《きよみがせき》（静岡市）、東山道の御《み》坂関《さかのせき》（山梨県笛吹市あるいは岐阜県中津川市）、北陸道の志保山《しほやま》（石川県宝達志水町）・黒坂《くろさか》（同津幡町）を固めさせ、さらに三道から西上する軍の手分けが行われた。

東海道軍は、先陣が北条時房（義時の弟）、二陣が泰時《やすとき》（義時の嫡子）、三陣が足利義氏（義時の姉妹の子）、四陣が天野政景《あまのまさかげ》（三浦義村の姉妹の夫で、義村の代官か）ら、五陣が木内胤朝《きうちたねとも》と千葉泰胤《ちばやすたね》（いずれも千葉氏一族で、おそらく家督の胤綱《たねつな》が年少であるための名代《みょうだい》）に率いられた都合七万騎。これがいわば大手軍で、総大将は泰時であったが、これを補佐して実質的にその役に当たったのは、泰時の舅の三浦義村であったようだ。

東山道軍は、甲斐源氏《かいげんじ》の武田信光と小笠原長清を大将軍とする五万騎。北陸道軍は、北条朝時《ともとき》（義時の二男）を大将軍とする七万騎。三道の総勢十九万騎の陣容である。

三道を西に向かう幕府軍は、院方の待ち受けるであろう要所を撃破した後、一体になって宇治・瀬田から都に入り、五条以南に火を懸けて敵軍を掃蕩《そうとう》する。兵力が不足したならば、重時《しげとき》（義時の三男）を大将軍とする援軍を派遣し、さらには義時自らが十万騎を率いて打ちのぼる。それでも、もし敗れたならば、東国に下り、足柄《あしがら》・清見の関に堀を設け、鎌倉の由比ヶ浜《ゆいがはま》で決戦を挑もう。さらに、そこでも敗れたならば鎌倉に火を懸けて陸奥《むつ》に下ってなお抵抗を続けよう。幕府の作戦は、このように意気軒昂《いきけんこう》かつ気宇壮大《きうそうだい》なものであった。

かくして五月二十一日にいたり、鎌倉の若宮大路《わかみやおおじ》に集結した東海道軍は、鶴岡八幡宮《つるがおかはちまんぐう》に征矢《そや》を献じた後、由比ヶ浜、腰越《こしごえ》を経て足柄山に馬を進めたのである。

院方軍勢の発向

五月二十七日午刻《うま》、逮捕されていた院の使《つかい》押松が釈放されて京都に向かった。押松は六月一日午刻、高陽院殿に到着。義時追討の報を期待していた公卿《くぎょう》・殿上人《てんじょうびと》は、案に相違して幕府の大軍が西上しつつあることを聞いて顔色を失った。院はうろたえる公卿らを叱咤《しった》して、防戦のために官軍を発向させることを命じた。藤原秀康はこれをうけて、軍勢の手分けを行った。

こうして、東海道には秀康・秀澄《ひでずみ》の兄弟のほか三浦胤義・佐々木広綱《ささきひろつな》・安達親長《あだちちかなが》・小野盛綱《おののもりつな》・源　翔《みなもとのかける》らの七千余騎、東山道には蜂屋頼俊《はちやよりとし》・開田重国《かいでんしげくに》・大内惟信《おおうちこれのぶ》らの五千余騎、北陸道には加藤光員《かとうみつかず》・大江能範《おおえのよしのり》らの七千余騎。総勢一万九千三百二十六騎が三道に下され、のこる公卿や僧侶によって率いられた軍勢は宇治・瀬田などの京都周辺に配置されたのである。東海道軍の大将軍藤原秀澄は美濃《みの》国に到着すると、東海・東山道の軍を大井戸《おおいど》（岐阜県可児市）・鵜沼《うぬま》（同各務原市）・摩免戸《まめど》（同）・洲俣《すのまた》（岐阜県大垣市）など十二ヵ所の要所に配置して、幕府軍に備えた。

一方、幕府東海道軍の先陣をつとめる時房の軍勢は、難なく遠江《とおとうみ》国橋本宿《はしもとじゅく》（静岡県湖西市）に到着したが、ここで、京方についた主人小野盛綱のもとに赴こうとして、時房の手から離脱しようとした安房《あわ》国の住人筑井高重《つくいたかしげ》を、遠江の内田党《うちだとう》が追捕《ついぶ》して討ち果たすというアクシデントが発生している。

さて、京方では、幕府東海道軍の先鋒《せんぽう》が尾張国府（愛知県稲沢市）に至ったことを聞きつけた山田重忠《やまだしげただ》が大将軍の藤原秀澄に、全軍を結集して洲俣から長良《ながら》川・木曽《きそ》川（尾張川）を打ち渡って尾張国府に押し寄せるべしとの献策を行った。重忠は院参の武士であるが、本拠は尾張国山田庄（名古屋市北西部・瀬戸市周辺）にあったから、地元の地理や武士たちの動向に通じていたのである。重忠の作戦は、勢いに乗じて橋本宿にいる北条泰時・時房の軍を破って鎌倉に押し寄せ、義時を討ち取ってから、北陸道に進撃し、背後から朝時の軍を蹴散らして上洛を遂げるという、幕府側の作戦同様にスケールの大きいものであった。しかし、慎重な秀澄は鎌倉に攻め下れば幕府の東山道・北陸道軍に挟撃されるおそれがあるとして、これを採ることはなかった。

幕府東山道軍の進撃

そうこうしているうちに、時房の軍は尾張国の熱田宮《あつたぐう》から一宮に至り、ここで軍議を開いた。一方、東山道軍も美濃国大井庄（大垣市）に到着したが、現地の状況は決して幕府側に有利ではなかったようで、武田・小笠原の二人の大将軍すら、「弓矢取る身の習い」として、合戦の帰趨《きすう》次第では敵方に寝返るつもりになったという。東海道軍の時房は、そうした状況をよく察しており、武田・小笠原に大井戸・河合《かわい》の渡河に成功したならば、恩賞として六ヵ国の守護職を申請するという書状を届けたので、両者はようやく作戦に従ったという。六月六日のことである。このとき、大井戸を渡った小笠原の一の郎等《ろうどう》市川新五郎は、院方の武士から朝敵呼ばわりされたことに対して、「義時だって桓武《かんむ》天皇の後胤《こういん》、武田・小笠原も清和《せいわ》天皇の後胤、『誰カ昔ノ王孫《おうそん》ナラヌ』」と応じているが、当時の武士の天皇観をよく示したエピソードといえよう。

院方で大井戸を守っていた大内惟信・蜂屋入道らも奮戦したが、惟信は子息を討たれたために後退、蜂屋入道も痛手を負ったために自害をとげた。蜂屋入道の子息のうち蔵人はこれを見て逃亡、もうひとりの三郎は父の敵とばかりに武田信長《のぶなが》と組み討ち、信長は討たれそうになったが、そこに弟の信継《のぶつぐ》が駆けつけて三郎の頸を取った。

蜂屋氏と同じく美濃源氏の一族で、院方として鵜沼を守っていた神地《こうづち》頼経《よりつね》は、大井戸・河合を突破して木曽川沿いに進んできた幕府東山道軍を見て、覚悟を決めて一戦を交えようとしたが、ともに守備についていた上田《うえだ》刑部《ぎょうぶ》から「命アレバ海月《くらげ》ノ骨ニモ」というくらいだから、天野政景を頼って北条泰時の見参に入ろうという勧めにしたがって、幕府軍に降参した。しかし、泰時はこれを許さず、頼経父子七人を梟首《きょうしゅ》したという。

板橋《いたばし》・伊義《いぎ》（生瀬）などの院方の防御線は幕府軍によって次々と破られ、ついには摩免戸を守る藤原秀康・三浦胤義軍も胤義が敵兵を多く討ち取って見せたものの、結局退却を余儀なくされた。また、院方として伊勢にあった加藤《かとう》判官《ほうがん》（光兼《みつかね》カ）は、海を渡る白鷺の群れを白旗を掲げた幕府軍の兵船と誤解して、長江《ながえ》（三重県鈴鹿市）・勾《まがり》（同松阪市）にあった自らの館に火を放ち、三千余騎を率いて撤退するという大失態を演じている。

上瀬を守っていた摂津渡辺党の源翔（愛王左衛門《あいおうさえもん》）だけが、翌朝まで持ち堪《こた》えるという奮戦を見せるというケースもあったが、こうして美濃・尾張・伊勢に張り巡らされた院方の防衛ラインは一挙に崩壊してしまったのである。

院方の敗退

六月八日の明け方、糟屋久季《かすやひさすえ》と五条有仲《ごじょうありなか》（有長）が疵をこうむりながら帰洛し、去る六日、摩免戸の合戦で官軍が敗北したことを院に奏聞《そうもん》。これを聞いて、諸人顔色を変え、御所中は大騒動になり、洛中の上下貴賤はいずれも東西に逃げ惑うありさまとなった。

このなかで、後鳥羽院は土御門《つちみかど》・順徳《じゅんとく》両上皇らとともに比叡山《ひえいざん》に避難することになり、途中、二位法印尊長《にいのほういんそんちょう》の押《おし》小路河原《こうじがわら》の泉房《いずみぼう》に立ち寄って作戦会議をひらいたのち、千騎の軍勢とともに東坂本に赴いて比叡山延暦寺の協力を求めた。しかし、ふだんの寺社抑制策が災いして、延暦寺の上層部は幕府軍の防禦《ぼうぎょ》を辞退。後鳥羽院は空しく下山して高陽院殿に還御《かんぎょ》した。十日のことである。もはや院方にとって残された方策は、瀬田（滋賀県大津市）・宇治（京都

比叡山根本中堂　滋賀県大津市

府宇治市）に配置した兵力を頼みとし、宇治川に拠って京都を防衛するのみとなった。ちなみに、ここに投入された武力の多くは、悪僧と公卿によって率いられたもので、瀬田には美濃《みのの》竪者《りゅうじゃ》観厳《かんげん》ら七百人。そのうち、五百を三穂崎《みほざき》（滋賀県高島市）、二百が瀬田橋に配されていた。また、宇治には参議《さんぎ》高倉範茂《たかくらのりもち》・右衛門佐《うえもんのすけ》藤原朝俊《ともとし》や奈良法師たち、真木島《まきしま》（宇治市槇島町）には中納言《ちゅうなごん》佐々木野有雅《ささきのありまさ》、伏見（京都市伏見区）には中納言中御門《なかみかど》宗行《むねゆき》、芋洗《いもあらい》（京都府久御山町）には中納言坊門忠信《ぼうもんただのぶ》、大渡（伏見区淀）には二位法印尊長、広瀬（大阪府島本町）には河野通信《こうのみちのぶ》らが守備についていた。

　ところで、藤原秀澄に鎌倉進撃を進言した山田重忠は徹底抗戦を続けていた。洲俣を撤退した重忠は落ち行くことなく、今度は海道・山道から攻め寄せる幕府軍が合流する杭瀬川《くいせがわ》のほとりに三百余騎で布陣したのである。これに対した幕府軍は武蔵国の児玉党《こだまとう》三千余騎で、重忠軍の奮戦によって大きな犠牲をこうむることになる。しかし、さすがの重忠も衆寡敵せず、源翔らとともに都を指して落ちて行った。

　三浦胤義・山田重忠・源翔ら院方の東海・東山道軍の敗将たちが、院御所高陽院殿に辿《たど》り着いたのは、十四日の夜半のことであった。胤義は敗戦を伝えるとともに、院御所に立て籠もって幕府軍を迎え撃って討死を遂げたいので門を開けてほしいと訴えたが、院の返事は、「それでは御所が幕府軍の攻撃にさらされることになるから退去せよ」という武士たちにとっては冷淡極まりないものであった。

胤義は院に加担したことを後悔する一方、どうせ自害にいたる運命であるのならば、せめて、淀路から攻め上ってくる兄の義村に対面して思いを述べてから、その手にかかって死のうと考え、重忠・翔とともに大宮大路《おおみやおおじ》を下り東寺《とうじ》に引き籠もって敵を待ち受けた。

翔は東海道軍四陣の将である仁田《にった》四郎、重忠は五陣の木内胤朝の手と戦ったのち、それぞれ大江山（京都市西京区）、嵯峨般若寺山《さがはんにゃじやま》（京都市右京区）に落ちていった。一方、胤義は敵軍の中に三浦氏の黄村濃《きむらご》の旗を見つけて義村に近づき、「兄上に憎まれたことが悔しくて都に上り、院に召されて義時追討に加わりました。それでも味方になってくれると思って手紙を差し上げたのですが、一族の和田義盛《わだよしもり》が挙兵したときにも裏切ったあなたを頼んだのが間違いでした。今はただ、死ぬ前にお目にかかりたくてここに参りました」と語りかけた。これに対して義村は、こんな馬鹿者の相手をするのは無益なことだと軍を四塚《よつづか》（京都市南区）に戻している。

胤義は「すでに武士としての冥加の尽きた自分が、帝王との戦いに勝利した兄を討ったところで、親の孝養をする者をなくしてしまうだけのことだ」と考えて、西獄《にしのごく》（平安京の右京一条二坊十二町の地点にあった）に討ち取った敵の頸を懸けた後、木島《このしま》（右京区）に落ち、十五日辰刻（午前八時頃）に父子ともに自害して果てた。京の人々は、胤義を立派な武士と讃えて、その死を惜しんだという。

幕府軍の入京と乱後の処理

この間、東海・東山両道一体となった幕府軍は、瀬田川沿いに南下して宇治に向かった泰時軍と瀬田橋から直接西に向かった時房の軍の二手に分かれて進撃を続け、各所に配置された院方の軍勢を蹴散らして、六月十五日巳刻《み》（午前十時頃)、泰時はついに六波羅《ろくはら》(京都市東山区)に到着した。十七日午刻(『承久三年具注暦日次記《ぐちゅうれきひなみき》』によると二十四日)に北陸道軍の北条朝時が六波羅に到着するに及んで、泰時は鎌倉に戦勝報告と戦後処理に関する指示を仰ぐ内容の書状を送った。この書状を受け取った義時は感激して、「今はもう思う事がない。自分の果報《かほう》は王の果報を過ぎたものだ。前世の行いが一つ足りなかったので、下﨟《げろう》の身分に生まれただけの事だったのだ」と述べたという。ちなみに、義時が泰時からの書状にこたえて下した指示は以下のようなものであった。

①後鳥羽院の兄である行助法親王《ぎょうじょほっしんのう》(守貞《もりさだ》親王)を院に立て、その皇子の茂仁《ゆたひと》親王を即位させること、②後鳥羽院を隠岐《おき》に配流し、そのほかの宮々も泰時の判断で流刑に処すること、③院方の公卿・殿上人を坂東に下し、容赦なく頸をはねること(ただし、坊門忠信は姉妹にあたる実朝後家《ごけ》の嘆願によって助命された)、④都での狼藉《ろうぜき》を禁止し、とくに七《しち》条女院《じょうにょいん》(藤原殖子《しょくし》《たねこ》)や摂関家・徳大寺《とくだいじ》家・西園寺家など、院に加担しなかった権門に狼藉を加えた者は幕府軍に属していても斬罪に処すること、⑤泰時・朝時は早々に鎌倉に戻るべきこと、⑥都へ食料の供給が滞らぬように朝時は北陸道七ヵ国の支配を固めること。

七月二日、後鳥羽院は高陽院殿から押小路泉殿《おしこうじいずみどの》(左京三条三坊十町)に、四日には四辻殿《よつつじどの》(一条万里小路)に、さらに六日には京外の鳥羽殿《とばどの》に移された。十日、泰時の嫡子の時氏《ときうじ》が鳥羽殿に赴いて院に流罪を宣告。そして十三日、院は出家した近臣の伊王《いおう》(医王)左衛門能茂《よしもち》や女房たちとともに隠岐に下ることとなる。なお、順徳院は二十日(『承久三年具注暦日次記』によると二十一日)に佐渡《さど》へ、二十四日には六条宮(雅成《まさなり》親王)が但馬《たじま》に下され、義時追討に消極的であった土御門院も閏十月十日にいたって、土佐《とさ》に配流されている(のちに阿波《あわ》に移配)。なお、当初早々の鎌倉下向を命じられていた泰時が北条氏の対京都活動の責任者とも言うべき叔父の時房とともに六波羅に留まったこと

（いわゆる「六波羅探題」の創設）は周知の通りである。

乱後の政務処理において注目されるのは、直接それを取り仕切ったのが、泰時の舅の三浦義村だったということである。すなわち、義村は入京するとすぐ、関東から特に宮中の守護を命じられていると称して、御所に右近将監頼《うこんしょうげんより》重《しげ》らを差し遣わし（『承久三年四年日次記』）、七月七日には、北白河殿《きたしらかわどの》にいた茂仁親王を「せめいだしまいらせて、おがみまいらせて」、翌々日に王家正邸である閑院内裏《かんいんだいり》において践祚《せんそ》（後堀河《ごほりかわ》天皇）させている（『賀茂旧記《かもきゅうき》』など）。また、後鳥羽院の所領を後高倉院《ごたかくら》（守貞親王）に進めた際に、武家要用の場合は返すという条件を申し入れたのも義村であった（『武家年代記 下 裏書』）。幕府の対朝廷政策の根幹に触れる問題処理の執行は、すべて義村の手に委ねられていたのである。こうしてみると、当時の幕府における三浦氏の地位は再評価されるべきものがあろう。

乱の評価と影響

承久の乱はふつう朝廷と幕府との戦いとして捉えられているが、実は後鳥羽院の北条義時の追討が、幕府そのものを敵に回す結果となった事件であった。京都の貴族の中でも義時追討に積極的だったのは院の関係者や近臣たちで、西園寺公経のように徹底して幕府を支持した公卿もあり、さらに延暦寺の態度に見られるように宗教勢力は院に加担することはなかった。したがって、これを鎌倉（東国国家）の京都（西国国家）に対する勝利のように喧伝するのは行き過ぎであって、わざわざ即位経験のない後高倉を登場させてまで院政が再開されたことに示されるように、乱の後も国制のあり方に本質的な変化はなかったのである。

また、院方に属した人たちの顔ぶれを見ると、鎌倉の源氏将軍家の親戚であった一条家の関係者（一条信能《のぶよし》・法印尊長ら）や幕府の成立によって不利益を被ることの多かった山田重忠のような中部地方を本拠とする武士、北条氏が専権を確立する過程で滅ぼされた和田義盛の嫡孫である朝盛《とももり》、そして兄義村との不和と北条氏への私怨のために在京していた三浦胤義などが目立つ。これはすなわち、承久の乱が幕府内部に蓄積された諸矛盾の爆発としての側面をもつことを示すのである。

とはいえ、乱の結果、それまで院にも動員権のあった在京御家人の支配は、すべて六波羅探題の手に委ねられることとなり、国家の軍事力がほぼ完全に幕府の手に帰するにいたったことは重要である。また、没収された三千余ヵ所に及ぶ院方所領の多くには東国御家人が地頭として入部することとなり、東国から西国へ民族移動とも称されるほどの現象が発生する契機となった。それにともなって、東国の気風が西国にもたらされたことは言うまでもない。承久の乱は政治史のみならず、社会史的観点からも、日本史上の大事件といえるのである。

【付記】本稿は、鈴木彰・樋口州男編『後鳥羽院のすべて』（新人物往来社、二〇〇九年）に、「承久の乱」と題して収録されたものである。なお、幕府軍の進攻ルートについては、巻末の付録に地図を掲載しているのでご参照いただきたい。

第1部　幕府の諸将と宇治川の合戦

I

承久の乱における三浦義村

野口　実

はじめに

鎌倉幕府の政治史を考察する場合、幕府の公的史書である『吾妻鏡』は、どうしても依拠せざるを得ない基礎史料である。しかし、『吾妻鏡』には典籍史料としての限界があり、とくに編纂主体である北条氏得宗家のイデオロギーに基づく操作・曲筆がみとめられることは夙に指摘されているところである(1)。

ここでとりあげる三浦義村は、十三世紀初頭の幕府揺籃期を北条氏とともに乗り切った存在である一方、御家人中唯一北条氏に対抗しうる勢力を有した存在でもあった。しかし、宝治元年（一二四七）、その嫡子泰村は北条氏に敵対して滅亡に追い込まれている。『吾妻鏡』は義村の有力さと自専の振る舞いは伝えるが(2)、しかし、北条氏に対する「忠節」を協調する一方で、決して一御家人の域を超える存在としては描いていないのである(3)。

ちなみに、承久の乱における義村の動向を『吾妻鏡』は以下のように記している。

五月　十九日条……在京の弟胤義からの京方参加への誘いに乗らず、すぐさまこれを北条義時のもとに報告。

二十二日条……京都へ進発する。

二十五日条……東海道軍の大将軍の一員となる。

六月　五日条……尾張国一宮辺における評議で、北条泰時とともに摩免戸に遣わされることとなる。

七日条……野上・垂井宿における合戦の僉議で進軍の配置を提案し、採用される。

十三日条……淀・手上に向かう。

十四日条……淀・芋洗の要害を破り、高畠をへて深草に至る。

十五日条……入京し、東寺で弟・胤義の軍と戦う。

二十九日条……鎌倉からの命令によって謀叛の輩の断罪を泰時らと評議する。

承久の乱について通覧するには『承久記』という典籍がある。その流布本も、鎌倉末期に公武を問わずに定着していた、承久の乱後の幕府による戦後処理の肯定と天命思想に基づく後鳥羽の帝徳批判という思潮を前提とし(4)、あるいは『吾妻鏡』を材料として成立したものであって(5)、三浦義村については北条氏に対する従属性や弟・胤義に対する兄弟愛のような情緒的な記述が目につくものとなっている。在来の承久の乱ないし三浦義村に対する認識はこれらの史料に基づくところが大きいのである(6)。

ところが、乱後間もなく成立した慈光寺本『承久記』や後世のイデオロギーの影響をこうむることの少なかった京都側の史料によると、乱に対する評価はもとより、乱における三浦義村の役割もまったく様相を異にするのである(7)。

本稿では、まず承久の乱における三浦義村の幕府西上軍における位置をこうした史料から捉え直し、これを前提に乱前後における三浦氏の幕府ないしは国制上の位置について再検討を加えようと思う。

一、三浦義村と胤義、北条義時と時房

慈光寺本『承久記』（以下、慈光寺本）における三浦義村は、流布本『承久記』（以下、流布本）や『吾妻鏡』における姿とまったく異なった相貌を見せている。久保田淳の「承久記　解説」[8]によって、その点をまとめると以下のとおりである。

①流布本では、義村は弟の胤義からの誘いを無視して神の名にかけて北条義時に忠誠を誓ったように描かれていて両者の力関係の違いは歴然としているが、慈光寺本では、義村が胤義の書状を持参して義時を訪れ、義時方につく態度を明らかにした上で、院使押松の捜索を進言しており、ここでの義村は義時と全く対等に描かれている。

②流布本では、自害した胤義や甥の首級を届けられた義村が、涙を流す場面が描かれるが、慈光寺本では兄と対戦した際に恨み言を述べる胤義に対し、「シレ者ニカケ合テ無益ナリト思ヒ、四墓へコソ帰ケレ」という義村の態度が示されている。

慈光寺本『承久記』の義村

流布本には、近江に進出した幕府軍が諸方に進路を分けるとき、泰村は父と別れて泰時に属す場面が描かれ、なぜ親と行動を共にしないのかと問う義村に、泰村は、一緒に行動したいのだが、出陣の際に北条義時に約束したことで、これを反故にするのは自分のためにも家のためにもならないと答え、義村もやむを得ずと考えて戦の駆け引きを教え、郎等五十人をつけてやったというくだりがある。これについて上横手雅敬は、義村は京方についた弟の胤義からの院

方への参加を断り、率先して北条氏に異心のないことを誓っていたが、それを現実の行動で果たさなければならず、その必要があってこのような行動をとったものと説明する。[9]しかし、無論、慈光寺本にはこのような記事は見られない。

このいわば「三浦父子軍中離別譚」が、まさしく承久の乱後の幕府・朝廷にとってあるべきイデオロギーに基づいて、三浦氏嫡宗家の滅亡後に、承久の乱における三浦氏の特殊な従軍形態の事実を踏まえて形成された逸話と見てよいものであるということについては、義村が幕府軍において諸陣大将軍を超越した地位にあったこと、ひいては慈光寺本が史料として卓抜した価値を有することを論証する過程ですでに旧稿において触れるところがあった。[10]

ところで、『承久記』諸本では義村と胤義の関係がストーリーの軸線の一つを担っているのだが、そもそも胤義が在京して院に祗候した事情、院方が義村の蹶起を期待して胤義にその実現を託したこと、また、戦闘および戦後処理の段階における両者間の対応について、その実態は如何なるものだったのだろうか。

三浦胤義の上洛

三浦胤義が上洛し、院に祗候した理由について、慈光寺本は、「胤義の妻（一品房昌寛の娘）はもとは源頼家の妻で、頼家との間に一子（禅暁）[11]をなしたが、頼家は北条時政に、子は義時に害せられた。胤義は、常々このことを嘆き悲しんでいる妻の姿を見るにつけて哀れに感じ、都に上って院に仕え、謀叛を起こして鎌倉に一矢を放って、夫妻の心を慰めたいと思っていた」からだと述べる。しかし、いうまでもなく、このような情緒的な理由以前の問題として、当時、東国有力御家人の在京奉公が一般的に行われていた事情も考慮しなければならない。

すなわち、院政期以降、「京武者」クラスの有力な武士の一族には、在京して権門に奉仕する人物と本拠地の在地経営を担当する人物の有機的な分業関係が見られるからである[12]。

十二世紀後半の頃になると、蔵人所滝口や上西門院に出仕して五位の位を得た下総の千葉胤頼（常胤の六男）のように、こうした存在形態は「京武者」よりもステイタスの低い「在地系豪族的武士」にも認められるようになる[13]。ちなみに、三浦氏においても、その一族の芦名為清（三浦義継の子）が中央に出仕し、阿波国久千田庄（徳島県阿波郡阿波町）を恩給された可能性のあることが指摘されている[14]。

鎌倉幕府成立の後も、有力御家人の家内部でこうした分業体制は継続しており、宇都宮氏・佐々木氏などはその典型的な存在と言える[15]。そして三浦胤義の在京もその類例とみなされるのである。

三浦胤義の承久の乱に至るまで継続する在京奉公開始の時点は、在鎌倉が明らかな建保六年（一二一八）六月から翌年正月の実朝暗殺以前のことと推測されるが[16]、判官（衛門府尉で検非違使の宣旨をうけた者）への補任については、彼が承久の乱に参加する直前と考えられてきた。しかし、最近、真鍋淳哉は、『民経記』紙背文書からそれが遅くとも承久二年（一二二〇）十一月以前に遡ることを明らかにしている[17]。この当時、義村は左衛門尉に過ぎず[18]、ステイタスの点からすれば、検非違使の宣旨をこうむった胤義が上位に立つことになったのである。

承久の乱で京方について滅亡した胤義に替わって在京奉公を担当したのは義村の子光村であろう。彼の場合もその官歴は兄泰村をはるかに凌駕しており、判官（廷尉）に任じた後、大夫判官から壱岐・河内・能登の受領を歴任している[19]。

北条時房の立場

北条氏の場合、文治元年（一一八六）十一月に頼朝の代官として上洛した時政が、翌年三月、東下するに際して洛中警衛のため、眼代として留め置かれた時定をあげることができる。諸系図によると彼は時政の従弟または甥にあたるが、実は北条氏の嫡流とも想定される存在で、傔仗→左兵衛尉→左衛門尉を歴任して建久四年（一一九三）二月、在京のまま死去している。[20]なお、時政が叙爵・任官（遠江守）を果たしたのは正治二年（一二〇〇）四月のことであった。

時定の後、北条氏一門で継続的に在京した人物は見当たらないが、それに準ずる役割を担ったのが、義時の弟時房であろう。建保六年（一二一八）二月、政子は鎌倉を出発、京都を経て熊野参詣に向い、再び京都を経て四月末に鎌倉に戻っている。この間、政子は卿二位藤原兼子と実朝の後継者選定などについて協議を重ね、さらに兼子の斡旋によって従三位に叙せられている。この時、時房は姉の政子に同行しており、政子が鎌倉に戻った後も子息の時村とともに「仙洞御鞠」に参るために京都に留まっている。このことは時房が京都の文化に精通していたこと、すなわち滞京経験が豊富だったことを示すものであろう。[21]ちなみに、時房はこの翌年の三月にも院への返使として上洛している。

慈光寺本で注目されるのは、北条義時による幕政「奉行」の停止を命ずる院宣発給の対象に指名された有力御家人の中に「相模守時房」の名が見えることである。これまでの一般的な認識によれば、時房は義時と一枚岩であり、東海道軍の大将軍として京都に攻め上り、乱の後は泰時とともに在京して初代の六波羅探題に任じたということになるのだが、京方から見ると実は彼も義時への反逆を期待しうる存在だったらしい。[22]

建保六年に時房に従って上洛した時村は、その実名の「村」の字から三浦義村の烏帽子子とみなされるが、彼は承久二年（一二二〇）正月、弟の資時とともに俄に出家をとげた。このとき時村は推定年齢二十四歳、資時は二十三歳であったから、余程の事情があったものと考えられるが、[23]『吾妻鏡』は、「楚忽之儀」であったため、人はこれを怪しんだとコメントを加えている。渡辺晴美は、同年十月十一日に鎌倉で南北二町ほどの火災があった際、承久の乱で京方の大将軍となった大内惟信の家と一緒に相模次郎行念（時村）の家が焼けていることから、時村に反鎌倉的な動きがあった可能性を指摘している。[24] 在京活動の多かった時房―時村は、必ずしも義時と一体の存在ではなかったようである。

同族間の分業と対立

承久の乱以前において、在京御家人の動員は、院政期以来の在京武力に対するそれと同様の方法で院が主導していた。[25] 承久の乱に際して三浦胤義が京方に参加したのは、その意味で当然のことと言えるのである。最近、白井克浩は、承久の乱における京方の軍事作戦が、京都で追討軍を編成して東国に進撃するというのではなく、まず畿内・西国から召集した武力によって京中の制圧を行い、ついで追討宣旨によって蹶起した反北条的な東国武士によって鎌倉を攻撃するというものであったという仮説を提示している。[26] これにしたがうならば、京方は胤義を通して北条氏に対峙しうる最有力御家人である三浦義村に挙兵を求めるとともに、在京活動の機会の多かった時房にも期待をかけたということになろう。

しかし、ことはそう単純ではなく、当時の武士社会においては、強力な親の教令権のもとで分割相続が行われて兄弟間の関係は対等に近く、嫡宗家は未確立な段階であったから、兄弟間の競合・対立もしばしば発生していた。[27]

三浦氏と同じように、この乱で佐々木広綱・信綱の兄弟は敵味方に分かれた。勝者側の信綱は、召し預かった兄広綱を処刑したばかりか、北条泰時が広綱の子息勢多伽丸を助命したことに抗議して、その身柄も預かり六条河原で斬首している。この事例などは、まさに右のような兄弟関係の反映とみてよいであろう。

三浦氏は幕府草創に大きな役割を果たしたが、緒戦で族長の義明を失ったため、和田・佐原など庶家の自立が顕著であった。建久四年（一一九三）正月には、族人が義澄の指示に従わないという風聞を知った頼朝が、わざわざ三浦一族に対して義澄の支配に服するように命じている（『吾妻鏡』同二十日条）。しかし、義澄の死後、和田義盛は侍所別当として嫡家をしのぐ勢力を築き、慈円をして「三浦ノ長者」と称されるに至る（『愚管抄』巻第六）。このことは建保合戦における義村の去就を決定する要因の一つと考えられ、彼は「三浦の犬は友をも食らうなり」（『古今著聞集』巻第十五）という罵言とひきかえに三浦氏一門の族長「みうらのかしら」（菊亭本『文机談』巻第五）としての地位を確保したのである。(28)

一族の統制という点で長く辛酸を嘗めてきた義村にとって、胤義の存在は、在京活動という族的分業の担い手としての側面よりも、一族内の競合者としての側面が大きくなっていったのであろう。ちなみに、慈光寺本には、胤義が義村に対して「サテモ鎌倉ニテ世ニモ有ルベカリシニ、和殿ノウラメシク当リ給シ口惜サニ、都ニ登リ、院ニ召サレテ謀叛オコシテ候ナリ」と述べたとあり、これに従えば義村と胤義は胤義の在京以前から不仲であったことになる。

一方、北条氏の場合は政子の存在が大きい。(29) 政子は実朝亡き後、「後家の力」と二位の位階を背景に実質的に源氏将軍家の家長としての機能を行使しており、また、義時の後継者に泰時を据える際に彼女が決定的な役割を果たしたことからも知られるように、時政追放後の北条氏一族の族長としての権威をも担う存在だったのである。彼女の存在が、泰時と時房の離間を抑止したといえよう。

乱中の私戦

承久の乱の戦闘場面においては興味深い現象が看取できる。それは、同族や所領紛争の想定できそうな御家人同士が敵味方となって、直接干戈を交えるケースが見られることである。

たとえば、義村は胤義らの守る摩免戸の渡の攻撃を担当しており（『吾妻鏡』六月三・五日条）、また、その後幕府軍が都にせまった段階で院に見放され敗北を悟った胤義は、義村の率いる一手が淀路を進軍していることから、わざわざその進路にあたる東寺に籠もって義村軍を待ち受けている。慈光寺本は戦闘経過を記さないので『吾妻鏡』によって見ると、この時胤義の軍勢を攻撃したのは「三浦佐原輩」で、合戦を数回繰り返し、双方の郎従に多くの戦死者を出したという（六月十五日条）。

さらに流布本には、東寺の付近において上総国御家人である角田氏の軍と三浦胤義軍が合戦に及ぶ場面が見える。胤義は、和田義盛の旧領、上総国伊北庄を所領としていた。この地は両総平氏・上総氏流の角田《すだ》氏の本貫地である墨田保（千葉県長南町須田・茂原市墨田）やその一族の割拠する畔蒜北庄（同袖ヶ浦市東南部）と隣接しており、本来、上総氏の支配の下にあったが、寿永二年（一一八三）、上総広常が頼朝に誅殺された後、義盛が拝領したものであった。長く、その回復を期していた上総氏系の武士たちは、胤義の京方参加をそのチャンスとみたのであろう。胤義の軍には、その上総氏系につらなる上総国の武士たちも襲いかかり、胤義の郎等三戸源八は角田弥平次（広常の弟相馬常清の子孫）の郎従に討ちとられたという(30)。

この京中の戦闘の背景として在地における紛争を看取できるとすれば、流布本のこの部分の記述には一定の史料的な裏づけが得られるのではないかと思われる。

なお、乱後、京方についた御家人の処分（斬首）は前述した佐々木氏のごとく、東軍に属した同族によって行われており、木島で自害した胤義の首級も義村によって召し出されている（慈光寺本）[31]。

二、三浦義村の再評価

義村の去就

三浦義村は北条氏の勢力伸長の過程で常に大きな役割を演じている。元久二年（一二〇五）の畠山重忠討滅における彼の役割については詳細に論じたことがあるが[32]、これに続く時政と牧の方の失脚事件について、『愚管抄』（巻第六）はその実行主体として政子・義時姉弟とともに義村の名をあげている。建保合戦の勝利についても、義時が自ら「偏依義村之忠節」と述べたといい（『吾妻鏡』建保元年五月四日条）、義村はほぼ同世代の北条政子・義時とは常に協調関係にあった[33]。

実朝の後継者の選定、さらにその下向にあたっての義村の活躍は大きく、三浦氏は鎌倉殿として迎えられた九条家出身の三寅（頼経）の親衛軍のごとき様相を呈した[34]。義村は三寅を養育した西園寺公経との親交も想定されるから[35]、承久の乱に際して、三寅や公経の排除・失脚に連動する義時追討命令に従う可能性は少なかったと見るべきであろう[36]。蹶起を勧める胤義からの書状を受け取った義村は、これを北条義時のもとに持参し、個々の御家人に挙兵を呼び掛けるために別に派遣された院使の捕縛を進言したのである（慈光寺本）。

なお、院の挙兵を鎌倉に報じる使者は京都守護の伊賀光季や西園寺公経の家司三善長衡からも派遣されており、義時追討の宣旨を持参した院使を含めて、その到着はすべて五月十九日のことであった。史料によってその到着の順序は前後するが、流布本に「平九郎判官（胤義）ノ使ハ、案内者ニテ、先サマニ鎌倉へ入テ、駿河守（義村）ニ文ヲ付テ候ヘバ」と見えており、前後の状況から考えても、鎌倉で院の挙兵の情報を真っ先につかんで、北条義時に伝達したのが義村であったことは動かないと思われる。(37)

三浦義村木像　神奈川県横須賀市・近殿神社蔵

白井克浩は、京方の敗因を、鎌倉にあった個々の有力御家人に宛てた義時追討院宣を帯した院の使者が北条氏によって捕らえられ、ついに院宣が本来の追討軍を構成すべき存在に伝わらなかったことに求めている。(38)そして、白井の指摘するように、北条氏がそのような素早い対応を行いえたのは、先に到着した胤義の使者から得た情報を義村が秘密裏に義時のもとに報じたからに相違あるまい。

私は旧稿において、三浦義村が幕府上洛軍における実質的な総司令官としての役割を担った存在であったことを述べたが、(39)それはかかる経緯を踏まえれば当然のことだったのである。流布本に描かれている、北条氏への離反の疑いを避けるために汲々とする義村の姿は、まさに三浦氏嫡家滅亡後のイデオロギーと物語的趣向の産物と評価すべきであろう。

戦後処理軍政官としての義村

すでに旧稿で述べたところであるが、[40]乱後義村はしばらく滞京して迅速かつ果断に戦後処理を進めている。すなわち、上洛後の彼の活動については比較的信憑性の高い史料から次の三点の注目すべき事実を知ることが出来る。

①六月十五日、関東から特に宮中の守護を命じられていると称して、右近将監頼重らを差し遣わしたこと（『承久三年四年日次記』）。

②七月七日、北白河殿にいた茂仁親王を「せめいだしまいらせて、おがみまいらせて」、同九日、践祚（後堀河天皇）させたこと（『賀茂旧記』[41]）。

③後鳥羽院の所領を後高倉院に進めた際に、武家要用の場合は返すという条件を申し入れていること（『武家年代記下　裏書』）。

幕府の対朝廷政策の根幹に触れる問題処理の執行はすべて義村の手に委ねられていたのである。義村の嫡子泰村が院御厩の実質的管理者の地位を示す院御厨案主に就任しているのも（西園寺家所蔵「院御厩次第」）、その一環といえよう。承久の乱後、京方与同者に対する幕府の追及はきわめて厳しかった。院近臣二位法印尊長の日記が幕府に押収されたために、彼と親交のあった人々が恐慌をきたしたという。[42]また、現存する『承久三年具注暦』（天理大学附属天理図書館所蔵本）の乱関連の記事の多くは墨で塗りつぶされているが、これは院方の祈禱に組み込まれていた記主が、乱後、自身に危害が及ぶことを避けたためだと考えられている。[43]かかる状況の下で、王権の根幹たる皇位継承にまで関与した三浦義村に対する京中貴顕の評価・畏怖の念は否が応でも高まらざるを得なかったことであろう。

おわりに――権門としての三浦氏

承久の乱後、三浦氏は、それまでの相模・土佐に加えて河内・紀伊・讃岐に守護職を獲得し、淡路・筑前・肥前など西国各地に所領を拡大した。三浦氏は列島規模のネットワークをもち、さらには大陸との交易も指向する有力都市領主としての立場を築いたのである[44]。

一方、この乱に際し、幕府方において北条義時に並立するほどの主体的な立場を示した三浦義村は、京都政界にも大きな影響力を行使しはじめる。たとえば、『明月記』の寛喜元年（一二二九）十月六日条には、義村が九条道家の関白更迭を図ろうとしているという情報を聞いた藤原定家が、義村の態度を非難して「恐惶無極」と書きつけている[45]。また、同嘉禄二年（一二二六）二月二十五日条・三月二十二日条によると、賀茂社の正禰宜に、昨年殺害された前任者資頼の子が「関東之吹挙」によって任命されたが、それは「義村之所為」と受け取られる人事であった。ちなみに、資頼が殺害された際に、犯人として資頼の弟資綱のみならず縁坐として漏剋博士賀茂宣知が捕らえられて六波羅に拘禁されたが、それはこの資頼の子が「義村之縁者之夫」であったことによるものであった[46]。

さらに、義村が貴族の家内部の問題にとどまらず朝廷の人事にまで介入するほどの権勢を示していたことは、藤原定家・為家父子に前大納言藤原兼宗とその子参議忠定との不和の調停を依頼していることや（『明月記』天福元年三月十七日条[47]）、一条実雅の旧妻（北条義時女）と左中将土御門通時との結婚を仲介し（同　嘉禄元年十一月十九日条）、通時の官途を推挙していること（同　天福元年十二月六日条）などからも十分にうかがうことができる[48]。

一方、藤原俊親のように、義村の推挙によって在京のまま関東の政治に口入する貴族もあらわれる。俊親は「両国司（執権・連署）の耳目」として幕府に重用された貴族であるが（同　嘉禄二年正月二十六日条）、彼の母方の祖父藤原季行の曾孫にあたる二条親季の室は義村の女子であった[49]。

暦仁元年（一二三八）の将軍頼経上洛は、義村の権勢を存分に示したイベントであった[50]。義村は独自の随兵十二番三十六名を率いて将軍上洛の行列の先陣をつとめている（『吾妻鏡』二月十七日条）。二月二十三日、泰時は西園寺公経に謁したが、この時、引き出物として自らの二疋のほか「義村所与」の馬を献じている（『玉蘂』二十四日条）。六月五日、頼経が氏神の春日社に参詣したときも義村は先陣をつとめ、そればかりか、私兵をもって春日山を包囲して警固にあたっている（同、同日条）。

戸村浩人は、この頼経上洛の間に、九条道家・北条泰時・三浦義村三者の合意によって、頼経の室として、大宮局と二位殿が入ることが決められたと推定しているが[51]、『興福寺略年代記』に「頼経将軍率泰時、時房、義村等上洛」とあるように、まさしく義村は北条泰時・時房とならぶ「関東」の代表だったのである。

この間における義村ならびに彼の子息たちの官位の上昇や三浦氏の家政機関の機能拡大にともなう京下りの吏僚の存在、また尾張国の大屋中太家重に見られるような御家人の三浦氏被官化の問題などは、すでに旧稿で触れるところがあったので省略に委ねたい[52]。

なお、旧稿において、寛喜三年（一二三一）七月一日、天台座主良快の拝堂登山の行列に上童として義村子箱熊丸が従ったことを述べたが（『天台座主記』三）、この箱熊丸はのちに良賢と名乗り、財力のみならず武力をもって、九条家出身者が歴代門主となる青蓮院に奉仕したことを平雅行の研究で知ることを得た[53]。三浦氏と中央の宗教勢力との関係を物語る重要な事実として付け加えておきたい。

高橋秀樹は、『吾妻鏡』には義村が三寅の元服のことに深く関わっている徴証はないが、『明月記』嘉禄元年十月二十八日条に西園寺公経が義村等の意向をはかりかねて苦慮している様子が記されていることから、藤原定家や九条家の周辺では義村の主導で準備が進められていると認識されていたことを明らかにしている。この指摘は『吾妻鏡』に基づいて義村を評価するのには限界があるということを示唆している。

これに続けて高橋は「京都から北条義時死後の鎌倉幕府を見たときに、一番大きな存在として意識されたのが義村だったのだろう」と結論づけているが[54]、私はさらに踏み込んで、義村段階の三浦氏は一有力御家人としての範疇を逸脱しており、北条氏と対等に近い、国家的武家権門たる幕府を構成する権門として評価すべきではないかと考えるのである。

註

（１）八代國治『吾妻鏡の研究（覆刻版）』（藝林舍、一九八一年。初出、吉川弘文館、一九一三年）、貫達人「吾妻鏡の曲筆」（『金澤文庫研究』第一五巻第七号、一九六九年）、五味文彦『増補吾妻鏡の方法　事実と神話に見る中世』（吉川弘文館、二〇〇〇年）など。

（２）上横手雅敬「執権政治の確立」（同『日本中世政治史研究』塙書房、一九七〇年）三九二頁。

（３）『吾妻鏡』元仁元年七月十八日条には、義村の義時に対する「微忠」と、義時の義村に対する「芳恩」が記されている。

（４）後鳥羽院を「不徳」の君主とし、幕府による戦後処理を肯定的に捉える「承久の乱」観が形成される背景については、川合康「武家の天皇観」（永原慶二編『講座・前近代の天皇４　統治的諸機能と天皇観』青木書店、一九九五年）を参照されたい。

（５）杉山次子「承久記諸本と吾妻鏡」（『軍記と語り物』第一一号、一九七四年）。

（６）流布本の無批判な使用という点では、拙稿「ドキュメント 承久の乱」（『別冊歴史読本　後鳥羽上皇』第一五巻第二八号、一九九〇年）もまた、訂正を要すべきところが多い。

（7）慈光寺本おける三浦義村については、拙稿「慈光寺本『承久記』承久記の史料的評価に関する一考察」（京都女子大学宗教・文化研究所『研究紀要』第一八号、二〇〇五年。本書第3部Ⅰ）を参照されたい。なお、この拙稿において、慈光寺本の史料的価値の高さを評価したり、それを前提にして個別のテーマにせまった歴史学ジャンルの先行研究として以下の四論文の紹介を漏らしたので、あらためてここに提示させていただく。

・平岡豊「承久の乱における院方武士の動員についての概観」（『史学研究集録』、第九号、一九八四年）。

・小山靖憲「椋橋荘と承久の乱」（『市史研究とよなか』第一号、一九九一年）。

・同「源平内乱および承久の乱と熊野別当家」（『田辺市史研究』第五号、一九九三年）。

・松島周一「承久の乱と三河国中条氏」（峰岸純夫編『日本中世史の再発見』吉川弘文館、二〇〇三年）。

また、右の拙稿において、慈光寺本に北条時盛が「勾当」と見えることについて、中条家文書『桓武平氏諸流系図』に「鎌倉右大臣勾当」と記すことを指摘したが（注〈19〉）、青山幹哉氏より、『六波羅守護次第』にも六波羅南方に任じた時盛の尻付に「鎌倉右大臣家勾当」とあることを御教示いただいた。記して謝意を表したい。

（8）『保元物語　平治物語　承久記』（新日本古典文学大系四三、岩波書店、一九九二年）。

（9）上横手雅敬『北条泰時』（吉川弘文館、一九五八年）三五～三七頁。

（10）拙稿「慈光寺本『承久記』の史料的評価に関する一考察」。

（11）新日本古典文学大系本では、これを栄実にあてるが、『大日本史料』（第四編之十五、五〇八頁）に従う。

（12）北関東を本拠とする義国流源氏については、須藤聡「平安末期清和源氏義国流の在京活動」（『群馬歴史民俗』第一六号、一九九五年）、美濃を本拠とする重宗流源氏については、伊藤瑠美「一一～一二世紀における武士の存在形態——清和源氏重宗流を題材に」（『古代文化』第五六巻第八・九号）を参照されたい。ちなみに平家の有力家人平貞能の場合も、自らは在京して衛府の尉や受領を歴任したが、兄の平田家継は本拠地である伊賀国にとどまって活動を続けたことがよく知られている。

（13）千葉胤頼の在京活動については、拙稿「東国政権と千葉氏」（拙編『千葉氏の研究』第二期関東武士研究叢書5、名著出版、二〇〇〇年。初出は一九七七年）を参照されたい。ちなみに、胤頼の兄弟にあたる日胤は三井寺に入り、以仁王・頼政の挙兵に参加して討死をとげている。

また、「在地系豪族的武士団」については、拙稿「豪族的武士団の成立」（元木泰雄編『院政の展開と内乱』日本の時代史7、吉川弘文館、二〇〇二年）を参照されたい。

(14)『新横須賀市史　資料編　古代・中世Ⅰ』（横須賀市、二〇〇四年）二五一頁。

(15)秋山哲雄「都市鎌倉の東国御家人」（『ヒストリア』第一九五号、二〇〇五年）、山内梓「鎌倉初期の近江佐々木氏」（京都女子大学宗教・文化研究所ゼミナール『紫苑』第三号、二〇〇五年）参照。

(16)石丸熙「鎌倉武士と京都――三浦一族の場合」（大隅和雄編『文化史の諸相』吉川弘文館、二〇〇三年）。

なお、胤義の在京期間について、慈光寺本には「今年三年都ニキテ」「今年三年京住シテ」と見える。流布本には「大判（大番）ノ次デ在京して候ケレバ」とあるが、胤義が判官であったことからして、大番役のみを在京の理由とすることは首肯できない。

(17)真鍋淳哉「院政・鎌倉期の三浦一族――市史編さんの成果から」（『三浦一族研究』第七号、二〇〇三年）。

(18)当該期の三浦氏ならびに北条氏一族の官位については、拙稿「執権体制下の三浦氏」（『中世東国武士団の研究』高科書店、一九九四年。初出は一九八三年）を参照されたい。

(19)三浦光村の在京活動については、拙稿「執権体制下の三浦氏」、同「承久の乱と三浦一族」（『三浦一族研究』第三号、一九九九年）、高橋秀樹・真鍋淳哉「三浦一族を読み直す――資料解説拾遺」（『市史研究横須賀』第四号、二〇〇五年）を参照。

(20)『吾妻鏡』同二十五日条。時定の系譜的位置については、八幡義信「伊豆国豪族北条氏について」（『武蔵野』第四八巻第一号、一九六九年）、杉橋隆夫「北条時政の出身――北条時定・源頼朝との確執」（『立命館文学』第五〇〇号、一九八七年）、時定の在京活動については、上横手雅敬「吾妻鏡文治三年九月十三日条をめぐる諸問題」（同『鎌倉時代政治史研究』吉川弘文館、一九九一年。初出は一九七三年）を参照。

ちなみに、時定は「陸奥所」の仮名を立てて活動しているが、上横手雅敬はその理由について、時定が義経追捕を主たる任務としていることから、陸奥の義経　ないし藤原氏追討の名目または目的によると推測する。とすれば、彼の帯した傔仗の官は陸奥守の傔仗と見てよいのではないだろうか。

(21)渡辺晴美「北条時房の子孫について」（『政治経済史学』第三〇〇号、一九九一年）参照。

(22)　北条義時の死後、時房が泰時を凌ぐほどの実力を示していたことについては、石井清文「藤原頼経将軍暦仁元年上洛の意義」（『政治経済史学』第三四四号、一九九五年）を参照されたい。
(23)　渡辺晴美「北条時房の子孫について」。
(24)　渡辺晴美「北条時房の子孫について」。なお、彦由一太「鎌倉初期政治過程に於ける信濃佐久源氏の研究――武家棟梁としての平賀義信・大内惟義・平賀朝雅・大内惟信の歴史的評価」（『政治経済史学』第三〇〇号、一九九一年）第二十三章にも同様の指摘がある。
(25)　木村英一「六波羅探題の成立と公家政権――「洛中警固」を通して」（『ヒストリア』第一七八号、二〇〇二年）。
(26)　白井克浩「承久の乱再考――北条義時追討宣旨をめぐって」（『ヒストリア』第一八九号、二〇〇四年）。
　ただし、院宣・宣旨の追討対象が北条義時であるのを、政子が巧みに幕府追討とすりかえて御家人たちの蹶起を促したとする見方は、すでに貫達人「承久変論」（高柳光寿博士頌寿記念会編『戦乱と人物』吉川弘文館、一九六八年）に示されており、平岡豊「承久の乱における院方武士の動員についての概観」は、この指摘を踏まえて、院の企図が早くもこの時点で挫折したと断じている。なお、平岡論文がこの点について論及していることについては、長村祥知の教示による。
(27)　貫達人「私の惣領制覚書」（『中世の窓』第六号、一九六〇年）、野口実「鎌倉武士の心性――畠山重忠と三浦一族」（五味文彦・馬淵和雄編『中世都市鎌倉の実像と境界』高志書院、二〇〇四年）。
(28)　筧雅博は、建保合戦後、和田義盛の帯していた侍所別当の兼ねるところであった御厩別当職が分離されて、三浦義村の知行するところとなったことを指摘している（「鎌倉幕府史再構成のための試み」『三浦一族研究』第八号、二〇〇四年）。
(29)　北条政子については、野村育代『北条政子　尼将軍の時代』（吉川弘文館、二〇〇〇年）、また彼女が有していた「理非聴断」の権限については、貫達人「鎌倉幕府の御家人」（『郷土神奈川』第一〇号、一九八〇年）を参照されたい。
(30)　角田氏については、拙稿「中世東国武家社会における苗字の継承と再生産――吉川本『吾妻鏡』文治二年六月十一日条の「相馬介」をめぐって」（拙編『第二期関東武士研究叢書第五巻　千葉氏の研究』。初出一九九七年）を参照されたい。
　ちなみに、前田家本『承久記』は「角田弥平次」を「角田平二資親」とするが、『神代本千葉系図』（原本は中世前期に成立）に、上総広常の弟常清の孫として「同（角田）弥平次助親」が見える。前田家本の成立・素材を考える上での一つの情報として提示しておきたい。

（31）流布本によると、胤義は妻子の住む太秦に落ちようとしたが果たせず、近くの木島社で自害をとげたという。慈光寺本の記事と照らし合わせても、彼の亭が太秦にあったことは首肯でき、当時、在京御家人の多くが河東ないし左京東部に居住していたことを考えると、注目してよい事実である。おそらく、胤義は、藤原秀康の宿所が「高陽院殿ノ御倉町辺ノ北辺」（慈光寺本）にあったように、院御所の付近にも別に宿所を持っていたのであろう。京都における鎌倉幕府勢力の居住形態については、木内正広「鎌倉幕府と都市京都」（『日本史研究』第一七五号、一九七七年）を参照されたい。

なお、鎌倉時代における三浦氏関係の京中屋地については、真鍋淳哉「院政・鎌倉期の三浦一族――市史編さんの成果から」（『三浦一族研究』第七号、二〇〇三年）、同「三浦一族と京都の土地」（『新横須賀市史　資料編　古代・中世Ⅰ』、二〇〇四年）に詳しい。ちなみに、『吾妻鏡』建久六年五月十五日条には、京都六条大宮辺で三浦義澄の郎等と足利（藤姓）五郎の所従等が闘乱事件を起こし、両者の縁者がそれぞれの旅宿に馳せ集まったという記事が見えるが、このことから、源氏相伝の地である六条堀河に近接する辺りに、幕府成立以前から三浦氏の宿所が所在したことを想像することも可能であろう。

（32）拙稿「鎌倉武士と報復――畠山重忠と二俣川の合戦」（『古代文化』第五四巻第六号、二〇〇二年）。

（33）拙稿「執権体制下の三浦氏」、同「鎌倉武士と報復――畠山重忠と二俣川の合戦」参照。また、北条義時死後の段階における義村と北条泰時・時房との政治的連帯については、石井清文「北条泰時時房政権期に於ける三浦氏――安貞二年、藤原頼経将軍の田村山荘渡御をめぐって」（『政治経済史学』第四一一号、二〇〇〇年）を参照されたい。

ちなみに、義村の娘は北条泰時の室となり、やがて離別するが、所生の時氏は母方で育てられたらしく、彼が六波羅探題となったときには、母の再婚相手で三浦一族の佐原盛連が後見的な立場で一緒に上洛・在京している（『明月記』嘉禄二年正月二十四日条）。

（34）拙稿「執権体制下の三浦氏」、石井清文「藤原頼経将軍暦仁元年上洛の意義」、同「北条泰時時房政権期に於ける三浦氏――安貞二年、藤原頼経将軍の田村山荘渡御をめぐって」。

（35）拙稿「執権体制下の三浦氏」。承久の乱後の関係については、高橋秀樹「鎌倉幕府と馬――三浦氏とのかかわりを中心に」（『市史研究横須賀』創刊号、二〇〇二年）を参照されたい。

(36) 石丸熙は、義村と後鳥羽院近臣の藤原秀能との関係の存在を推測し、また、彼が京都との多様な接点の中から西園寺公経とのつながりを選択したことを指摘している（「鎌倉武士と京都――三浦一族の場合」）。
(37) 拙稿「承久の乱と三浦一族」。
(38) 白井克浩「承久の乱再考――北条義時追討宣旨をめぐって」。
(39) 拙稿「慈光寺本『承久記』承久記の史料的評価に関する一考察」。
(40) 拙稿「慈光寺本『承久記』承久記の史料的評価に関する一考察」。
(41) 尾上陽介「賀茂別雷神社所蔵『賀茂神主経久記』について」（『東京大学史料編纂所研究年報』第一一号、二〇〇一年）に、承久の乱関係の記事が翻刻がされている。
(42) 『明月記』安貞元年八月十二日条。なお、上横手雅敬「承久の乱の諸前提」（同『日本中世政治史研究』塙書房、一九七〇年）参照。
(43) 山下克明「『承久三年具注暦』の考察」（大東文化大学東洋研究所『東洋研究』第一二七号、一九九八年）。
(44) 拙稿「承久の乱と三浦一族」。三浦氏の守護職補任状況や土佐国との関係などについては、上杉和彦「鎌倉幕府の支配と三浦氏」（『三浦一族研究』第四号、二〇〇〇年）に詳しい。なお、三浦氏と九条家が土佐の守護と知行国主の関係にあったことは、すでに拙稿「執権体制下の三浦氏」で指摘したところである。
(45) この『明月記』の記事は、夙に拙稿「執権体制下の三浦氏」で紹介したところだが、高橋秀樹はその解釈に不十分な点があることを指摘し、あらためて新しい解釈を示した（高橋秀樹・真鍋淳哉「三浦一族を読み直す――資料解説拾遺」）。本稿ではこれに従うとともに、記して高橋氏に謝意を表したい。
(46) 高橋秀樹・真鍋淳哉「三浦一族を読み直す――資料解説拾遺」参照。
(47) すでに拙稿「執権体制下の三浦氏」でも触れたところだが、この日の条で藤原定家は、義村が通時の人物に感じてこの婚姻を進めたことを記した後に「竊案、義村八難六奇之謀略、不可思議者歟、若依思孫王儲王用外舅歟」と、意味深長なことを述べている。
(48) 拙稿「執権体制下の三浦氏」、同「承久の乱と三浦一族」。
(49) 戸村浩人「三浦氏と九条道家」（『季刊ぐんしょ』再刊第三六号、一九九七年）、高橋秀樹・真鍋淳哉「三浦一族を読み直す――資料編解説拾遺」参照。

(50)　拙稿「執権体制下の三浦氏」、石井清文「藤原頼経将軍暦仁元年上洛の意義」。
(51)　戸村浩人「三浦氏と九条道家」。
(52)　拙稿「執権体制下の三浦氏」。なお、この時期の三浦氏の被官に関しては、久保木実「鎌倉前期の三浦氏の家人」（『三浦一族研究』第二号、一九九八年）に要領よくまとめられている。ちなみに、承久の乱後に確認されることであるが、下総千葉氏一族の大須賀八郎（範胤）と摂津渡辺党の遠藤為時が義村の「家子」であった事実も付け加えておきたい（外山信司「大慈恩寺開基大須賀胤氏と宝治合戦」『千葉史学』第三五号、一九九九年、生駒孝臣「鎌倉中・後期の摂津渡辺党遠藤氏について」関西学院大学人文学会『人文論究』第五二巻第二号、二〇〇二年）。
(53)　平雅行「鎌倉山門派の成立と展開」（『大阪大学大学院文学研究科紀要』第四〇巻、二〇〇〇年）。
(54)　高橋秀樹・真鍋淳哉「三浦一族を読み直す――資料解説拾遺」。

【付記】本稿は、『明月記研究』一〇号（明月記研究会、二〇〇五年）に同名のタイトルで掲載されたものである。なお、本稿で触れた北条時定の一族中の位置や時政との血縁関係については訂正すべき点があり、それは拙稿「伊豆北条氏の周辺――時政を評価するための覚書」（京都女子大学宗教・文化研究所『研究紀要』第二〇号、二〇〇七年）で述べた。ご参照いただきたい。

Ⅱ

承久の乱とそれ以後の北条時房

岩田慎平

はじめに

承久三年（一二二一）、後鳥羽院が北条義時追討を命じたことに端を発する承久の乱が公武関係に及ぼした影響については、これまでに言い尽くせないほど論じられてきた[1]。しかし、この事件について、朝廷や公武関係ではなく、ほかでもない幕府自身に与えた影響についてはどうだろうか。

貫達人氏は、鎌倉・室町・江戸の幕府に共通する性質として、皇位を決する治天の権限（皇位継承者選定権）を挙げた上で、鎌倉幕府がそれを掌握したのは承久の乱であったから、これを鎌倉幕府成立の画期とした[2]。皇位継承者選定権の掌握という結果をもたらした承久の乱の勝利をもって幕府成立の画期とするのは、これを境に幕府が朝廷を凌駕するというイメージも底流すると考えられる。このように、公武の力関係が幕府優位に大きく傾く上で、承久の乱が重大な影響を与えたとする認識はさまざまな形で流通している。

しかし、承久の乱当時の幕府は、将軍の下に御家人たちが盤石に統制されていたというわけでもなかったことには留意すべきである。御家人を統率すべき将軍源実朝が暗殺され、その後継候補として京都から下向した三寅（九条頼経）は幼弱であった。戦場での実態からいえば、承久の乱は幕府御家人同士の戦いでもあったことからも明らかなように、[3]幕府内部にも対立や分裂を抱えていたのである。さらに、そのような状況で幕府を勝利に導いた北条義時や政子らも、その数年の内にそれぞれ没する。以前から絶えず対立を内包し、幕府に勝利をもたらした草創期以来の指導者たちも失われていくなど、承久の乱直後の幕府にも課題は山積していたのである。[4]にもかかわらず、当該期は将軍に代わって執権が幕府を主導する、いわゆる執権政治[5]の成立期として、義時から泰時への継承もその確立過程で自明視され、公武関係や承久の乱など、この時期固有の問題がそれにどう影響したのかはさほど重視されてこなかったのではないだろうか。

とりわけ、承久の乱以前から公・武に人脈を有し、当時の幕府における序列では泰時の上位に位置して幕府の要職を務めていた北条時房[6]の存在を、この過程で軽視することはできない。また、その後の幕府のあり方を大きく規定することになる泰時・時房による幕府運営は、彼らが両執権[7]に就任する時期固有の状況も大きく影響している。[8]逆にいえば、その後の幕府のあり方に大きく影響した彼らの幕府運営を分析する上でも、この時期の検討は欠かせない。

ところで、義時の死後、政子が泰時・時房を「軍営御後見」に任じたとする貞応三年（一二二四）六月の『吾妻鏡』の記述に相違して、時房が鎌倉で連署の職務に当たるのは、政子が翌嘉禄元年（一二二五）七月に没して後のことであるとする上横手雅敬氏の研究が通説化していたと思われるが、[9]この問題については近年、久保田和彦氏が連署の成立過程を論ずるなかで上横手氏の説を批判的に検討している。[10]そこで本稿では、幕府が承久の乱によって朝廷に対する優位を得たとするような認識はいったん措き、北条氏（とりわけ得宗流）が幕府を主導することも自明視[11]せず、幕府が抱えるさまざまな問題に即して、承久の乱後の幕府の動向を跡付けてみたい。具体的には、承久の乱、北条義時の死、政子の死という当該期の重要案件における北条時房の動向に視点を定めて、上記の課題に取り組みたいと思う。

一、承久の乱と北条時房

実朝将軍期の時房と泰時

まず、承久の乱以前の鎌倉幕府における北条時房と泰時との立場の違いを確認しておく。

両者は、時房が八才年長で、両執権に就任したとされる時点（嘉禄元年〈一二二五〉七月以降）でともに従五位上、時房が相模守で泰時が武蔵守であった。朝廷の官位秩序は幕府内部の序列にも反映されるが、[12]時房と泰時のそれは、各々が初めて任官した時の年齢を除いて、常に時房が先行している。[13]

また、鎌倉幕府において毎年正月に行われる恒例行事の歳首椀飯の勤仕や、幕府の運営の中心を担う政所別当の地位も、実朝将軍期には泰時の勤仕・在任が確認されないのに対して、時房のほうはいち早くその名を確認することができる。なお、歳首椀飯は泰時の勤仕が確認できるようになって以後も、時房―元日・泰時―二日でほぼ固定されており、従前のごとく時房が上位に位置付けられていたことが明瞭である。[14]年齢や官位をはじめとして、御家人相互に可視化される歳首椀飯や、文書上に表現される政所別当といったいずれの序列においても、時房が泰時に先行し、上位に位置していた。

また、将軍源実朝の後継に関する折衝が目的であったらしい建保六年（一二一八）の政子の上洛[15]に、時房も随行している。このとき時房は、院御所で開催された蹴鞠に息子の時村を同伴して参加している[16]。不慣れな「院中出仕」を扶持してもらえるような時房の貴族社会における交流の拡がりと、豊富な在京経験をうかがわせる。政子が卿二位と重要な会見を行うのに際して、時房を同行させていることの理由の一端も、ここに表れているといえよう。

以上のように、承久の乱以前の幕府での地位や実績は、時房が泰時よりも上位であった。

承久の乱における時房と泰時

承久の乱では泰時・時房が幕府軍の中心となって活躍し、乱後はともに六波羅守護を担当した。このときの幕府軍は、後鳥羽院から追討対象として名指しされた義時の子息である泰時を中心に編成・派遣されたように『吾妻鏡』では描かれている[17]。しかし、先述のように、乱以前から幕府の序列では時房が上位であった。承久の乱後に設置された六波羅守護についても、時房のほうが単独でそれを務めていた期間が長いと見られる[18]（時房の六波羅在任期間については後述）。泰時・時房の両者がともに幕府軍の総大将であったと考えて差し支えないが、二人のうちの上席は、時房であったのではないかと考えられる。にもかかわらず、『吾妻鏡』では泰時の活躍がとくに印象的に描かれたのはなぜか。

のちに執権に就任する泰時の活躍を華々しく描きたいとする『吾妻鏡』編纂時の意図が透けて見えるほか、泰時率いる軍勢が宇治川で待ち構える京方を破ったことが承久の乱の趨勢を決し、幕府軍の勝利をたぐり寄せたという面があったからではないだろうか[19]。泰時が宇治川を突破した六月十四日夜に、各地の京方は陣を捨て逃亡したが、この点について、『吾妻鏡』は時房が勢多（瀬田）で「合戦」したとのみ記していることと対照的である[20]。時房が上席であったと見られる二人の総大将のうち、泰時の活躍がとくに印象的に描かれるのは、ちょうど、治承・寿永内乱における一ノ谷合戦で、「丹波城」と「一谷」を「落」とした義経と、福原に「寄」せた範頼との間に評価の違いが生じたとされることとも共通する現象ではないだろうか。(21)

幕府軍が入京した後の承久三年（一二二一）六月十六日、藤原資経が九条道家の使者として泰時のもとに赴き、幕府方の武士に奪取された平等院の宝物などの返却を依頼している。(22)これも一見すると、〝泰時が幕府軍の総大将であったから〟のようであるが、厳密にいえば、平等院のある宇治を制圧したのが泰時麾下の軍勢であったためであろう。

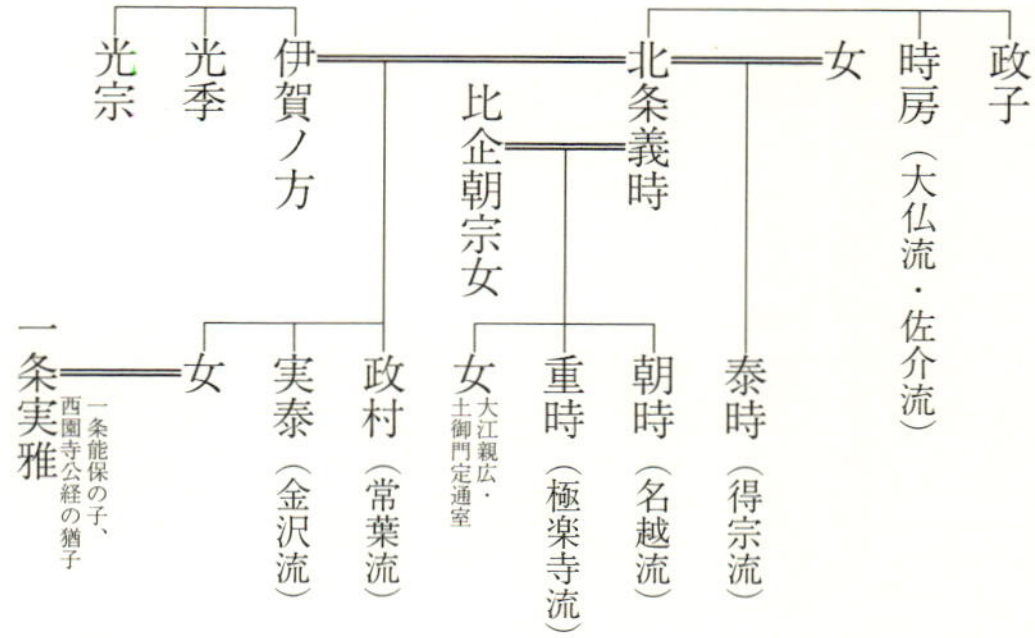

北条氏関連略系図

泰時らとともに東海道軍を率いた時房の下には、この戦いをきっかけとして家人化した者たちもいた。「承久三年六月勢多合戦」に従軍しながら、嘉禄二年（一二二六）に至るまで恩賞が得られなかった橘公高・本間忠貞・小河左衛門尉・小河右衛門尉らに対して、時房は自らの恩賞のなかから割き与えている。(23)その後、公高は嘉禎四年（一二三八）とその翌年の時房の歳首椀飯《さいしゅおうばん》では馬を牽いている。(24)承久の乱での従軍とその後の行賞が、両者の接近の契機となったのであろう。(25)

また、本間忠貞と同一と見られる人物（「本間左衛門」）が、元仁二年（嘉禄元年、一二二五）正月に発生した園城寺での騒動に派遣されている。(26)『吾妻鏡』によると、時房は元仁二年正月に鎌倉で歳首椀飯を勤仕しているため、このときは時房の子息の時盛・朝直と泰時の子息の時氏が在京して、これに対処していた可能性が高い。この半年ほど後の『明月記』嘉禄元年（一二二五）六月十四日条・同十五日条には、政子危篤の報に接した時房が関東へ下向する旨が記載されているのだが、時房の離京により引き続き京都に滞在する武士として、「両国司子息〈相州二人、〉」が挙げられている。両国司（泰時・時房）の息子たちのなかで「相州二人」というのは、相州＝時房の子息のうち二人、すなわち時盛と朝直のことであろう。これに泰時の子息・時氏を加えた三人が、時房離京後の六波羅守護となった。彼らとともに、「留京武士」として「本間左衛門」も名を連ねている。このあと時房は在鎌倉を恒常化させるから、本間忠貞は京都で時氏・時盛・朝直らを支えることになったのであろう。

このほか、大内惟義に仕えていた「江中務」なる人物（「号江中務男一人」）が、「掃部助時盛近習」となっている。[27]大内惟信の潜伏を助けていることから、詳しい経緯は不明であるが、承久の乱で惟信が没落したあとに時房・時盛に仕えることになったものと考えられる。京都周辺に多くの守護国を抱えて在京御家人の中心であった大内惟義・惟信[28]の家人は、六波羅探題を務めて畿内・近国で職務に当たる時房・時盛からも側近として重用されたものと見えて、「相湎之内如後見」とある（惟信の潜伏が露顕した時にはその身柄を拘束されている）。

承久の乱における死命を賭した戦いと、その後の論功を通じてこれらの主従関係の形成が促進され、時房とその子息らの六波羅在任を支えている。

二、貞応三年の鎌倉下向をめぐって——義時死去に関する諸問題

北条義時の死去

貞応三年（一二二四）六月、北条義時の死にともない、泰時・足利義氏[29]らとほぼ同時に時房も鎌倉へ下向した。『保暦間記』によれば、義時は近習に暗殺されたとあり、ほかにも伊賀ノ方が毒を盛った[30]という噂もあって真偽は不明だが、義時の後継をめぐる争いの火種も燻るなか、緊迫した状況での下向だったようである。[31]

北条義時の後継は必ずしも自明ではなかったようで、政子が推す泰時と、義時の後妻・伊賀ノ方が推す政村とが対立する構図となった。この争いは義時の後継のみならず、次の鎌倉殿として、三寅と一条実雅のいずれを推戴するかという対立でもあった。[32]

源氏将軍家の後家であった政子は、実朝亡き後の実質的な鎌倉殿でもあった。一方の伊賀ノ方は北条義時の後家で、北条氏の家長代行ともいえる地位であった。三寅は鎌倉に下向当初より政子が後見しており[33]、このとき七歳であった。一条実雅は義時・伊賀ノ方の娘聟で、このときには三十歳目前で従三位に達していた。承久の乱の影響で摂政を解任[34]されていた九条道家の幼い子息よりも、源氏将軍家に縁の深い一条家出身で、承久の乱後の政界を実質的に主導していた西園寺公経の猶子でもある、壮年の一条実雅に期待が集まるのは無理からぬことである。烏帽子親にあたる三浦義村と、政所執事で伊賀ノ方の兄妹にあたる伊賀光宗が政村を支援し、義時の後継として実雅を補佐するという構想を伊賀ノ方は描いていたと見られる。

泰時が、時房と足利義氏という信頼のおける人々とともに鎌倉へ下向したのは、義時の死因はともかく、これら重

層した対立をめぐる動きを警戒したためであろう。この対立は、源氏将軍家の後家である政子が主導権を発揮して、泰時および三寅に決した。[35] 政村は不問に付されたようだが、伊賀ノ方・伊賀光宗・一条実雅らは鎌倉を逐われることになり没落する。ただし、伊賀光宗は政子の死後に幕府へ復帰を果たすから、[36] 伊賀ノ方の係累の追放は政子の強い意向によるものであったと推察される。泰時の舅でもある三浦義村は、泰時を支援することになった。[37]

後に泰時は、伊豆国願成就院で義時の十三年忌を実施している。[38] 泰時・時房はいずれも政子からの信頼が篤く、以前から幕府内部で上位にあったのは時房だが、義時の後継者はあくまでも泰時であったことが示されている。

義時死去後の情勢に与えた乱の影響

ここで、義時死去後の情勢における承久の乱の影響について考えておきたい。

まず、幕府軍を指揮した泰時・時房の地位を押し上げたことが挙げられる。『吾妻鏡』で、政子が泰時のことを「関東棟梁」とするのは『吾妻鏡』の脚色も含まれようが、[39] 伊賀ノ方が推す政村は、承久の乱を勝利に導いた泰時に比べて実績（とくに軍功）で及ばない。この記事は、実質的な「鎌倉殿」であった政子が主導権を発揮して、泰時を義時の後継として幕府の運営に当たる者に指名したことを反映するものと評価できる。しかし、従来は執権である北条氏が鎌倉殿と外戚関係にあったが、三寅と泰時の体制が始動したことで、その関係は途切れることになった。政子が後見していたとはいえ、幼弱な三寅を後継の鎌倉殿として推戴することは、軍事権門の長にふさわしい調停者を欠くことになったということでもある。[40] その状況では誰かがその立場を代行せねばならないが、政子の判断でそれは泰時とされた。棟梁らしからぬ棟梁（三寅）をあえて擁することは、統治機構としての幕府のあり方をこのように規定することになった[41]。その意味で、承久の乱という戦争もまた、幕府のその後のあり方に大きく影響したのである[42]。

ところで、〝泰時が三寅を後見する〟のは、『吾妻鏡』では政子から「相州、武州為軍営御後見、可執行武家事之旨」を命じられたためとされている[43]。しかし、このとき泰時とともに「軍営御後見」を命じられた時房が、そのあとも一定期間在京している形跡があるのは、つとに指摘されるとおりである。次に、泰時・時房の「両執権（執権・連署）」就任に関する諸問題を検討してみたい。

三、「連署」就任をめぐって

幕府政所別当の再編

まず、幕府政所別当の再編という面から、時房の連署就任について考えてみたい。

ところで、時房が就任したとされる連署の設置時期が明瞭でないのは、役職を示すとみられる「連署」の文言が、『吾妻鏡』にも乏しいことが一因と考えられる。明確に役職を示すと見られるものは、『吾妻鏡』宝治元年（一二四七）七月二十七日条に「相州重時為将軍家別当連署、秋田城介義景伝仰於彼国司、即被申領状云々（※傍線は筆者。以下同）」とあるのが初出である。これに先立つ同年七月十七日に鎌倉に下着していた北条重時を連署に任じたというのである。これ以前にも所見する「連署」の文言は、在京御家人宛ての御教書に義時・広元が「連署」したとか[44]、過書に泰時・時房が「連署」したとあるように[45]、行為としてのものであって、これらを直ちに役職に結びつけることは困難である。

北条重時を「将軍家別当連署」に任じたとあるのは、幕府の政所別当のことであろう。[46] いうまでもなく、院政期の家政機関に政所別当が複数任命されるのは珍しいことではない。それは幕府も例外ではなく、杉橋隆夫氏によれば、複数在任する別当のなかで政所の運営の中心を担うのが執権別当、すなわち幕府の「執権」であり、複数執権（両執権）の起源は実朝将軍期の北条義時・大江広元であった。[47] 義時が貞応三年（一二二四）に没した後も広元は存命であったから、複数執権の形を踏襲しようとするのは当然で、さらにその広元の死後（嘉禄元年〈一二二五〉）に後任を置くとすれば、実朝期から幕府政所別当を務めていた時房が選ばれることになるであろう。この時期の幕府が抱える問題としてあまり注目されないが、嘉禄元年当時の幕府は、従前に比べても政所別当の人員が不足していたとみられるからである。

実朝期の幕府政所別当[48]のうち、執権の義時は没し、広元も嘉禄元年六月に没する。源仲章は実朝と同時に殺害され、二階堂行光は承久元年（一二一九）九月に没しており、源頼茂はその直前に挙兵して討たれている。[49] さらに大内惟信、大江親広らは承久京方として没落している。[50] 彼らのすべてに具体的な実働の徴証が見られるわけではないので、[51] その死去や没落によって、直ちに幕府が機能不全に陥ることもなかったようだが、いずれにせよ、それまで幕府政所別当を務めていた人々は、嘉禄元年六月には時房を除いて全員が失われていたのである。

近い将来の幕府運営を担いうる人材の登用・育成も、実朝期から図られていたと思われるが、その一人である源仲章は実朝と共に失われているし、実朝の死去によってその妻とともに鎌倉を離れた者もいた。[52] また、後鳥羽院政期の幕府では、院と連携の良い人物が抜擢されたとみられるが、承久の乱により逼塞を余儀なくされた者もいたようである。[53] このように、将来を見越した人材の育成も不調に陥っていた。

承久の乱後には、それに関する論功行賞や相論が激増しており、幕府が取り扱うべき案件も繁多を極めたであろう。[54]このような状況で泰時が幕府運営を引き継ぐというのは、新任の政所別当が幕府の運営を司る執権に就任するということを意味する。これに上席の政所別当である時房が加わるのは、従来の人員が継承されていない脆弱な新体制の強化を図った至当な方策と評価してよかろう。[55]では次に、時房が泰時とともに鎌倉で両執権に就く時期について、時房の在京・在鎌倉の状況と併せて再検討してみたい。

時房の在京・在鎌倉時期について

久保田和彦氏は、近業のなかで上横手雅敬氏の説を批判しながら、時房の連署就任の時期を再検討している。[56]そのなかで久保田氏は、①『吾妻鏡』貞応三年六月二十八日条の「相州、武州為軍営御後見、可執行武家事」の文言をもって時房が泰時とともに「軍営御後見」に就任し、[57]②義時が没した貞応三年六月から政子が没する嘉禄元年七月まで、時房が一貫して在京していたわけではなく、その間の元仁二年（嘉禄元年）正月以後に一時的に在京していたと指摘している。これらの指摘によって、時房は義時の死（貞応三年六月）および政子の死（嘉禄元年七月）という幕府の非常時に、いずれも泰時とともに在鎌倉していたことが明確になったといえよう。

久保田氏は、貞応三年六月に時房が泰時とともに「軍営御後見」に就任し、この両者の関係は対等（複数執権制）であったとする。また、この時期の幕府の文書様式は未成立で、執権・連署両名が署判することを自明視することはできないというのである。貞応三年（一二二四）六月〜嘉禄元年（一二二五）七月の北条泰時・北条時房発給文書が、すべていずれかの単署である理由は、この時点で「連署」の職名は成立しておらず、したがって、幕府文書に時房が

時房の小町亭跡に建つ宝戒寺　小町亭には義時の後に時房が入り、その後は歴代の執権が居住した　神奈川県鎌倉市

連署することは絶対条件ではなかったからであると説明する。

　しかし、問題も残る。久保田氏もその論考のなかで整理したように、貞応三年六月～嘉禄元年七月の北条泰時・北条時房発給文書はすべて単署である。久保田氏はその事実をもって、時房の鎌倉不在、あるいは時房の「軍営御後見」就任を否定することはできないとするが、やはりこれは従来通り、〝泰時・時房は必ずしも同じ場所にいなかった可能性がある〟とみるべきだろう[58]。順に検討してみたい。

　まず、『吾妻鏡』貞応三年六月二十八日条で政子が「相州、武州為軍営御後見、可執行武家事之旨」を命じたとされる記事だが、この記述をそのまま信頼するのはためらわれるにしろ、必ずしも時房に「在鎌倉」まで命じているわけではないことに注意したい。久保田氏は、「軍営御後見」や「可執行武家」は時房の在鎌倉を前提とするように解釈するが、「武家」が六波羅を指すこと[59]を踏まえると、「執行武家」を履行するにはむしろ在京するのが当然であるという解釈もありうる[60]。院政期以来の武士（軍事貴族から侍身分の東国武士なども含む）は、一族内で在京・在地の両活動を分担し合うことが一般的であって、北条氏においては時政の時代に時定が在京を担当していたが、義時・政子の時代にその立場を継承したのが時房であった[61]。

　つまり、以前から時房は北条氏における在京活動担当者として稼働しており、承久の乱直後から六波羅で上席と見られる期間が長かったのも時房であった[62]。義時の死にともない、泰時・時房ら主要な人物が不在となっていたこの六波羅守護に、在京経験でも劣る人物（時氏[63]・時盛ら）を代替として送るだろうか。その意味でも、時房が在京を継続したと考えるのが自然である。つまり、「軍営御後見」や「執行武家」は、泰時が在鎌倉で時房が在京という分担を行っても成り立つことであり、「武家」が六波羅を指すならば、むしろ両者を鎌倉と京都で分担させるという政子の構想[64]を想定することすら可能である。

試みに、『吾妻鏡』や『明月記』などから時房の動向を追跡してみると、その動向が不明な時期は、久保田氏が検出した以外にもあることに気づく。それは貞応三年（元仁元年）七月、十一月・十二月、元仁二年（嘉禄元年）二月・三月、八月・九月である。すなわち、一年ほどの間に二、三ヶ月単位で四回ほど、時房の動向が不明な時期がある。動向が不明なので断定できないが、これらの期間のいずれかに、時房が在京活動を行っていた可能性は否定できない。

また、貞応三年六月～嘉禄元年六月の間の時房が、〝在鎌倉が基本で、在京は一時的〟だとはいえない徴証もある[65]。『明月記』嘉禄元年六月二十二日条には、不確定情報ではあるが、広元が没してさらに政子の危篤を聞いた時房が鎌倉へ下向するのを制止しようとする使者が関東から遣わされたことが記されている（「東方事減気、相州不可来由、使雖来向、已依出路、猶遂前途由、有其聞、其後又有増気、巷説彼是難信」）。ここで、もし時房の在京が一時的なものであれば、危急の報に接した時房が鎌倉に戻ることをあえて留めようとする必要はない。一時的な在京ならば、もともとすぐに帰還することが予定されているはずだからである。しかし、この記事によれば、政子が小康状態を取り戻したため、時房には下向の必要がないことを伝え、在京継続を促すかのようである。ということは、この間の時房の在京は、一時的なものではなかったと見て差し支えない。

つとに知られるように、嘉禄元年四月から六月に時房は在京していたとされるし（上記記事はその最後期に当たる）、先述のように貞応三年六月～嘉禄元年六月の一年間でそれ以外にも四回ほど、時房が在京していた可能性が残っているのである。嘉禄元年四月から六月の職務内容をみても、[66]一時的な在京であったというよりは、「引き続き六波羅に在任していた」と考えるのが妥当であろう。

また、行程に二ヶ月ほどを要している点こそ不審ではあるが、貞応三年六月に時盛・時氏が上洛したとする『吾妻鏡』同年六月二十九日条の記事も、すべてを疑う必要はない。六波羅に時房・時盛・朝直・時氏が同時に滞在していた時期も見出しうるからである。[67]

以上のように、貞応三年六月は泰時が執権として在鎌倉を開始する一方、それ以後の一年ほどの間の時房には在京の徴証も見られる（嘉禄元年四月から六月は明瞭で、それ以外にも可能性が残る）。貞応三年六月から嘉禄元年六月までの間、〝（一時的な在京はあるにせよ）時房が恒常的に在鎌倉していた〟とすることはできないのである。

実朝将軍期から、泰時に比べて時房には在京活動が目立つ。それを承けて、泰時が在鎌倉（嘉禄元年六月までは大江広元も鎌倉で存命）、時房が在京というのが当初の政子の構想で、広元と政子の死後に、改めて泰時が時房を鎌倉に呼び寄せたという従来の理解[68]を変更する必要はないと考えられる。

貞応三年（一二二四）六月以降の政子存命中は、泰時＝在鎌倉、時房＝在京を基軸に分担が図られたようであることが再確認できた。時房が就任したとされる「連署」が、文字通り執権とともに（「両執権」として）署判するという職務であるとするならば、両者は同じ場所にいることが前提となる。その意味で「連署」の成立を論ずるならば、政子が死去して時房の在鎌倉が恒常化する嘉禄元年（一二二五）七月以降であったと認めうるのではないだろうか。[69]

おわりに

本稿では、承久の乱後の北条時房の動向について、幕府の体制再編という問題に注目しながら検討を行った。承久の乱以前の幕府内で上位に位置づけられていたのは時房だったが、京方の宇治川における防衛線を突破し、幕府軍を勝利に導く活躍を見せたのは泰時であった。この泰時の活躍が、その後の幕府のあり方にも影響することになる。

政子の指名によって義時の後継者となった泰時は、承久の乱後の幕府の運営を支える政所別当の再編にも取り組まねばならなかった。その際に、実朝期から政所別当として稼働し、これまでにも泰時と組むことが多かった時房に白羽の矢が立つのはいわば当然のことである。ただし、当初は泰時＝在鎌倉、時房＝在京という分担が想定されており、両執権として時房が恒常的に在鎌倉を開始するのは、従来の指摘にもあるように、政子の死後（嘉禄元年〈一二二五〉）であったと見られる。

承久の乱で幕府が勝利を収める立役者となった泰時が、義時の後継となることすら自明ではなく、それを実現させた政子も直後に亡くなるという不安定さを、この時期の幕府は抱えていた。幕府が、承久の乱直後に三上皇を配流し、天皇を退位させ、摂政を解任した以外には、朝廷を積極的に支配しようとする姿勢を見せなかった理由の一端を、ここに求めることもできるのではないだろうか。

さいごに、これ以後の幕府の体制について二点、展望を述べておきたい。

一つは、両執権の「理非決断之職」としての再定義である。貞永元年（一二三二）の『御成敗式目』制定にともない、泰時・時房の両執権は「理非決断之職」とされた[70]。時政・義時の段階の執権の職務については明確な規定がないものの、発給文書の検討から、鎌倉殿が不在などで充分な役割を果たせないときに、その代理人たることにあったといえよう[71]。そして、このような権限を行使する上では、鎌倉殿の外戚であることが不可分の条件であったと考えられる。頼家・実朝は時政の孫にあたり、実朝は義時にとって甥にあたるから、時政・義時はいずれも鎌倉殿の外戚であった。ところが、泰時・時房と九条頼経（三寅）との間にそのような関係は存在せず、関係の構築を図った徴候も史料上は確認できない。任命権者であった政子の死後に、その職務を再定義する必要性が浮上した結果、創出されたのが「理非決断之職」であろう。鎌倉殿の外戚であった時政・義時の段階とは異なる両執権（執権・連署）の職掌の確立を、このように跡づけることができるならば、それはたとえば、東国御家人一般の輿望などによる必然的な帰結ではない。あくまでも、この時期の幕府が置かれた状況に対応するための制度設計であった。

もう一つは、鎌倉殿側近をめぐる状況の変化である。頼家・実朝期、時房は文化的素養をはじめとするさまざまな芸能を備えた鎌倉殿側近の統括者という地位にあった[72]。この役割は、重時・実泰・実時らが小侍別当を務めるという形で北条氏に継承されていくが、その一方で、頼経期から幕府に仕えることになった中原師員も、同様の職務に当たっていたようである[73]。中原師員は「恩沢奉行人」を務めていたほか[74]、頼経の子・頼嗣の「申次[75]」を務めるなど、鎌倉殿である九条頼経に側近として仕え、賞罰をはじめとする取り次ぎに関与していた。以前は北条氏が管掌していた鎌倉殿側近の統括者に、おそらくは九条頼経自身の意向が反映された人材も起用されていったのである。これは、当初は棟梁らしからぬ存在であった頼経にも、棟梁としての求心力が生じてきたことを示す動きといえよう。やがてこの動きは、棟梁を代行するものとして設計・運用されてきた、従来の体制との間に軋轢を生じさせていくことになる。

註

（1）承久の乱については、長村祥知氏が関連史料の紹介も含めた詳細な研究史の整理を行っている（『中世公武関係と承久の乱』吉川弘文館、二〇一五年）。

（2）貫達人「鎌倉幕府成立時期論」（『青山史学』第一号、一九六九年）。一方で貫氏は、そのように考えると、三代の源氏将軍は〝幕府成立以前の人々〟ということとなってしまい、それには違和感がある旨を自ら認めている。ただし、朝廷との関与の度合いを皇位継承者選定権から検討することは、室町・江戸の幕府や平家政権のあり方とも比較しながら鎌倉幕府の特徴を考察する上で、重要な視点である。

（3）上横手雅敬「承久の乱の諸前提」（『日本中世政治史研究』塙書房、一九七〇年）。野口実「慈光寺本『承久記』の史料的評価に関する一考察」（京都女子大学宗教・文化研究所『研究紀要』第一八号、二〇〇五年）。長村祥知「一族の分裂・同心と式目十七条」（『中世公武関係と承久の乱』吉川弘文館、二〇一五年。初出は二〇一〇年）。

（4）上横手雅敬「鎌倉幕府と公家政権」（『鎌倉時代政治史研究』吉川弘文館、一九九一年。初出は一九七五年）。

（5）鎌倉幕府の政治体制の変遷を将軍独裁・執権政治・得宗専制と捉えた佐藤進一氏の所説は現在でも通説化している（「鎌倉幕府政治の専制化について」『日本中世史論集』一九九〇年。初出は一九五五年）。しかし、〝東国御家人は将軍独裁を支持し得ない〟、〝頼家・実朝期に頻発した幕府の内紛に将軍独裁支持者と東国御家人との反目抗争が底流をなしていた〟、〝北条氏は彼らの調停者であった〟など、今日の研究水準では承認しかねる指摘が所与の前提とされている。また、幕府の権力が将軍、執権、得宗と移りゆく理由についても充分な説明がなされているとは言いがたい。鎌倉幕府政治史の基本的な枠組みについても、各段階の具体的な状況に即して再考すべき時期に来ているのではないだろうか。

（6）渡邊晴美「北条時房について」（『鎌倉幕府北条氏一門の研究』汲古書院、二〇一五年。初出は二〇〇八年）。同「鎌倉幕府連署北条時房について」（『鎌倉幕府北条氏一門の研究』汲古書院、二〇一五年）。拙稿「北条時房論――承久の乱以前を中心に」（『古代文化』第六八巻第二号、二〇一六年）。

（7）いわゆる執権と連署のことは、当時の史料に「両国司」（『明月記』嘉禄元年〈一二二五〉六月十五日条）などと表記されるが、本稿では「両執権」と表記する。

（8）　拙稿「北条泰時執権期の鎌倉幕府に関する一試論」（『紫苑』第一〇号、二〇一二年）。同「九条頼経・頼嗣――棟梁にして棟梁にあらざる摂家将軍の蹉跌」（平雅行編『中世の人物　京・鎌倉の時代編　第三巻　公武権力の変容と仏教界』清文堂出版、二〇一四年）。

（9）　上横手雅敬「執権政治の確立」（『日本中世政治史研究』塙書房、一九七〇年）。このほか、上杉和彦氏・熊谷隆之氏らの見解も同様である（上杉和彦『大江広元』吉川弘文館、二〇〇五年。熊谷隆之「モンゴル襲来と鎌倉幕府」『岩波講座日本歴史第七巻中世二』岩波書店、二〇一四年）。

（10）　久保田和彦「鎌倉幕府連署制の成立と展開」（日本史史料研究会編『将軍・執権・連署――鎌倉幕府権力を考える』吉川弘文館、二〇一八年）。同「鎌倉幕府「連署」制の成立に関する一考察」（『鎌倉遺文研究』四一、二〇一八年）。

（11）　村井章介氏は、十三〜十四世紀を概観するなかで、当該期についても「執権のイニシアチブ」確立という視点から言及している（『十三〜十四世紀の日本――京都・鎌倉』『中世の国家と在地社会』校倉書房、二〇〇五年。初出は一九九四年）。

（12）　青山幹哉「王朝官職からみる鎌倉幕府の秩序」（『年報中世史研究』第一〇号、一九八五年）。

（13）　拙稿前掲註（6）。以下、特に注記しなければ本節の記述はこれによる。

（14）　村井章介「執権政治の変質」（『中世の国家と在地社会』、校倉書房、二〇〇五年。初出は一九八四年）。

（15）　『愚管抄』巻六。同時に熊野参詣も行った政子の上洛は、卿二位との会見が主な目的であったのだろうが、『吾妻鏡』の同年の記事はそのことについて触れていない。

（16）　『吾妻鏡』建保六年（一二一八）五月五日条。その際に時房を扶持したのは坊門清親であった。清親は坊門信清の甥にあたる人物で、時房から見れば義理の従兄弟でもあった。

（17）　『吾妻鏡』承久三年（一二二一）五月二十二日条。

（18）　上横手雅敬『北条泰時』（吉川弘文館、一九八八年。初出は一九五八年）。森幸夫「南北両六波羅探題の基礎的考察」（『六波羅探題の研究』続群書類従完成会、二〇〇五年。初出は一九八七年）。久保田和彦「北条時房と重時――六波羅探題から連署へ」（平雅行編『中世の人物　京・鎌倉の時代編　第三巻　公武権力の変容と仏教界』清文堂出版、二〇一四年）。

（19）　野口氏・長村氏前掲註（3）、および長村氏前掲註（3）。

(20)『吾妻鏡』承久三年（一二二一）六月十四日条に「相州於勢多橋与官兵合戦」とある。なお、「承久三年六月勢多合戦」については、『慈光寺本承久記』や『吾妻鏡』などにも記載がなく、詳細は不明である。『吾妻鏡』で泰時による宇治川の突破のみが特筆されることから、時房が率いた勢多では苦戦を強いられたか。
(21) 元木泰雄『治承・寿永の内乱と平氏（敗者の日本史5）』吉川弘文館、二〇一三年。
(22)『百錬抄』承久三年（一二二一）六月十六日条。
(23)『吾妻鏡』嘉禄二年（一二二六）七月一日条。
七月大、一日甲寅、晴、亥刻地震、今日、橘右馬允公高、并本間太郎左衛門尉忠貞、小河左衛門尉、同右衛門尉等蒙去承久三年六月勢多合戦勧賞、彼輩、加相州陣雖励軍忠、未預其賞之間、相州連々被挙申之処、猶依無許容、自分勲功之賞伊勢国十六ヶ所内、辞四ヶ所而令申与御下文給云々、
(24)『吾妻鏡』嘉禎四年（一二三八）正月一日条、暦仁二年（一二三九）正月一日条。
(25) 橘公高は系図類に所見がなく、詳しい系譜関係は未詳である。この一族と見られる小鹿島橘公業については、拙稿「小鹿島橘氏の治承・寿永内乱――鎌倉幕府成立史に寄せて」（『紫苑』第八号、二〇一〇年）。
(26)『明月記』元仁二年（一二二五）正月十日条。
(27)『明月記』寛喜二年（一二三〇）十二月十六日条・二十二日条。
なお、承久の乱で京方に属して没落した者の家人の再仕官には類例がある。「故親広法師旧仕」、すなわち以前は大江親広に仕えていた「因幡守広盛」が、親広の妻（北条義時女）の再嫁にともなって、土御門定通に仕えている（『葉黄記』宝治元年〈一二四七〉五月二十二日条・二十三日条）。ただし、「因幡守広盛」の名は、『吾妻鏡』をはじめとする幕府関連史料には所見しない。
(28) 田中稔「大内惟義について」（『鎌倉幕府御家人制度の研究』吉川弘文館、一九九一年。初出は一九八九年）。
(29) 足利義氏は承久の乱で泰時に従って上洛し、その後も在京していたようである（『吾妻鏡』貞応三年〈一二二四〉六月十日条）。
(30)『明月記』嘉禄三年（一二二七）六月十一日条。
(31)『吾妻鏡』貞応三年（一二二四）六月二十六日条。
(32) 拙稿「牧氏事件・伊賀氏事件と鎌倉殿」（『紫苑』第一四号、二〇一六年）。

(33)『吾妻鏡』承久元年（一二一九）七月十九日条。
(34)『吾妻鏡』承久三年（一二二一）七月八日条。
(35)『吾妻鏡』貞応三年（一二二四）七月十七日条。
(36)『吾妻鏡』嘉禄元年（一二二五）十二月二十二日条。
(37) 野口実「執権体制下の三浦氏」（『中世東国武士団の研究』高科書店、一九九四年。初出は一九八三年）。なお、このとき泰時の異母弟にあたる朝時・重時らは目立った動きを示していない。とくに、朝時は泰時に反抗的であるかのように捉えられがちであるが（秋山哲雄『鎌倉幕府滅亡と北条氏一族（敗者の日本史7）』吉川弘文館、二〇一三年）、泰時・朝時の間に目立った対立は見当たらない。朝時の息・光時以下の名越流が泰時の子孫である得宗流に対して反抗的であることを、泰時・朝時兄弟の関係に遡及させる必要はない。
(38)『吾妻鏡』嘉禎二年（一二三六）六月五日条。また、執権就任の経緯から泰時が政子の追善仏事も重視していたことは、つとに知られる通りである（上横手氏前掲註〈18〉）。
(39)『吾妻鏡』貞応三年（一二二四）七月十七日条。
(40) 野口実氏は、軍事貴族が上位権力との関係に基づく貴種性を活かして紛争に介入し、その調停を行うことによって当事者を従属させ、地域権力を構築したとする。さらに、鎌倉幕府の前提には源義朝が十二世紀半ばに構築したそれ（「坂東の平和」）があったとする（「「東国武士」の実像」『東国武士と京都』同成社、二〇一五年。初出は二〇一〇年）。
(41) 拙稿前掲註（8）。なお、摂関家嫡流並みの家格を認められている鎌倉殿の地位に、このとき従五位上の泰時が就くことはありえない。
(42) 鎌倉幕府はその成立当初から戦争の影響を強く受けて展開してきた組織であった（川合康『鎌倉幕府成立史の研究』校倉書房、二〇〇四年）。
(43)『吾妻鏡』貞応三年（一二二四）六月二十八日条。
(44)『吾妻鏡』建暦三年（一二一三）五月九日条。
(45)『吾妻鏡』寛喜元年（一二二九）十月九日条。

(46)　上横手氏前掲註（9）。
(47)　杉橋隆夫「執権・連署制の起源――鎌倉執権政治の成立過程・続論」（『立命館文学』第一〇・一一・一二号、一九八〇年）。
(48)　五味文彦「源実朝」（『増補吾妻鏡の方法〈新装版〉』吉川弘文館、二〇一八年。初出は一九七九年）。
(49)　『吾妻鏡』承久元年（一二一九）七月二十五日条。
(50)　この他、中原師俊も実朝期の幕府政所別当に名を連ねるが、もともと『吾妻鏡』に所見せず、その後の幕府関連文書からも動向が追跡できなくなる。
(51)　拙稿「実朝室周辺の人々をめぐって――鎌倉前期公武関係史に関する一考察」（『紫苑』第一三号、二〇一五年）。なお、五味文彦氏は将軍親裁体制下の機構として政所を重視し、実朝死後は義時が政子の下でそれを掌握したとするが（「執事・執権・得宗」『増補吾妻鏡の方法〈新装版〉』吉川弘文館、二〇一八年。初出は一九八八年）、①実朝期に増員された政所別当の実働が必ずしも明らかではなく、②本稿でも指摘した通り、そのほとんどが失われたことについての言及もないため、将軍や執権の権力と政所との関係は不明確である。
(52)　拙稿前掲註（51）。
(53)　たとえば、源光行などがそれにあたる。光行は承久の乱で処刑を免れるものの、その後の幕府の運営に関与した形跡はない（拙稿「頼家・実朝期における京下の鎌倉幕府吏僚――源仲章・源光行を中心に」『紫苑』第一二号、二〇一四年）。
(54)　これらの処理がこの時期の幕府にとって大きな課題であったことは、後に制定される『御成敗式目』にも承久の乱の戦後処理を前提とする条文（第十六・十七条）が存在することなどからも窺える。
(55)　この頃の時房の動向について、「相州、当時於事不被背武州命云々」とある（『吾妻鏡』貞応三年〈一二二四〉六月二十九日条）。中世前期の武士の特徴として、物領たる親の死後は兄弟同士の紐帯が弛緩していく傾向がある（野口実『坂東武士団の成立と発展』戎光祥出版、二〇一三年。初出は一九八二年）。だが、義時・政子と時房との関係にはその傾向が見られず、三者は終始、強固に連係していた。あるいは、義時・政子と時房との間に猶子関係のようなものを想定することも可能と思われるが、さらにその義時・政子の死後も、彼らの後継者たる泰時との間に目立った懸隔を生じていない。この点は、当時の武士の一般的な特徴とは異なるということにも注意しておきたい。

(56) 久保田氏前掲註（10）。
(57) 『関東評定衆伝』（『群書類従』第四輯巻第四十九補任部六）の時房の卒伝にも、元仁元年（貞応三年、一二二四）に「六月義時朝臣卒去之間、下向関東、為将軍営御後見連署」とある。
(58) 上横手氏前掲註（９）。
(59) 熊谷隆之「六波羅探題考」（『史学雑誌』一一三編七号、二〇〇四年）。
(60) 『関東評定衆伝』（『群書類従』第四輯巻第四十九補任部六）の時房の卒伝には、「承久三年六月十五日入洛、以後於六波羅執行武家事」とあり、六波羅への着任以後を六波羅における「執行武家事」とする。本文で示した解釈を支持する記述といえよう。
(61) 野口実「承久の乱における三浦義村」（『明月記研究』第一〇号、二〇〇五年）、同「伊豆北条氏の周辺」（京都女子大学宗教・文化研究所『研究紀要』第二〇号、二〇〇七年）。
(62) 久保田氏前掲註（18）。
(63) 時氏には、その母が再嫁した佐原盛連が後見として付けられていた。『明月記』嘉禄二年（一二二六）正月二十四日条の「遠江国司（佐原盛連）」の注記に「可付時氏由、関東許之云々」とある。
(64) 上横手氏前掲註（９）。
(65) 上横手氏前掲註（９）。
(66) 上横手氏前掲註（９）。久保田氏前掲註（10）。
(67) 『明月記』嘉禄元年（一二二五）六月十五日条。
(68) 上横手氏前掲註（９）。
(69) 上杉氏および熊谷氏前掲註（９）。さらに上杉氏は、広元の後継者である親広が幕府指導部の一員として健在だったならば、父の跡を受けて親広が泰時の政治を助ける地位についた可能性を指摘している。幕府の運営が北条氏とその一門によって占められることを自明視しないという点において、重要な指摘である。なお、泰時・時房連署の関東御教書の初出は、嘉禄二年（一二二六）四月十九日の「関東御教書案」（『山城随心院文書』、『鎌倉遺文』第三四七九号）。
(70) 『吾妻鏡』貞永元年（一二三二）七月十日条。

（71）近藤成一「文書様式にみる鎌倉幕府権力の転回」（『鎌倉時代政治構造の研究』校倉書房、二〇一六年。初出は一九八一年）。
（72）拙稿前掲註（6）。
（73）中原師員に命じて「近習番并御身固陰陽師」を定めている（『吾妻鏡』嘉禎三年〈一二三七〉三月八日条）。
（74）承久の乱で北条時氏に従軍した奈古又太郎の恩賞について、北条経時が「彼款状」と「別御詞」を添えて「恩沢奉行人」の中原師員に申し入れている（『吾妻鏡』仁治二年〈一二四一〉九月三日条）。
（75）『吾妻鏡』寛元四年（一二四六）三月二十五日条。

Ⅲ

承久宇治川合戦の再評価

野口　実

はじめに

東国方面から大軍が京都に進入する際に、京都側にとって最後の防禦機能を担った宇治川は、鎌倉幕府確立に至る過程で惹起されたいくつかの内乱において戦場となった。まず、治承四年（一一八〇）五月、平家打倒に蹶起した以仁王を擁した源頼政が平家の派遣した追討軍と対戦ⓐ。寿永二年（一一八三）七月には、平家を追って木曾義仲とともに入京した源行家が大和方面から宇治川を渡っているⓑ。翌年正月には、源義経が守備にあたっていた志太義広の軍を破って入京を遂げて義仲を滅ぼしⓒ、鎌倉幕府確立のメルクマールとされる承久の乱においては、承久三年（一二二一）六月に北条泰時の率いる大軍がここを突破したのであるⓓ。

この四度の「宇治川合戦」のうち、ⓐは浄妙房や一来法師ら超人的な異能を発揮する悪僧達の活躍、ⓒは源頼朝秘蔵の名馬「生食」と「磨墨」を駆った佐々木高綱と梶原景季の先陣争いの話で広く人口に膾炙している。しかし、これらがいずれも歴史的事実とは見なしがたいことは、夙に明らかにされている。実のところ、ⓐは以仁王・頼政の軍勢が五十騎、追討にあたった平家軍が三百騎ほどの戦いに過ぎず、ⓒに至っては、義経軍はほとんど抵抗を受けるこ

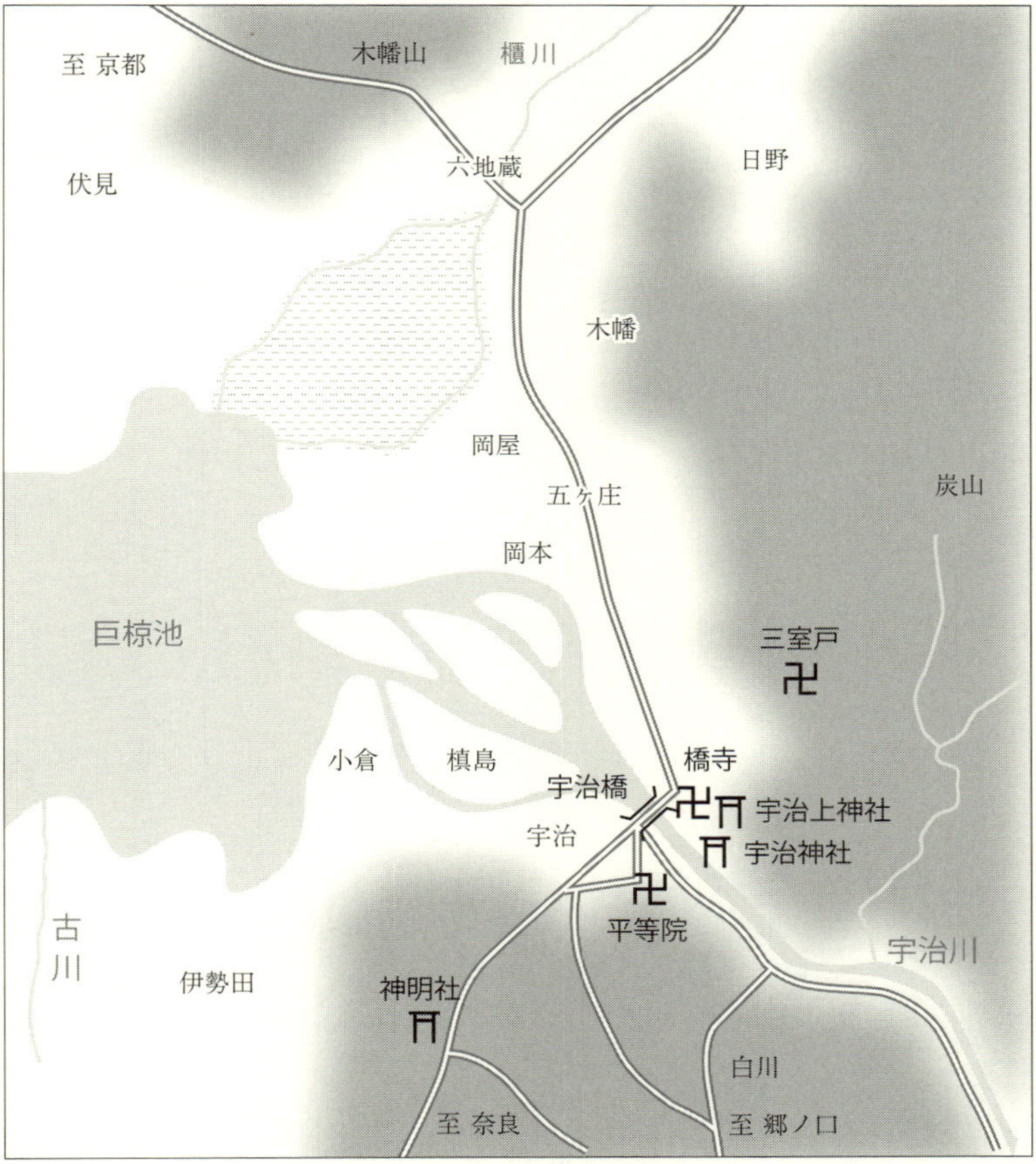

図１　宇治の周辺　※林屋辰三郎・藤岡謙二郎編『宇治市史　２　中世の歴史と景観』（1974）掲載図を参考に作成

となく渡河し、難なく鴨川左岸を北上して京都に進攻を果たしているのである。ⓑも平家軍は結局宇治防衛を放棄して都落ちしているから、ほとんど合戦らしいものは行われなかったものと考えられる[1]。

かくして宇治川合戦のうち、本格的な激戦はⓓに集約される。この合戦における佐々木信綱の先陣渡河の事実がⓒにおける高綱のエピソードに反映されたという戦前の歴史学者大森金五郎氏以来の指摘は正鵠を射たものといえるのである（後述）。

とするならば、これまで、

一般においてのみならず、研究者の間でも関心の払われることの少なかった承久の乱における宇治川合戦（「承久宇治川合戦」）の実相は、歴史的事実として、もっと周知されるべきものであり、また、あらためて乱の過程における意味づけも行われなければならないであろう。本稿は、そのような問題意識に基づいて企図されたものである。また、私は先に慈光寺本『承久記』を主たる史料として承久の乱の全過程を追うことを試みたが、[2]この合戦については慈光寺本『承久記』に記述がないため、詳細は省略に委ねた。本稿はその補足の目的もあわせ持つものである。

中世前期の京都近郊において、これほど多くの犠牲者を出し、しかもその一人ひとりの名前と事由に関する詳細な記録がのこされている合戦は他に見当たらない。その意味においても、この合戦は今後の歴史叙述に大きく反映されるべきものと考える。このノートがその一助ともなれば幸いである。

一、『承久三年四年日次記』など

この合戦に関する主要史料は『吾妻鏡』と流布本の『承久記』であるが、これを検討する前に、記事は少ないが比較的信憑性の高い、それ以外の史料を見たい。[3]

A．『承久三年四年日次記』

承久三年六月十三日条

　於宇治河、関東武士与院御方軍兵合戦、殞命是多、
承久三年六月十四日条
　於宇治川、関東武士流死不知幾千、然而官軍被攻落、

記主は仁和寺の僧とみられる日記で、当該合戦に関する第一次史料である。東軍が渡河に際して大きな犠牲を払いながらも、京方を打ち破ったことが明記されている。

B.『百錬抄』

承久三年六月十三日条
　自宇治武士乱入洛都之間、官兵相防合戦云々、
承久三年六月十四日条
　中時許関東武士打破宇治路入洛、雖引橋勇敢之輩棄身命渡真木島、奪取兵粮乗勝云々、

典籍ではあるが、日記をベースに編集されたことが明らかであるから、一次史料に準じる史料である。宇治橋がはずされたために命懸けで真木島（槇島）に渡った東軍の武士たちが、京方の兵粮を奪い取ったことが、勝利を決定づけたとする。

C．『皇代暦』巻四　九条廃帝

六月十四日、未刻、関東軍兵渡宇縣真木島攻入、所謂佐佐木四郎右衛門尉源信綱、同嫡男重綱、芝田橋六等為先、又伊佐大進、藤原朝光、阿保刑部丞実光等為始、入水漂死者不知其数、官軍右衛門佐藤原朝俊、刑部左衛門尉成時、於宇治橋頭打死、

『皇代暦』は年代記の一種であるが、これも日記類をベースに作成されたものとみられ、史料価値は高い[4]。真木島に攻め入った東軍の先陣が佐々木信綱・重綱父子と芝田橋六（兼義）らであったこと、渡河の際に伊佐大進ら多くの武士が水死したこと、京方では藤原朝俊・刑部左衛門尉（小野）成時が宇治橋近くで討死を遂げたことが記されている。

D．『六代勝事記』当今

十三日よりた、かひて、十四日にまきのしまをわたすに、逃ぐるに道をうしなひて、しぬるものおほし、

E．『保暦間記』

六月十三日宇治勢多ヨリ京へ入ル、都ニハ院ノ近習ノ人々、西国畿内ノ勢ヲ以テ防カセラル、宇治ヘハ甲斐宰相中将、大将軍ニテ発向ス、サレトモ泰時大勢ニテ、佐々木四郎右衛門尉源信綱、先陣トシテ河ヲ渡シテ合戦スル程ニ、同十四日京方破テ散々ニ成ヌ、敵対ニ不及、或ハ討レ或ハ落失ヌ、

D・Eは、やや史料価値の劣る典籍である。Eに京方の総大将を甲斐宰相中将（高倉範茂）とする情報が加わるが、記述内容は全くA～Cに整合する。

以上の史料から判明するこの合戦の経過・状況を箇条書きに示すと以下のようになろう。

①京方が宇治橋を引いて備えていたために、東軍は渡河を余儀なくされた。

②渡河に際して、伊佐大進ら多くの東軍の武士が水死した。[5]

③先陣を切って真木島（もしくは宇治川対岸）に渡ったのは佐々木信綱父子・芝田橘六（兼義または兼能）らであった。

④真木島に渡った東軍は京方の兵粮を奪取し、これが勝敗の帰趨を決定づけた。

⑤京方の藤原朝俊・小野成時は宇治橋近くで討死を遂げた。

⑥京方の総大将は高倉範茂であった。

これによって、合戦の場が宇治橋周辺と真木島（槇島）に展開していたことがうかがえよう。

宇治橋　飛鳥時代に架けられたという日本最古の橋で、日本三大古橋として知られる。現在の橋は平成８年（1996）に架け替えられたもの　京都府宇治市

二、『吾妻鏡』と流布本『承久記』

つぎに検討を加えるのは、主要史料である『吾妻鏡』と流布本（古活字本）『承久記』である。これらは関係記事が長文に及ぶので、現代語訳した要約の形で箇条書きにして掲げたい。

F．**『吾妻鏡』**承久元年六月（〈　〉は原文の表記。以下同じ）

【十二日条】京方、宇治に源有雅〈二位兵衛督〉・高倉範茂〈甲斐宰相中将〉・藤原朝俊〈右衛門権佐〉・藤原清定〈伊勢前司〉・佐々木広綱〈山城守〉・同高重〈佐々木判官〉・快実〈小松法印〉ら二万余騎を配す。Ⓐあ

【十三日条】北条泰時、栗子山に陣す。足利義氏・三浦泰村は泰時に触れずに宇治橋辺に向かい、合戦を始めるも、京方の矢石にあたる者が多く、平等院に籠もる。Ⓘい

足利義氏の報告により、泰時は宇治に向かうが、この間にも二十四人が負傷。橋上の合戦を停止させ、平等院に入る。Ⓤう

【十四日条】北条泰時、渡河のため芝田兼義に浅瀬を調べさせる。兼義は真木島（槙島）に馳せ下る。Ⓔえ

兼義・春日貞幸は、宇治川の伏見津瀬を渡るために馳せ向かい、佐々木信綱・中山重継・安東忠家がこれに従う。渡河を敢行するも、京方の矢が兼義・貞幸の乗馬にあたり、貞幸は川に沈んだが郎従に助けらける。Ⓞお

関左衛門入道（政綱）ら九十六人、従軍八百騎が川に流されて落命。Ⓚか

中島に渡った佐々木信綱は後続の渡河の難渋するのを見て、子息重綱を泰時の陣に遣わして、軍勢の投入を求めた。このとき重綱は裸で泳いで往復した。㋖

泰時は意を決して子息時氏に渡河を命じ、時氏は佐久満（佐久間）太郎（家盛）・南条七郎（時員）以下六騎を相具して進み渡った。三浦泰村の主従五騎も渡る。泰時も川に入るが、春日貞幸が甲冑を解くべき事を勧め、その間に馬を隠したため留まる。㋗

信綱は先登をきったが、中島で時間を費やしたので、時氏と同時に対岸に渡ったが、その際に柵綱を太刀で切り捨てた。芝田兼義は乗馬を射られたので、泳いで岸に着く。㋘

時氏は旗を掲げて戦うが、すでに東軍は九十八人が負傷。㋙

泰時や足利義氏は民屋を壊して造った筏に乗って渡河。これによって武蔵・相模の武士の戦意が高揚した。㋚

京方は、大将である源有雅・高倉範茂・安達親長が防戦の術を失って遁去したので、八田知尚・佐々木惟綱・小野成時は藤原朝俊を大将軍となして、宇治河辺に残留して戦うも、ことごとく討死にする。㋛

時氏は敗走する京方を追い、宇治川北辺の民屋に火を放つ。泰時は壮士十六騎を率いてひそかに深草河原まで進んで布陣。ここに西園寺公経の使者三善長衡が来る。㋜

京方の大江親広・藤原秀康・小野盛綱・三浦胤義の勢は軍陣を捨てて帰洛し、三条河原に宿したが、大江親広は関寺辺で行方をくらませた。㋝

G．『古活字本承久記』

【京方の軍勢、手分けの事】京方、宇治橋に、貴族は源有雅〈前中納言〉・高倉範義（範茂）〈宰相中将〉・藤原朝俊〈右衛門佐〉、武士は佐々木広綱〈山城前司〉・惟綱〈右衛門尉〉父子、八田知尚〈左衛門尉〉・中条（小野）成時〈左衛門尉〉）、熊野法師には、田部（田辺）法印（快実）・十萬法橋・萬劫禅師、奈良法師は土護覚心・圓音ら一万余騎を配置。㋐

【三浦泰村、奮戦の事】北条泰時は供御瀬から宇治橋に向ったが、岩橋に陣を取る。㋑

足利義氏・三浦義村はそのまま宇治に向かい、栗籠（栗駒）山に陣を取る。㋒

三浦泰村、京方の大将藤原範茂を射る。㋓

京方に奈良法師・熊野法師数千騎あり。㋔

【宇治橋合戦の事】足利義氏・北条泰時、平等院に陣を取る。㋕

泰時、京方が夜討ちを企図しているとの情報により出撃を命じ、先ず佐々木信綱がこれに応じる。㋖

宇治橋近くで三浦泰村・足利義氏が戦い、相馬・土肥らがこれに続く。波多野信政（義重）が右目を射られるなど、負傷者多数。㋗

京方の奈良法師の土護覚心・圓音の二人が大長刀を曲芸の如く振るって進む。㋘

【芝田・佐々木、先陣争いの事】北条泰時・足利義氏が渡橋を断念して渡河を試みる。泰時に浅瀬を調べるように命じられた芝田兼能は、槙島の二俣の瀬を見渡して地元の白髪の翁に浅瀬を問い、聞き終わるとその首を切る。㋙

兼能は瀬踏みのため、自ら中島に泳ぎ渡った後、泰時に報告。㋚

佐々木信綱は芝田とともに騎馬にて川に入る。信綱の馬は北条義時から与えられた「御局」と称する名馬。佐々木・芝田は相次いで先陣の名乗りをあげた後、中島に上る。信綱は、鎧を着けずに父の馬にとりついてきた子息重綱をもって泰時に報告させ、重綱はその後再び泳いで父のもとに戻る。㋛

【鎌倉の軍勢、宇治川を渡す事】佐々木に続いて東軍の武士が続々と川を渡る。この間、佐島（幸島）四郎は、馬もろともに流された舅の関左衛門尉（政綱）を助けようとして、舅とともに落命する。㋜

安東兵衛（忠家）は、一門十四騎とともに深みより渡河を試みたが全員水没。老将阿保実光・塩谷家経の二人も流される。その後も流される者多く、上下八百余騎が水死。㋝

北条泰時も覚悟を決めて川に入ろうとしたが、春日刑部三郎（貞幸）に止められる。㋞

三浦泰村も渡河しようとしたが、泰時や乳母子の小川経村に引き留められる。㋟

【北条時氏、渡河の事】その後、北条時氏は関実忠・小熊（佐久間）太郎（家盛）とともに渡河に成功。㋠

時氏は、討たれそうになった樫尾（香川カ）景高を助ける。㋡

三浦泰村も渡河。㋢

泰村の乳母子小川経村など、渡河して北条時氏に従った者の数が五百余騎となる。㋣

【京方、敗走の事】京方より東軍の大将と組み討ちをしようと懸け出た藤原朝俊は、大勢に取り籠められて討死をとげる。㋤

京方から挑みかかったお歯黒を染めた武将に小川経景が取り組み、馬から落とすが、敵の首を味方（時氏配下）の平馬太郎に奪われる。㋥

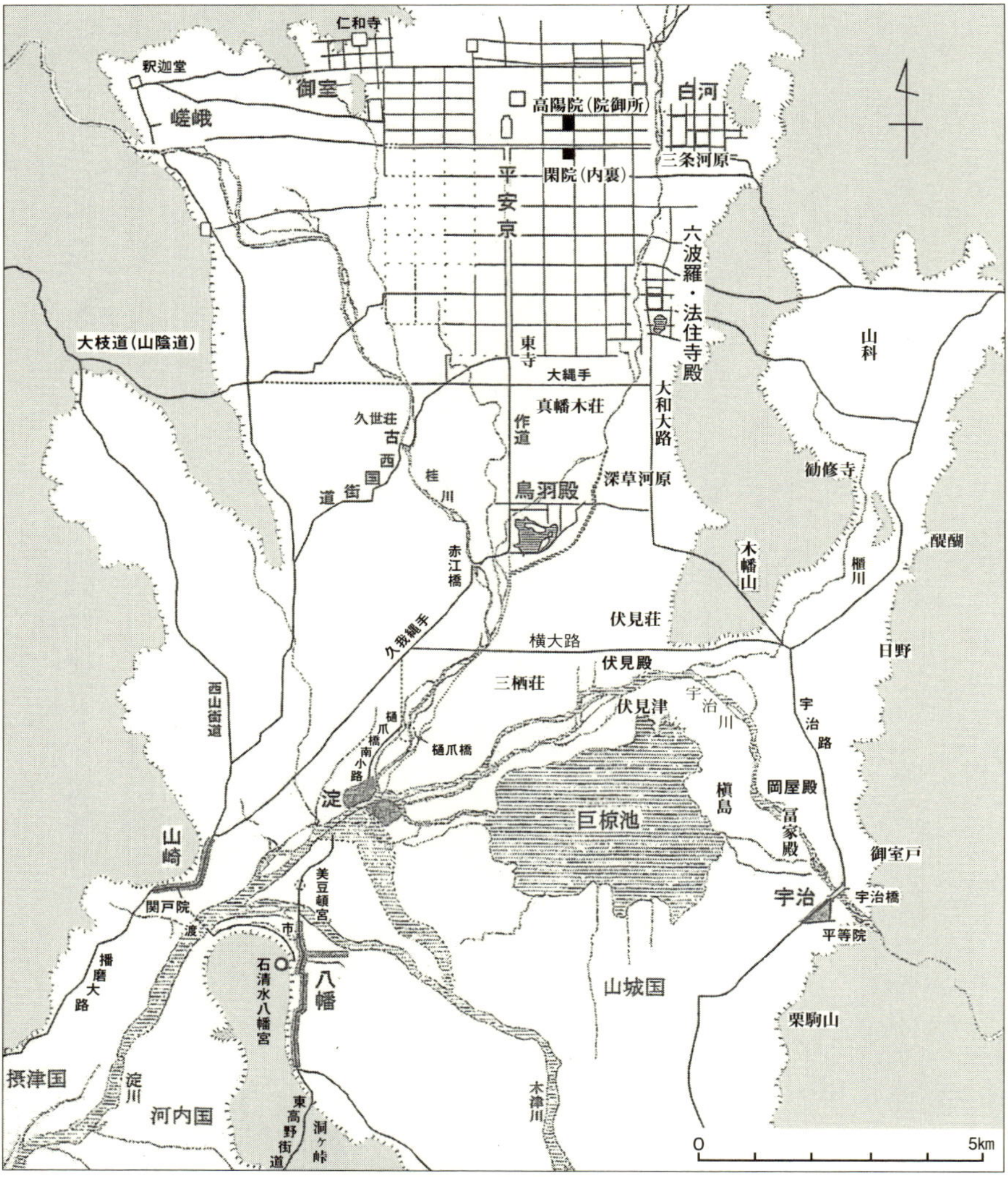

図２　京都・宇治周辺の交通網　※古閑正浩「平安京南郊の交通網と路辺」（『日本史研究』第 551 号、2008 年）掲載図をもとに修正・加筆

京方より佐々木氏綱が名乗って懸け出たが、これを見た叔父の佐々木信綱が、「よき敵だ。中に取り籠めて討てや者共」と命ずる。氏綱は引き退こうとしたが三浦秋庭三郎に討たれた。㋦

京方より懸け出た荻野次郎も討たれ、中条次郎左衛門尉（小野成時）も奥州の宮城小四郎（家業）に組み伏せられて討ち取られた。㋥

奈良法師の土護覚心は落ちようとしたが、三十騎ほどの勢に追いかけられ、三室戸の僧坊に逃げ込んだ。ここで、住僧の前に物具を置き、追いついた武士がこの僧を覚心と誤って殺害している間に奈良の方に逃れた。㋨

熊野法師の田部（田辺）法印は子息千王禅師とともに返し合わせて奮戦。千王は討たれたが、自らが敵に見つからずに落ち行けたのは熊野権現の加護によるものとした。㋩

その後、京方の軍勢は、落ち行く途中、横河（櫃川）の橋・木幡山・伏見・岡屋・日野・勧修寺で東軍に討たれる者が多く、また宇治の北の在家に放たれた火を見て、供御瀬・鵜飼瀬・広瀬・槙島に向かっていた京方も、宇治川を突破されたことをさとって、皆落ちていった。㋪

京方の大江親広は、近江関寺で戦線を離脱したとき、四百余騎を率いていたが、三条河原では百騎ばかりになっており、ここで夜を明かした。㋫

以上、両史料を対照させてみて、明らかなことは、『吾妻鏡』に書かれていることは古活字本（流布本）『承久記』（以下、『承久記』とのみ記す）に記されており、『承久記』にはさらに別の情報が付加されているということである。(6)

三、『吾妻鏡』と『承久記』の記事の検討

上記の承久宇治川合戦記事に関する『吾妻鏡』と『承久記』の要約から、記事内容の対応関係をみると、おおよそ以下のようになる。

ⓐ→㋐　『承久記』には武士名の追加のほか、奈良法師・熊野法師の存在が特記されている。また、兵力は『吾妻鏡』の二万余騎に対し一万余騎とする。
ⓘ→㋑㋒
ⓤ→㋕
ⓔ→㋙　『承久記』には、地元の翁に浅瀬を問い、聞き終わると殺害するという『平家物語』の「藤戸」類似のエピソードが加えられている。
ⓞ→㋚㋛　『承久記』は、佐々木信綱の乗馬を北条義時から賜与された名馬とする。
ⓚ→㋜㋝　東軍の川に流された者八百（余）騎の数字が一致する。
ⓚ→㋛
ⓚ→㋞㋠
ⓚ→㋛　『承久記』は、着岸地点について中島と対岸かが不明確な記述になっている。『吾妻鏡』は佐々木信綱が対

岸に渡った際に柵綱を切ったことを載せる。

(し)→㋤㋥㋦㋧　『承久記』は京方の武将の動きを個別に詳しく記す。『承久記』に「(佐々木太郎左衛門尉)氏綱」とあるのは「惟綱」の誤りであろうか。(7)

(す)→㋪　渡河に成功した時氏の軍は宇治川北岸の民家に火を放った。これが分散していた京方に敗北を知らしめ、戦意を喪失させたという『承久記』の記述は説得力がある。

(せ)→㋫　『承久記』では、関寺で京方から離脱した大江親広が三条河原に宿営するという矛盾した記述をしている。

『吾妻鏡』における承久宇治川合戦の上記の記事(地の文)は、人名については、同書承久三年六月十八日条に収録された「六月十四日宇治合戦討敵人々」「六月十三日十四日宇治橋合戦手負人々」「六月十四日宇治橋合戦越河懸時御方人々死日記」といった生の一次史料と整合しており、勲功に関わる記事も、たとえば佐々木信綱についての、

佐々木判官信綱賜近江国佐々木豊浦羽爾堅田両庄、并栗本北郡等地頭職。是去承久三年合戦之賞也。即宇治川合戦之時、最前依渡河之勧賞補任之由、被載御下文云云

という安貞元年(一二二七)九月二十二日条の記事や、

近江入道(佐々木信綱)虚仮所賜之承久宇治河先登賞、被付神社等之間、今日有其替沙汰、被成御下文。依為殊勲功被載其詞云々。

将軍家政所下　尾張国長岡庄住人

補任　地頭職事

前近江守信綱法師

右人、承久兵乱宇治河鋤鋒之勧賞、豊浦庄之替、可為彼職之状、所仰如件、以下。

文暦二年七月七日　　　　　案主左近将曹菅原

令左衛門少尉藤原　　　　知家事内舎人清原

別当相模守平朝臣

武蔵守平朝臣

という嘉禎元年（一二三五）七月七日条の引用文書を含む記事によって裏付けられる。この信綱と芝田兼義との先陣争いの記述も、承久三年六月十七日条に収められた論功行賞のために春日貞幸が北条泰時に提出した状（「去十四日宇治川被越間事」）などに基づくものと見られ、史料的な価値は高いと判断される。

これに対して、『承久記』は、佐々木信綱が中島に渡ったことと対岸に渡ったことについての記述や大江親広の戦線離脱の経路など曖昧な部分がある。また、京方における南都・熊野法師の存在が強調され、ノハのような説話的なエピソードも盛り込まれていて、『平家物語』「橋合戦」の成立について佐伯真一氏が指摘されたような形でのフィクション付加の事情が想定されるのである。(8)

しかし一方、ナニヌネのように果敢に東軍に挑んだ京方の武将の姿や、ヒの宇治から洛中に至る詳細な地名などは何らかの独自な情報源を想定させるものがある。(9)

たとえば、ナの藤原朝俊は貴族であるにもかかわらずの行動であるが、彼は藤原定家をして「只以弓馬相撲為芸」と言わしめる存在であったから（『明月記』承元二年九月二十八日条）、不審とするには足らないのである。ちなみに、E『保暦間記』が京方の大将軍と伝える宰相中将高倉範茂も、その母が平教盛の娘であり（『尊卑分脈』）、また、彼の庶兄の範資は、文治元年（一一八五）、源義経・行家が頼朝に叛した際には源範頼の郎等を率いて、その追討にあたるという武士的な素養をもつ人物であった[10]。

『吾妻鏡』には、敵の射た矢石の飛び交う中、同輩との瀬踏みの駆け引きをしながら、濁流に挑み、川中の大綱を切断する佐々木信綱の姿が描かれているが、このストーリーを構成する「ライバルとの駆け引き」・「綱切」、それに『承久記』で加えられた「拝領の名馬」の三つの要素は、『平家物語』における元暦元年（一一八四）正月の宇治川合戦で義経軍に属した佐々木高綱の先陣説話と一致するのである。

冒頭に述べたとおり、古くは大森金五郎氏が指摘し[11]、近年、その後の議論を総括した佐々木紀一氏が追認されたように[12]、『平家物語』で広く人口に膾炙された佐々木高綱の宇治川先陣譚は、承久宇治川合戦における信綱の先陣の事実をもとに作り上げられたフィクションだったのである。『平家物語』の「藤戸」における佐々木盛綱と『承久記』の芝田兼能の説話の類似についても、同様の推測が成り立つものと見てよいであろう。

四、承久宇治川合戦の歴史的意義

宇治川を挟んだ軍事的衝突は、源平内乱期から承久の乱の間、治承四年（一一八〇）・寿永二年（一一八三）・元暦元年（一一八四）・承久三年（一二二一）に惹起されているが、「合戦」と呼びうるほどの大事件は承久の乱におけるもののみであり、『平家物語』の語る宇治川合戦譚は、承久宇治川合戦や、宇治を舞台として頻繁に展開された南都悪僧による強訴の際に発生した逸話をベースとして、聴き手の興味を誘う文学的な虚構が大きく付加されたものとみるべきであり、歴史的事実としては否定されなければならない。

反対に、従来あまり評価されることのなかった、承久の乱における宇治川合戦こそ、その歴史的意義づけが求められるのである。この合戦は、その経過を上記『承久三年四年日次記』などの史料に『吾妻鏡』の記事も加えて跡づけることが出来、しかもそこからは史上稀に見る大激戦であったことがうかがえるのである。

合戦の実相を伝えるという点からすれば、乱後半世紀ほど経過した頃に書かれた日蓮の書信（『高祖遺文録』三十「富城入道殿御返事」録外七巻三十二紙）の一節も、彼の檀越中に承久の乱に参加した者やその縁者が多く存在したことを想定すると[13]、援用可能の史料といえるであろう。ここには、豪雨と宇治川の増水の凄まじさとともに、兵粮が尽きて人馬ともに疲労困憊していた東軍の有様が記されているが、これは兵粮が備蓄されていた真木島が東軍に占拠された時点で、京方の敗北が確定したという事実と符合する。

ちなみに、真木島（槙島）については、軍事の視点からのみならず、西国における物資流通の拠点としての機能についても再評価されなければならないであろう[14]。乱後、京都政界における立場を格段に向上させ、西国のみならず、広く東アジア規模での交易活動に乗り出していた西園寺公経が、ここに山荘「花亭」を造営したのは、単に風雅を楽しむためだけではなかったのである[15]。

なお、渡河先陣の佐々木信綱は、いったん、この真木島に渡ってから対岸に到っているが、『吾妻鏡』は信綱等が真木島に渡るために伏見津に赴いたことを記しており、とするならば、渡河地点は宇治橋よりもだいぶ下流であったことが想定される[16]。

最後に、この合戦で貴族が戦闘に加わっている点についてコメントしておきたい。平治の乱における藤原信頼・成親らの武装従軍の事実もあるが[17]、中世前期においては、この宇治川合戦が、公戦において貴族が軍事指揮官・戦闘員として戦場に臨んだ極めて稀な事件であったことは銘記されなければなるまい。これは鎌倉幕府滅亡・建武政権期における千種忠顕や北畠顕家らの先蹤をなしたものと評価されるであろう。

乱後、公家法の伝統によれば文官であるがゆえに死罪にされないはずの彼らが処刑されたのは、理論的には朝廷から追討の対象とされた幕府に公的な要素がなかったからであるが[18]、実際、彼らは武士同様に武装して戦ったのであるから、武士社会の慣例が躊躇無く適用されたともいえるのである[19]。

おわりに

以上の考察から、『吾妻鏡』が「承久宇治川合戦」の史料として信頼しうるものであることが明らかにされた。それにともなって、承久の乱そのものの意義を考える上で多様な可能性を提示出来たと思う。

治承・寿永内乱〜承久の乱の間に発生した宇治川合戦の中で、戦闘の経過が具体的に判明し、政治史的意義においても大きく位置付けられるのは、承久三年の合戦であった。この「承久宇治川合戦」は、中世の合戦史の中でも特筆されるべき激戦であり、承久の乱を東軍の一方的勝利・楽勝とみるような通説に再考をせまる必要も指摘できるであろう。

また、宇治の歴史認識という点においては、戦死者の数字と具体的人名が、これだけ明らかに出来る稀有な古戦場であることは再確認される必要があるだろう。とくに、関東の現代の視角から捉えてみても、ここは多くの祖先の命が失われた記憶すべき空間であり、風雅な平安貴族の文化を伝える地という一面的なイメージが相対化されるはずである。

註

（1）野口実「中世前期における宇治の軍事機能について」（京都女子大学宗教・文化研究所『研究紀要』第二二号、二〇〇九年）。

（2）野口実「承久の乱」（鈴木彰・樋口州男編『後鳥羽院のすべて』新人物往来社、二〇〇九年）。なお、ほかに慈光寺本『承久記』に基づいて承久の乱を考察対象とした拙稿としては、「慈光寺本『承久記』の史料的評価に関する一考察」（京都女子大学宗教・文化研究所『研究紀要』第一八号、二〇〇五年）、「承久の乱における三浦義村」（『明月記研究』第一〇号、二〇〇五年）がある。

（3）各史料の書誌情報は『国史大辞典』（吉川弘文館）の当該項を参照。なお、前田家本『承久記』、およびこれと同系統と見なされる『承久兵乱記』は、その叙述内容が流布本と大体において重なっており、また『承久軍物語』は、龍粛氏の研究によって、流布本に『吾妻鏡』の記事を取り入れて成立したものであることが明らかにされているので、検討対象とはしない。

（4）『皇代暦』の書誌については、佐々木紀一「『平家物語』「堂衆合戦」の成立について」（『国語国文』第六五巻第四号、一九九六年）を参照。また、その史料価値の高さを示す研究としては、佐々木紀一「小松の公達の最期」（『国語国文』第六七巻第一号、一九九七年）がある。

（5）ここで不審なのは、『吾妻鏡』承久三年六月十四日条の地の文では、渡河の際の溺死者の中に「伊佐大進」は「伊佐大進太郎」とあるが、「藤原朝光」はなく、また前述したように一次史料として評価される『吾妻鏡』同年六月十八日条所載の「六月十四日宇治橋合戦越河懸時御方人々死日記」に「伊佐大進」「藤原朝光」の名がともに見えないことである。後考を俟ちたい。

（6）杉山次子氏は、「私は通行の承久記は、慈光寺本承久記と吾妻鏡を主材料としてつき合わせ、六代勝事記や平家物語その他を援用して出来たものと考えている」と述べておられるが（「承久記諸本と吾妻鏡」『軍記と語り物』第一一号、一九七四年）、後述するように、宇治川先陣譚などは『平家物語』の方が後出と見るべきであろう。

（7）『尊卑分脈』には、広綱の子に氏綱は見えず、惟綱（「太郎左衛門尉」「承久三参候京方、仍為一族重綱被誅」）と為綱（「左兵衛尉」「承久三合戦、於宇治被討了」）が掲げられている。ちなみに、上横手雅敬氏は、『承久記』の氏綱を惟綱と同一人物と見ておられる（「近江守護佐々木氏」同『鎌倉時代政治史研究』吉川弘文館、一九九一年。初出は一九七九年）。

（8）佐伯真一「「いくさがたり」をめぐって」（同『平家物語遡源』若草書房、一九九六年。初出は一九九二年）。

（9）すでに拙稿「承久の乱における三浦義村」において指摘したように、『承久記』にも何らかの確実な史料に基づくと思われる記述も散見しており、個別の挿話ごとに考証を加えることによって、活用すべき余地は多分にのこされているのである。ちなみに、上横手雅敬氏は、京方に属した佐々木高重について、『吾妻鏡』では宇治に出陣したことになっているが、『承久記』の供御瀬説が正しいことを指摘されている（「近江守護佐々木氏」前掲）。しかし、上横手氏は根拠を示されておらず、『吾妻鏡』六月十八日条所引の交名には「佐々木判官《（高重）》親者」や「佐々木判官手者」と見えることからすれば、やはり高重は宇治に出陣したと考えるのが妥当であろう（長村祥知氏の御教示による）。

（10）野口実「源範頼の軌跡——その政治的立場と縁戚・家人に関する覚書」（同『武家の棟梁源氏はなぜ滅んだのか』新人物往来社、一九九八年。初出は一九九一年）参照。

（11）大森金五郎『武家時代の研究』第二巻（冨山房、一九二九年）。

（12）佐々木紀一「『平家物語』「宇治川合戦」の成立について」（『山形県立米沢女子短期大学附属生活文化研究所報告』第三三号、二〇〇六年）。

（13）今成元昭『平家物語流伝考』（風間書房、一九七一年）前篇第三章第三節「『平家物語』の生成期について」。

（14）三浦圭一「中世における畿内の位置——渡辺惣官職を素材として」（同『中世民衆生活史の研究』思文閣出版、一九八一年。初出は一九六五年）、網野善彦「宇治川の網代」（同『日本中世の非農業民と天皇』岩波書店、一九八四年）。

（15）上横手雅敬「鎌倉幕府と摂関家」（同『鎌倉時代政治史研究』吉川弘文館、一九九一年。初出は一九七四年）、網野善彦「西園寺家とその所領」（『国史学』第一四六号、一九九二年）。

（16）上横手雅敬「鎌倉幕府と摂関家」にも同様の指摘がある。ちなみに、鎌倉後期の真木島には渡があり、雑船が置かれていた（網野善彦「宇治川の網代」）。

（17）元木泰雄『保元・平治の乱を読みなおす』（日本放送出版協会、二〇〇四年）、同「藤原成親と平氏」（『立命館文学』第六〇五号、二〇〇八年）。

(18) 上横手雅敬「鎌倉・室町幕府と朝廷」（同『日本中世国家史論攷』塙書房、一九九四年。初出は一九八七年）。

(19) 上横手雅敬「「建永の法難」について」（同編『鎌倉時代の権力と制度』思文閣出版、二〇〇八年）。なお、中世前期における死刑や天皇・貴族の武装については、同「講演　天皇と京都」（『ミネルヴァ日本評伝選通信』36・37、二〇〇七年）を参照（坂口太郎氏の御教示による）。

【付記】本稿は、野口実・長村祥知「承久宇治川合戦の再評価――史料の検討を中心に」（京都女子大学宗教・文化研究所『研究紀要』第二三号、二〇一〇年）の野口執筆部分を再構成したものである。なお、長村氏の執筆部分は、同氏『中世公武関係と承久の乱』（吉川弘文館、二〇一五年）の第四章に収録されている。あわせて参照されたい。

第2部　後鳥羽院をめぐる人間関係

I 後鳥羽院と西園寺公経

山岡　瞳

はじめに

承久三年（一二二一）五月、後鳥羽は、京都守護であった伊賀光季を討ち、北条義時追討の院宣を下した。承久の乱の勃発である。

『吾妻鏡』同年五月十九日条には、

午刻。大夫尉光季去十五日飛脚下二着関東一。申云、此間、院中被レ召二聚官軍一。仍前民部少輔親広入道昨日応二勅喚一。光季依レ聞二右幕下〈公経〉告一、申障之間、有下可レ蒙二勅勘一之形勢上云々。未刻、右大将家司主税頭長衡去十五日京都飛脚下着。申云、昨日〈十四日〉、幕下幷黄門〈実氏〉仰二二位法印尊長一、被レ召二籠弓場殿一。十五日午刻、遣二官軍一被レ誅二伊賀廷尉一。則勅二按察使光親卿一、被レ下二右京兆追討宣旨於五畿七道一之由云々。

とあり、伊賀光季が討たれたこと、義時追討の宣旨の発布などとともに、西園寺公経父子が後鳥羽方の尊長によって弓場殿に拘禁されたことを伝えている。なぜ、公経は警戒されたのだろうか。公経は、鎌倉幕府将軍と縁戚関係を有し、公武交渉の連絡窓口であった関東申次として活躍する人物である。後鳥羽方は、公経を通じて幕府に情報が洩れることを警戒したのであった。

　本稿では、右の史料のように、承久の乱に際して、幕府を支持する立場を明確にした公経を中心に、乱が起こるまでの後鳥羽との関係、乱後の公経の動向を考察したい。西園寺家は閑院流の藤原公実の子通季にはじまるとされるが、実質的な家祖は公経である。家名の西園寺は、公経が承久の乱後に建立した寺院である西園寺に由来している。(1) 鎌倉時代の西園寺家は、関東申次の地位に就き、実氏の娘の姞子（のちの大宮院）をはじめ多くの娘を入内させ、生まれた皇子を即位させて王家の外戚の地位を獲得したり、院執事・院評定衆を務めたりするなど、鎌倉時代の公武政権内できわめて重要な位置にあった。(2)

　そんな西園寺家の祖である公経は、鎌倉時代前・中期を代表する人物でありながら、公経個人を取り上げた研究は少ない。(3) 特に、関東申次の側面が注目され、公武関係の中での言及されることが多い(4)が、公経が公家政権内の諸勢力とどのような関係を築いていたのかなど、多くの課題を残してい

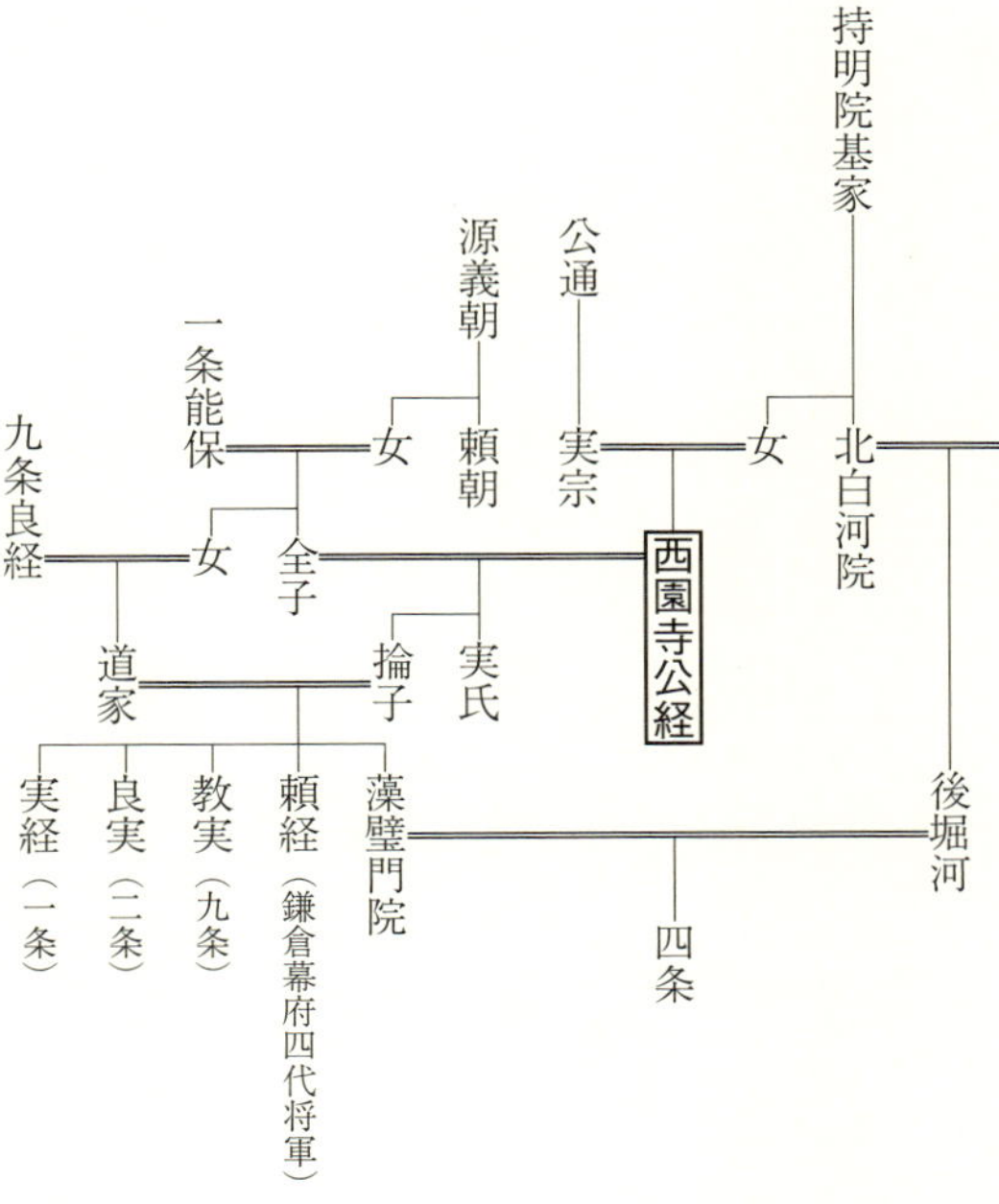

西園寺公経をめぐる婚姻関係図

「小倉百人一首」（菱川師宣画）に描かれた西園寺公経（入道殿太政大臣）　国立国会図書館蔵

る。公経の政治動向は公武両政権と密接に関係しており、当該期の公武政権を考察する上でも重要である。また、鎌倉時代の公家政権を構成した個別貴族の検討は、公家社会の構造を考えるうえでも重要であろう。

公経は、承安元年（一一七一）に誕生した。父である実宗は、平氏・後白河・上西門院・後鳥羽のもとに伺候したことで知られる(5)。『玉葉』寿永二年（一一八三）正月二十三日条には、

見二聞書一。時忠、忠親任二大納言一。八大納言歟。不レ能二左右一、家通〈善政〉、実宗〈甚早速〉等任二中納言一、両貫首拝二参議一。後聞、兼房卿事、御気色不レ悪。大略一定可二拝任一之由風聞。而自二上西門院一、実宗事枉被レ申之間、忽改定云々。微運之至、爰而顕然歟。但年来未曾達二素意於天聞一。

とあり、上西門院は実宗の昇進に対して便宜をはかっている。しかも「甚早速」とされていることから、実宗が官位昇進において優遇されていたのかもしれない。上西門院は後白河の同母姉で、後白河の准母として立后し、院号宣下をうけていた女性である。公経も上西門院の御給で治承三年（一一七九）に従五位上、寿永二年に正五位下と昇進しており（『公卿補任』建久九年項）、実宗が上西門院のもとに伺候し、さまざまな奉仕を行うことで公経の昇進につながったとみられる。

このように実宗が上西門院と近い関係にあることについて曽我部愛氏は、実宗の妻で公経の母である持明院基家の娘が関係していたとする。[6] 持明院基家は上西門院の乳母子で、実宗は持明院家との婚姻関係を基に上西門院に接近していた。また、実宗は守貞親王（のちの後高倉院）に対し、親王宣下や元服の儀式において奉仕している（『玉葉』建久二年〈一一九一〉十二月二十六日）。守貞の乳母に、持明院宰相局という基家の妻がいた。守貞は上西門院の猶子となっているが、こうした関係が築かれる背景にも持明院家の影響があるとみられる。上西門院が養育した守貞に、持明院家と姻戚関係のある実宗も奉仕することになったのである。

さらに、実宗は後鳥羽院政期には内大臣にのぼっている。これは、実宗の祖父通季・父公通の極官を超えるものであった。『愚管抄』によるとこうした昇進の背景には、公経の後鳥羽に対する奉仕が関係しているという。

一、一条家との関係

公経にとって大きな転機となったのは、文治～建久年間頃（一一八五～九八）に行われた一条能保の娘である全子との婚姻である。[7] 能保は源頼朝の妹婿にあたり、頼朝の信任をうけて在京し、京都にあって重要な政治的地位を築いていた。

龍粛氏は、公経が一条能保の女婿に選ばれた理由として、鎌倉幕府の将軍である源頼朝が朝幕関係を強化する中で、親幕派の貴族を増やすねらいがあったとする。これは、ほぼ同時期に九条良経と一条能保の娘（公経の妻となった全子姉妹）との婚姻が行われていることからも裏づけられよう。

　鎌倉幕府将軍との縁戚関係を築いた公経は、官位昇進において優遇されるようになった。例えば、『三長記』建久七年（一一九六）十二月二十六日条には、

　超二中将（公経）上臈六人一〈親能、実保、成定、伊輔、公国、雅行等朝臣也〉。此内不レ可レ被レ超之輩有二両三人一歟。以レ謂二中納言（能保）入道聟一有二此恩一。兄公定以二行幸賞一雖レ申二四品一不レ許。弟貫首、兄五位職事、頗逆也。先蹤定稀歟。

とあり、公経の兄である公定がなかなか昇進できなかったのに対して、公経は一条能保の婿という理由から、上臈六人を飛び越えて蔵人頭に就任している。破格の昇進といえよう。公経の蔵人頭就任には、源通親が九条兼実を失脚させた建久七年の政変が関係している。兼実を失脚させた通親は、鎌倉幕府に近い立場にある貴族たちに対して優遇策をとっていたのである。

　正治元年（一一九九）、三左衛門事件が起こった。三左衛門事件とは、一条能保・高能父子の没後、一条家への処遇に不満の家人、中原政経・後藤基清・小野義成らが源通親の襲撃を企てた事件である。事件はすぐに鎮圧されたが、主謀者の三人は捕えられ鎌倉に送られた上で配流となった。公経は一条家の縁者という理由で出仕を停止された（『明月記』同年二月十七日）。公経に出仕の許しが出たのは、同年十一月のことであった。

　また、同年七月、公経は後鳥羽によって御厩別当を罷免されている（『明月記』同年同月十五日条）。公経は高能の没後、院御厩別当の地位に就いていた。西園寺家と院御厩の関係については、木村真美子氏が紹介した西園寺家所蔵の「御厩司次第」という史料により解明されつつある[8]。院御厩の長官である別当は、ただ院の車・牛馬を管理するのではな

く、軍事的にも重要な役割を果たしていた。一条家では、源義経が反頼朝の挙兵に失敗した後に能保が補任され、能保の後は子の高能が継承し、一条家の重要な経済基盤であった。しかし、両者が相次いで没したため、能保の娘婿である公経がその地位を継承することになったのである(9)。

その後、御厩別当には、坊門信清が任じられた。御厩別当の地位が西園寺家に戻るのは、承久の乱後、公経の子実氏の時代になってからのことである。この一連の事件の背景には、この年の正月に頼朝が急逝しており、それによる政治的混乱が関係しているのではないだろうか。

二、後鳥羽との関係

公経は、建久九年（一一九八）の後鳥羽院政開始と同時に院別当となっている。公経と後鳥羽の関係についてみてゆくと、「見甫記」元久二年（一二〇五）十二月二日条（『仙洞移徙部類記』所収）には、

　高陽院殿、中納言公経卿以二伊予国一造営。今日上皇御渡也。

とあり、公経は知行国であった伊予国を用いて、後鳥羽の院御所である高陽院の造営にあたっている。

この頃、治天の君である後鳥羽のもとで公武融和の動きがとられ、承元二年（一二〇八）には公経娘である掄子と九条道家の婚姻がなされた。掄子の母と道家の母は姉妹関係にあり、親幕派の提携関係の強化がねらいだったと考えられる。公経と後鳥羽の関係も良好で、公経は関東申次を務めるだけでなく、近臣としてさまざまな奉仕を行っていた。

ここで、公経の異母兄公定と後鳥羽の関係についてみておきたい。建永元年（一二〇六）頃、嵯峨辺に住む女のもとに、後鳥羽と称する男が通っていた。実は、この男は後鳥羽ではなく公定の子実基であった。事の次第を知った後鳥羽は怒り、公定・実基父子を配流とした。[10] 実基は無実で上皇の所為とする史料もあるが（『不知記』同年九月十八日条〈『大日本史料』四―九所収〉）、わからない点も多い。注目したいのは、公定が解官された同日に公経が知行国として周防国を得ていることである（『明月記』同年九月十九日条）。なお、公定は建暦元年（一二一一）正月二十一日に本位に復し、建保三年（一二一五）には権中納言に昇進している。

次に、鎌倉時代初期の朝廷と幕府の関係をみてゆきたい。鎌倉幕府と朝廷との間の交渉窓口を関東申次という。関東申次は、吉田経房が補任されたことに始まり、幕府と朝廷との間で連絡・交渉を担当する役職である。[11] 公経の関東申次としての活動みてみると、『葉黄記』寛元四年（一二四六）三月十五日条には、

後鳥羽院御時、坊門内府（信清）〈并〉入道相国（公経）等一向申二次之一。

とあり、後鳥羽院政下に坊門信清とともに公経が関東申次を務めていた。坊門信清は、建保四年（一二一六）三月に没していることから、信清の没後は、主に公経が担当していたとみられる。鎌倉時代の公武交渉の研究をすすめた森茂暁氏は、公経の関東申次としての活動が後鳥羽院政期後半に集中していたことを指摘している。[12] 公経は、寛元二年（一二四四）に没するまで、関東申次を務めている。承久の乱後の公武関係の重要性が増す中で、関東申次の果たす役割が重要になっていった。公経が関東申次に就いた後、一時中断することはあったが、公経の子実氏より後は鎌倉時代を通して西園寺家が関東申次を世襲し、西園寺家の権力基盤となった。

建保五年（一二一七）、公経は後鳥羽の怒りを買い、出仕を止められた。発端は、右大将をめぐる人事である。公

経は後鳥羽より右大将任官を約束されていたが、実際に右大将となったのは後鳥羽の乳母卿二位兼子の縁者大炊御門師経であった。約束を破られた公経は、後鳥羽の使者に対し「出家でもして関東で暮らしていこう」と言った。しかし、使者が誤って「公経は実朝に訴えると言っている」と後鳥羽に伝えてしまったのである。後鳥羽と公経の間に実朝が仲裁に入り、原因は兼子の中傷にあるとして抗議した。実朝を恐れた兼子は後鳥羽にとりなし、公経は出仕を許されることになった。この事件をきっかけとして、後鳥羽と実朝の関係に亀裂が生じ、承久元年（一二一九）に実朝が暗殺されるまで、両者の不仲は解消されることはなかったとされる[13]。

三、三寅の下向

承久元年正月、右大臣拝賀のため鶴岡八幡宮を訪れた源実朝が、前将軍頼家の遺児である公暁によって暗殺された。実朝に子がなかったため、将軍の後継問題が起こった。幕府は後鳥羽に皇子の関東下向を要請していたが、後鳥羽はそれに反対している[14]。

そこで、公経は、娘の掄子と九条道家の子である三寅、のちの鎌倉幕府四代将軍の九条頼経を下向させようと画策する。三寅は、建保六年（一二一八）に誕生し、公経が養育にあたっていた。後鳥羽の意を察して道家はこれに消極的だったが、公経は三寅の下向を押しすすめている。そして公経の思惑通り、三寅の関東下向が決定した。次の『吾妻鏡』承久元年七月十九日条は、三寅の関東下向に供奉した人々の交名を載せている。

左大臣〈道家公〉賢息〈二歳、母公経卿女、建保六年正月十六日寅刻誕生〉下二向関東一。是故前右大将後室禅尼重二将軍旧好一之故、為レ継二其後嗣一依レ申二請之一。去月三日可レ有二下向一之由　宣下。

（中略）

殿上人

伊予少将実雅朝臣（①）

諸大夫

甲斐右馬助宗保（②）　善式部大夫光衡（③）

藤右馬助行光（④）

侍

藤左衛門光経（⑤）　主殿左衛門尉行兼（⑥）

四郎左衛門尉友景（⑦）

（中略）

以上十人自京都供奉。

ここで注目したいのが、京都より供奉した七人である。それぞれを検討してみよう。

①伊予少将実雅朝臣は、一条能保の子で公経の養子（『公卿補任』貞応元年項）。元仁元年（一二二四）に北条義時が没した際、義時室である伊賀局の女婿であることから、将軍に担ぎ出された人物である（『吾妻鏡』同年六月二十八日条）。事件が発覚し企てが失敗した後、実雅は京都に送還されている。

②甲斐右馬助宗保は、日頃公経の周辺に伺候していた藤原宗保のことである（『明月記』建保元年〈一二一三〉正月二五日条／寛喜二年〈一二三〇〉三月二十四日条）。

③善式部大夫光衡は、西園寺家の家司で、とくに公経を支えた長衡の子である（『明月記』寛喜三年〈一二三一〉正月八日条）。

④藤右馬助行光は、西園寺家に伺候し、のちに西園寺八講が営まれた際には供奉する様子がみえる（『明月記』嘉禄二年〈一二二六〉十二月十日条）。

⑤藤左衛門光経は、公経の太政大臣拝賀で前駆を務めたこともある人物である（『明月記』寛喜元年〈一二二九〉十月二七日条）。

⑥主殿左衛門尉行兼は、「左大将（道家）侍〈左衛門尉行兼、亜相（公経）専一者也〉」（『明月記』承元二年〈一二〇八〉六月二日条）とみえる中原行兼のことである。嘉禄元年（一二二五）六月に大江広元が没した際には、公経の使として下向するなど、公武交渉の実務を担った人物である（『明月記』同年同月十四日条）。

⑦四郎左衛門尉友景は、西園寺家が御厩別当をつとめた際に案主として所見する中原友景である。案主とは、別当を実務面で支える役職である[15]。また、「友景〈相国（実氏）後見、武家事問答之仁歟〉」（『葉黄記』宝治二年〈一二四八〉七月一日条）とあり、朝幕交渉でも重要な役割を果たした人物であった。

以上のように、京都から供奉した人物の多くが西園寺家に関係する人物であることが分かった。当然、これらの人物を供奉させたのは公経である。三寅の生家である九条家よりも西園寺家の関係者が多く供奉していることが、この下向の性格を物語っているといえよう[16]。

公経は、後鳥羽の意を知りながらも三寅の下向に奔走した。上横手氏は、後鳥羽が公経に対して不信感を募らせる出来事とするが、この時期の公経と後鳥羽の関係を考えるうえで注目したいのが、次の『玉蘂』承久二年（一二二〇）四月十六日条である。

右大将（公経）自院御方出来云、祇園造営事被レ仰二合四条前大納言隆衡卿一。依二久安家成卿之例一可レ承レ之。阿波国若狭国可レ給之由被レ仰候。我申云、阿波若狭定不二合期一歟。可レ申二周防国一。早可レ給也。若狭有二御哀憐一者可レ給二保教一歟〈祇園造官（宮イ）事、廻沙汰之人也〉。仰云、申状尤以神妙也、其替可レ給二左馬寮一云々。

この史料によると、公経が知行していた周防国にかわり、左馬寮が与えられることになった。左馬寮は、宮中の軍馬・地方の牧の管理を主な職務とし、牧から得られる経済的収益も大きいことから、非常に重要な官司の一つとされた。後鳥羽と公経が対立を深めていたのなら、このように重要な官司である左馬寮を公経に与えるだろうか。

四、承久の乱と公経

承久三年（一二二一）、後鳥羽が義時追討の院宣を下し、承久の乱が起こった。本稿の冒頭であげた史料の通り、公経は後鳥羽の近臣の尊長によって、子息の実氏とともに弓場殿に拘禁された。乱は、上洛した北条泰時以下の幕府軍によって鎮圧された。後鳥羽の計画は失敗に終わり、後鳥羽は隠岐に配流され、関係した公卿は斬首などの処罰をうけた。

上洛した北条泰時のもとに、公経の使者である家司の三善長衡が訪れている。『吾妻鏡』同年六月十四日条には、

右幕下（公経）使〈長衡〉来二此所一云、迄二何所一有レ渡乎可レ奉レ見由、有二幕下命一云々。（中略）則以二南条七郎一付二長衡一、遣二幕下之許一、可レ警二固其亭一之旨、示付云々。

とあり、泰時は公経の邸宅の警固を命じている。承久の乱において、公経が幕府支持の立場を明確にしたことは、乱後の朝廷において中心的な役割を果たすことになる。

承久の乱後、仲恭に代わり後堀河が即位し、後堀河の父である後高倉が院政を行うことになった。後高倉は、高倉天皇の子で、安徳天皇の弟、後鳥羽の兄にあたる。平知盛の妻が乳母だったため、寿永二年（一一八三）の平氏都落ちの際には、平氏一門とともに西海に同道している。文治元年（一一八五）に平氏が壇ノ浦で滅びると帰京し、その後は上西門院が養育していた。

西園寺　公経が創建し、家名の由来となった。公経が臨時的に滞在した邸宅であるとともに、歴代当主の命日には八講が行われた　京都市北区

後高倉院政開始の背景には、公経の活躍があった[17]。院政に消極的だった後高倉を説得した妃の北白河院陳子は持明院基家の娘で、公経にとっては母方の叔母である。公経は北白河院との縁戚関係を利用し、院政を開始させることに成功している。承久の乱後の公経の動向を規定する一因に、実宗の段階から築かれていた縁戚関係があった。

おわりに

本稿では、後鳥羽と公経の関係を中心に、公経の動向を考察してきた。公経は鎌倉幕府との姻戚関係、関東申次の立場などを用い、鎌倉時代前期の貴族社会において権力を伸長させた。承久の乱後、公経は、承久三年十月に内大臣、翌年八月には太政大臣に昇ったが、一年も経たずに辞している。『明月記』嘉禄元年（一二二六）六月三十日条には、

又為二相国（公経）御使一参関白殿（家実）云々。自二関東一彼一家人々、殊下可伺二候禁裏一給上之由示送。

とあり、幕府は公経一族を禁中に伺候させるように命じている。北条政子が危篤となり、没後の政治的混乱に備えるためとみられる。承久の乱後の貴族社会において、西園寺家の政治的重要性を表しているといえよう。

註

（1）西園寺は元仁元年（一二二四）十二月に建立され、北白河院などが臨席して御堂供養が行われた。藤原道長が建立した法成寺にも劣らないと称される立派なものであった（『増鏡』「内野の雪」）。

（2）龍粛「後嵯峨院の素意と関東申次」（同『鎌倉時代　下』春秋社、一九五七年）。

（3）上横手雅敬「西園寺公経」（同『鎌倉時代　その光と影』吉川弘文館、二〇〇六年。初出は一九七四年）。拙稿「西園寺公経」（平雅行編『中世の人物　京・鎌倉の時代編　三　公武権力の変容と仏教界』清文堂出版、二〇一四年）。

（4）山本博也「関東申次と鎌倉幕府」（『史学雑誌』八六―八、一九七七年）、森茂暁『鎌倉時代の公武関係』（思文閣出版、一九九一年）など。

（5）多賀宗隼「西園寺家の抬頭」（同『論集中世文化史　公家武家編』法藏館、一九八五年。初出は一九七二年）。

（6）曽我部愛「後高倉王家の政治的位置」（『ヒストリア』第二一七号、二〇〇九年）。

（7）一条家と西園寺家の関係については、塩原浩「頼宗公孫一条家の消長」（中野栄夫編『日本中世の政治と社会』吉川弘文館、二〇〇三年）に詳しい。
（8）木村真美子「中世の院御厩司について」（『学習院大学史料館紀要』第一〇号、一九九九年）。
（9）西園寺家と院御厩別当との関係は、通季が保安年間（一一二〇～二四）に補任されたことに始まる（『葉黄記』寛元四年〈一二四六〉正月二十九日条）。ただし、通季の後、公経が別当に補任されるまで、西園寺家からは誰も別当に補任されていない。
（10）事件の経過については、『三長記』建永元年（一二〇六）七月二一日、八月十日・十五日、九月二日・十七日条に詳しい。公定は九月十八日解官、佐渡国に配流された。
（11）美川圭「関東申次と院伝奏の成立と展開」（同『院政の研究』臨川書店、一九九六年。初出は一九八四年）。
（12）森茂暁氏註（4）前掲書。
（13）上横手雅敬氏註（3）前掲論文。
（14）『愚管抄』は、後鳥羽が皇子が関東に下向し将軍となれば、京都には天皇、鎌倉には皇族の将軍が存在することになり、日本が二分されてしまうと考えたためだとする。
（15）木村真美子氏註（8）前掲論文。
（16）上横手雅敬氏註（3）前掲論文。
（17）龍粛氏註（2）前掲論文。

Ⅱ

後宮からみた後鳥羽王家の構造

曽我部 愛

はじめに

本稿は、後鳥羽院の後宮の女性と彼女たちをとりまく人間関係について、当該期の政治過程のなかで再検討し、その位置づけを行い、後宮の女性たちをも包含したかたちでの後鳥羽王家の存在形態を考察しようとするものである。

後鳥羽期の公家政権の政治過程が、後宮の女性たちとその出身一族の動向と密接な関係にあったことは周知の通りであるが、それは承久の乱後の戦後処理のなかで、「合戦張本公卿等」とされた面々に象徴されている。『吾妻鏡』によって主な人物を挙げれば、藤原光親・中御門宗行・高倉範茂・源有雅・坊門忠信・一条信能、そして二位法印尊長である。[1] 彼らはいずれも、後鳥羽院の生母や乳母、そして后妃たちの一族である坊門家・高倉家・一条家の人間だった。

承久の乱に際して京方となった公卿たちについては、各家ごとの状況から論じた個別研究が蓄積され、[2] 上横手雅敬氏は、鎌倉将軍家所縁の坊門忠信・一条信能が京方となった政治的背景を初期鎌倉幕府の抱えた、源氏将軍の貴族性と執権政治の反貴族性という二面性から論じている。[3] また、白根靖大氏は、「合戦張本」となった一条・坊門・高倉といった新興の公家は、後鳥羽院権力との結びつきを梃子として家格上昇を志向する家格獲得運動の推進者たちであり、それゆえ家格既得勢力との間には後鳥羽の挙兵への対応に差異があったことを指摘し、承久の乱は「王朝社会秩序における家格獲得を目指す勢力の衝突」と評した(4)。

一方、院政期に「家」として成立した王家にとっても、承久の乱はひとつの大きな画期となった。乱後に幕府によって設定された後高倉王家は、中世的王家の成立の要件とされた、皇位継承者決定権と王家領管領権を大きく後退させ(5)、続く後嵯峨王家は、その成立から幕府に皇位継承者の決定を委ね、また、親王将軍を下向させた。承久の乱後の王家は、幕府の存在を前提とした新たな存在形態をみせるのである。

こうした変化が指摘されるにも関わらず、その前段階の後鳥羽王家に関する研究は乏しい。後鳥羽院という特異な個人にのみ注目するのではなく、彼の後宮や皇子女といった王家構成員にも目を配り、彼らを組み込んだかたちでの後鳥羽王家を論じる必要があるのではないだろうか。こうした問題意識のもと、後鳥羽院の後宮について基礎的な考察を行い、後鳥羽王家の存在形態と志向性を明らかにし、承久の乱前後で王家がいかに変容したのかを展望するひとつの材料としたい。

一、後鳥羽院の出自と乳母の一族

後鳥羽院と平氏一門

寿永二年（一一八三）七月、平氏は安徳天皇と三種の神器、そして安徳の異母弟守貞親王を伴い西走し、都に残された幼い二人の皇子が安徳に代わる新天皇候補とされた。

『本朝皇胤紹運録』によれば、高倉天皇の皇子は安徳・守貞（後高倉院）・惟明親王・尊成親王（後鳥羽）の四名である。安徳の生母は平清盛の娘で中宮の徳子（建礼門院）であり、天皇への日常的な奉仕と養育を主とする乳母には平時忠の室藤原領子、平重盛の室藤原輔子など、平氏一門の中枢をなす人物の妻が配されていた(6)。

一方、安徳とともに西走に伴われた第二皇子守貞、および第四皇子後鳥羽の生母は、後白河院の近臣坊門信隆の娘殖子（七条院）である。殖子は初め、兵衛督局と称して徳子に仕え、のち高倉天皇の典侍となった女性で、治承三年（一一七九）二月に守貞を、治承四年七月に後鳥羽を生んでいる。この殖子所生の守貞が、なぜ安徳とともに伴われることになったのか。平氏一門と殖子、守貞・後鳥羽兄弟の関係について、まず検討することにしたい。

守貞は誕生後すぐに、乳父平知盛とその妻で乳母の治部卿局に引き取られたらしく、百日儀は知盛の八条亭で行われている(7)。守貞のもう一人の乳母は、持明院宰相局と呼ばれた平頼盛の娘である(8)。したがって、安徳とは母を異にするものの、守貞も誕生直後から平氏一門のもとで養育された存在といえる。

では、後鳥羽の場合はどうだったのだろうか。ここで注目したい点は、殖子の出自である。殖子の父信隆には二名の妻が確認されるが、所生子の生年から(9)、前妻が持明院通基の娘、後妻が平清盛の娘と考えられる。殖子と同母弟信清は、前妻の所生である。通基の子基家の妻は、先述した守貞の乳母で、頼盛の娘・持明院宰相局である。つまり、殖子のおじ夫婦が守貞の乳父・乳母（以下、乳父母と表記する）であったことになる。

さらに興味深い事実がある。殖子の父信隆は、永暦二年（一一六一）九月に平教盛・平時忠らと共謀して、同月に生まれたばかりの憲仁（高倉天皇）を皇太子に擁立しようとした嫌疑で、二条天皇によって因幡守・右馬頭を解任されているのである。[10] この事件の背景には二条天皇と後白河院の対立が想定されるが、信隆が平氏一門のなかでも特に、時忠と教盛と共謀したとされていることを重視したい。

周知の通り、時忠は憲仁の母滋子（建春門院）の異母兄で、清盛の妻時子の同母弟である。『平家物語』は、殖子が守貞・後鳥羽と続けて皇子を生んだことに対して遠慮する信隆に対し、時子は「くるしかるまじ。われそだてまいらせて、まうけの君にしたてまつらむ」と言い、自ら乳母を多く付けて育てたとしている。[11] とりわけ、後鳥羽に関しては、時子は異父弟で法勝寺執行だった能円の「やしなひ君」にしたという。能円が時子の猶子であったことは、『愚管抄』巻五に見える。

また、『平家物語』は、平氏の西走にも同行した能円が、後日、都に残した妻と養君である後鳥羽に使者を遣わして両者を呼び寄せ、妻は喜んで後鳥羽を連れて都の外れまで来たが、妻の弟である紀伊守範光がそれを引き留め、その翌日に後白河院からの迎えが来て、後鳥羽は践祚することになったと描く。史料の性格上、すべてを事実と考えることはできないが、この記事から時子の異父弟能円夫妻が後鳥羽の乳父母であったこと、本来は後鳥羽も平氏の西走に伴われるはずだったことがうかがえる。

後鳥羽院の祖父・後白河院画像 『日本歴代人傑大鑑』

そして、能円の妻こそ刑部卿三位局と呼ばれた高倉範子であり、能円と高倉範子との間に生まれた娘がのちに後鳥羽に嫁し、土御門天皇を生んだ在子（承明門院）である。つまり、後鳥羽と在子は乳姉弟ということになる。また、範子の叔父範季の妻は平教盛の娘である。このように、永暦二年の憲仁擁立事件の頃から信隆は平氏に近い存在であり、それゆえ殖子所生の皇子二人も、守貞は時子の実子知盛、後鳥羽は時子の弟で猶子能円、というように、平氏一門の枠内で設定された乳父母の許で養育されたと考えられる。

後鳥羽は平氏西走には同行せず、都に留まったことから、従来、平氏一門との関係を論じられることは少なかった。しかし、実際には同母兄守貞同様、平氏の西走に伴われるべき存在だったのであり、平氏一門とは深い関係にあったといえるのである。

後鳥羽院の乳母の一族

では、能円や平氏一門が都落ちした後の後鳥羽は、どのように養育されたのだろうか。結論から述べれば、能円の妻範子の生家、高倉家が後鳥羽の養育を担うことになった。

範子の生家である高倉家は、南家貞嗣流藤原氏に属し、諸国受領を歴任する院の近臣層で、その豊かな経済力ゆえに後鳥羽と乳母関係を成立させたとの指摘がある。[12] 範子の父範兼も二条天皇のもと佐渡守・近江守を歴任し、長寛元年（一一六三）に非参議・従三位となった人物である。

範子の弟妹には、姉とともに後鳥羽に近侍し後見という立場にあった著名な卿二位兼子、先述した後鳥羽の都落ちを引き留めた人物で後年、後鳥羽院政下で近臣として権勢を揮った範光がいる。なお、範兼が長寛三年に没した後、範子たちは範兼の弟で養子となっていた叔父範季に養育された。

範季は後白河院の近臣で、『愚管抄』に「コノ範季ハ後鳥羽院ヲヤシナイタテマイラセテ、践祚ノ時モヒトヘニサタシマイラセシ人也」とされた人物で、[13] 能円不在の都で姪範子とともに後鳥羽を養育していたことがわかる。[14] 後鳥羽が寿永二年八月二十日に践祚した後は、後白河院別当として頻繁に九条兼実のもとを訪れている姿が『玉葉』に頻出しており、『吾妻鏡』によれば、文治二年（一一八六）十一月五日に源義経に与同したとして、木工頭兼皇太后宮亮を解官されている。その後、十余年にわたって官職に復任することはなかった。また、範子の弟範光も同じく文治二年十一月に紀伊守を解官され、以後、建久六年（一一九五）に至るまで式部少輔のまま留め置かれた。

建久八年十二月十五日、範季は六十八歳でようやく従三位となり、その二日後に範光も丹後守に任じられた。高倉家は後鳥羽の乳母の一族として権勢を誇ったイメージが強いが、実際のところ、官職上は建久八年段階まではそれほど積極的に評価することはできない。では逆に、なぜ建久八年が画期となるのか。それは、同年九月に範季の娘重子（修明門院）が後鳥羽との間に守成親王（順徳天皇）を生んだことが最大の要因だろう。以後、範季・範光ら高倉家は、守成を核として政治的活動を活発化させていくが、その点については後述することにしたい。

以上、後鳥羽の後宮を考えるうえで前提となる、後鳥羽の幼少期における生母と乳母の一族について述べた。次に、実際に後鳥羽の後宮に入った女性たちの個々の検討に移りたい。

二、後鳥羽院の后妃と鎌倉前期の政治過程

宜秋門院任子と建久七年の政変

『本朝皇胤紹運録』で確認できる後鳥羽院の皇子女は皇子十四名、皇女八名の合計十八名である（表参照）。このうち、

表　後鳥羽院皇子女一覧　（作成：曽我部愛）

№.	母	皇子女	別　称	生　年
1	宜秋門院任子	昇子内親王	春華門院	建久6（1195）.8.13
2	承明門院在子	為仁親王	土御門天皇	建久6（1195）.11.1（12.2）
3	西御方（坊門局）	長仁親王（道助入道親王）	光台院御室	建久7（1196）.10.16
4	同	礼子内親王	嘉陽門院	正治2（1200）.7.22?
5	同	頼仁親王	冷泉宮・児島宮	建仁元（1201）
6	修明門院重子	守成親王	順徳天皇	建久8（1197）.9.10
7	同	雅成親王	六条宮・但馬宮	正治2（1200）.9.11
8	同	寛成親王（尊快入道親王）	梶井宮	元久元（1204）.4.2
9	少納言源信康女（丹波局）	粛子内親王	高辻斎宮	建久7（1196）
10	少納言典侍（坊門信清女ヵ）	道守	宮僧正	建久9（1198）
11	藤原定能女（大宮局）	尊円法親王	—	承元元（1207）
12	同	行超	—	—
13	法眼顕清女（尾張局）	朝仁親王（道覚入道親王）	西山宮・吉水宮	元久元（1204）.7
14	舞女石（右衛門督）	熙子内親王	深草斎宮・大谷斎宮	元久2（1205）.2.16
15	舞女滝	覚仁法親王	桜井宮	建久9（1198）
16	舞女姫法師	覚誉	—	—
17	不明	道伊	—	—
18	不明	道縁	—	—

※この他にも、一条高能の後家が養育する「一条宮」などの皇子女の存在がみえる。

親王・内親王宣下を受けた皇子女の生母は、宜秋門院任子（九条兼実の娘）、承明門院在子（源通親の養女）、西御方（坊門信清の娘）、修明門院重子（高倉範季の娘）などである。摂関家出身の任子をのぞくと、彼女たちは後鳥羽の乳母および生母に所縁の女性たちであった。以下、後鳥羽践祚後の公武関係を含む政治的推移を踏まえながら、後鳥羽の後宮の女性たちの立場を再検討することにしたい。

任子は、建久元年（一一九〇）正月に後鳥羽のもとに入内した。後鳥羽より七歳年上の任子は、同年四月に立后宣下され、中宮となる。任子の入内にあたって、兼実は後白河院にその意を奏上し許可されると、「歓喜思千廻万廻」と喜んでいるが、[15] これは兼実が加冠役を勤めた建久元年正月三日の後鳥羽の元服に対応したもので、同月十一日の任子の入内は、いわゆる添臥である。兼実の意図は、任子所生の皇子を天皇に即位させ、院政期以来絶えていた摂関家出身の后妃所生の天皇のもと、外戚たる摂関家としての九条家の地位を確立することにあっただろう。任子の入内を許した「治天の君」たる後白河もまた、兼実が示したその可能性を承認していたといえる。

しかし、任子が入内した翌年四月、兼実は自身の後援者である源頼朝が、娘大姫を後鳥羽のもとへ入内させるという噂を聞く。[16] この時、入内は実現しなかったが、頼朝が娘の入内を志向するなかで、次第に接近していったのが、兼実と政治的対立関係にあった後白河の愛妾の丹後局（高階栄子）である。

兼実と丹後局との対立は、丹後局所生の皇女宣陽門院覲子が後白河から伝領した長講堂領荘園の停廃問題にも表れている。建久三年三月、三十四年間院政を行ってきた後白河が死去し、当時十三歳の後鳥羽のもと、兼実は公家政権の中枢を担うことになる。『愚管抄』巻六は、後白河の死の直前、丹後局が院近臣の源通親と協力して、巨大な荘園を立荘したものの、後白河の死後に兼実によって停廃させられたエピソードを載せる。後年、頼朝が丹後局から長講堂領七ヶ所の再建を依頼されている記事も確認されるので、[17] 実際に長講堂領の一部が兼実によって停廃された可能性は高いだろう。長講堂領は後に持明院統の経済基盤となる膨大な王家領であり、譲与された宣陽門院と母丹後局は、後白河の没後も豊かな財政力を背景に朝廷に多大な影響力を誇った。その宣陽門院の後見人が、養女在子を兼実と同じく後鳥羽の許に入れていた源通親だった。

反兼実派の丹後局と通親に、大姫入内を目的に接近を図った頼朝は、建久六年三月の東大寺大仏殿再建供養にあわせて上洛した際に、丹後局や宣陽門院と面会し、豪奢な進物を献じたが、兼実には冷淡ともいえる態度を示している。兼実と頼朝の距離が開いていくなか、任子は後鳥羽の子を身籠もった。兼実は皇子誕生の祈願を盛大に行うが、同年八月に任子が生んだのは皇女（春華門院昇子内親王）だった。一方で、同年十一月に通親の養女在子は皇子（土御門天皇）を生む。これによって後鳥羽の後宮における通親の権勢は増し、頼朝の後ろ盾を欠いた兼実は政治的に失速してゆくのである。

翌建久七年十一月二十五日、いわゆる「建久七年の政変」で兼実は関白を解任され、兼実の同母弟の兼房は太政大臣を辞任、天台座主慈円も座主を辞した。中宮任子は内裏から退出し、彼女はその後、生涯を通じて内裏に戻ることはなかった。任子は政変から四年後の正治二年（一二〇〇）六月に女院号宣下され、宜秋門院となる。院号宣下後の任子は、九条家出身の女院として父兼実の所領の多くを伝領し[18]、家督継承者と位置づけられた道家へ伝えるべく、兼実没後の九条家の中心的立場を担っていくのである。

このように、後鳥羽の最初の后である任子は、父兼実の失脚とともに後鳥羽の後宮から姿を消したため、後宮における役割を政治的に評価することは難しい。しかし、彼女の生んだ昇子内親王は、誕生の翌年には一品・准三宮に叙せられ、後述するように、後鳥羽王家内で重要な役割を果たすことになる。

承明門院在子と源通親

能円と高倉範子の娘在子が、宰相局と称して後鳥羽に仕え始めた時期は不明だが、建久六年（一一九五）には為仁親王（土御門天皇）を生んでいる。為仁は、後鳥羽の先例に則って正式には親王宣下をされないまま、建久九年正月、

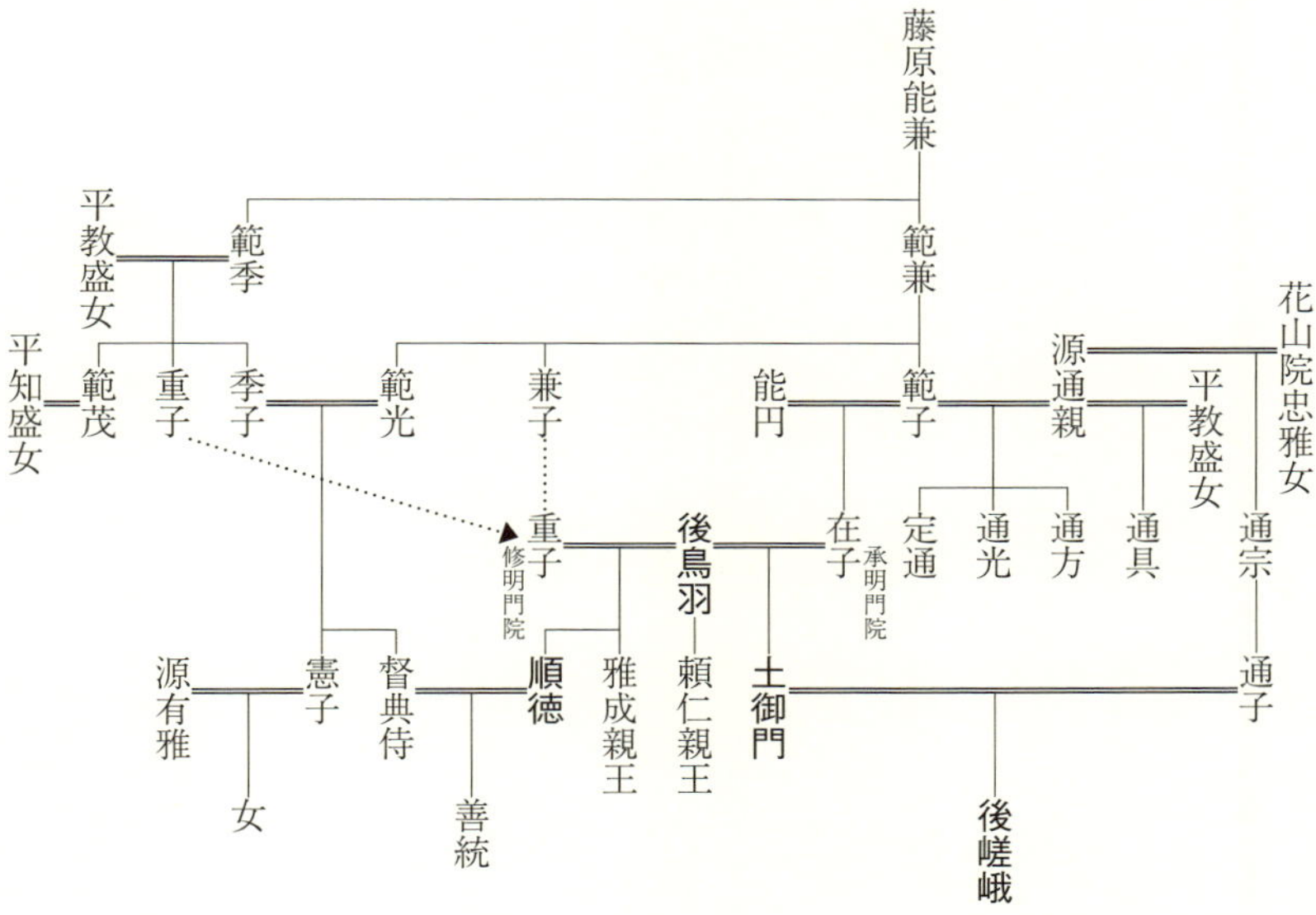

後鳥羽院関係系図

四歳で土御門天皇として即位した。その結果、在子を養女としていた源通親が外戚の地位に与ることになった。

ここで、在子と通親の関係を確認しておきたい（系図参照）。源通親は高倉院の近臣で、花山院忠雅（嫡子兼雅は清盛の女婿）の娘との間に一男通宗を、平教盛の娘との間に二男通具を儲けるなど、平氏一門と極めて近い関係にあった。[19]親平氏公卿ともいうべき立場にあった通親が平氏西走後に接近したのが、在子の母範子だった。夫能円の都落ち後、範子が通親に再嫁した時期は不明だが、元暦二年（一一八五）三月の壇ノ浦の合戦で能円が生け捕られ、備中国に配流された後と考えられ、文治三年（一一八七）には通親との最初の子通光が生まれている。以後、定通・通方が誕生している。なお、範子の叔父範季の妻は平教盛の娘で、通親の前妻とは姉妹にあたる。

後鳥羽の乳母範子との婚姻を通じて、天皇の乳父の立場を獲得した通親は、さらに在子を自身の養女として後鳥羽の後宮に入れ、在子所生の皇子を即位させることで外戚の地位も獲得したのである。そうしたなか、建久十年に朝廷を揺るがす大事件が起こる。それが、源頼朝の急逝を契機とする、一条能保の遺臣たちによる源通親襲撃未遂事件、いわゆる「三左衛門事件」である。

頼朝の妹婿で親幕派公卿として勢力を誇った一条能保とその嫡子高能は、建久八・九年に相次いで死去し、最大の庇護者である頼朝も翌年正月に死去したことで、通親の権勢が増し、一条家が冷遇されることへの危機感を抱いた一条家の家人たちが、通親の襲撃を企てたというのが事件の概要である。「建久七年の政変」による九条兼実の失脚からの源通親の専制という流れのなかで発生したこの事件は、鎌倉時代前期の政治史のなかですでに論じられているが[20]、背景に、王家内部の皇位継承をめぐる問題があったことにはあまり注意が向けられていない。詳細については別稿で論じているので省略するが[21]、前年の通親による強引な土御門即位の際に引き起こされた、新天皇候補者を巡る対立が、この事件の要因の一つでもあった[22]。

この事件で、西園寺公経・持明院保家ら親幕派公卿らが出仕停止となり、首謀者として、在京御家人で一条能保遺臣である後藤基清・中原政経・小野義成ら「三左衛門」が関東に身柄を引き渡された。「三左衛門事件」を上手く利用し、対立する親幕派公卿を一掃し、朝廷内での地位を固めた通親だったが、後鳥羽の後宮では、土御門の誕生の翌年に坊門信清の娘西御方が長仁親王を、その翌年には高倉範季の娘重子（修明門院）が守成親王を生むなど、相次いで皇子が誕生していた。

正治二年（一二〇〇）四月、守成が皇太弟に立てられ、在子所生の土御門は傍流として位置づけられた。そうした状況で同年八月に母範子が死去すると、在子は養父通親との密通を噂され内裏を退去、建仁二年（一二〇二）正月には早くも女院号宣下され、承明門院となる。そして、同年十月二十一日に通親は死去する。以後、在子は土御門の皇統の皇子女たちを自邸に引き取り養育することになる。

ところで、後年の承久の乱で処断された「合戦張本公卿等」には、前述の通り、一条能保の子信能と二位法印尊長の兄弟が名を連ねていた。また、梟首された「西面衆四人」のなかには、後藤基清と五条有範の名がみえる。(23)基清と有範は一条家の家人であり、基清は「三左衛門事件」の張本人である。「三左衛門事件」で逼塞を余儀なくされたはずの一条家関係者が、後年、後鳥羽の近臣や西面として、その中心にあった理由をどのように考えればよいのであろうか。

そもそも、後鳥羽と一条家の関係は、一条能保の妻が兄頼朝によって文治三年に後鳥羽の乳母に推薦されたことに始まる。娘の大納言三位保子は、後鳥羽の乳母として建久二年十一月の八十島祭使を勤めている姿が確認され、(24)後年、高能の後妻は後鳥羽皇子「一条宮」を養育している。また、能保の娘の一人は、範子と通親の間に生まれた通方に嫁し、通成らを生んでいる。この婚姻関係は、範子もしくは妹兼子が設定したものと推測され、通親の没後、一条家の人間はこれらの関係を通じて後鳥羽に接近し、一条家の再興を図ったと考えられよう。

西御方と坊門家

西御方は坊門信清の娘で、後鳥羽の生母七条院の姪にあたる人物である。西御方の姉妹には、順徳天皇との間に穠子内親王（永安門院）を儲けた大納言局位子や源実朝室がいる。

西御方が坊門局として後鳥羽のもとに出仕した時期は不明だが、最初の皇子長仁親王（道助入道親王）は建久七年（一一九六）に誕生し、その四年後には礼子内親王（嘉陽門院）も生まれており、比較的早い段階から後鳥羽の寵愛を受けていたと考えられる。長仁は七条院の猶子となり、礼子は土御門・順徳両天皇の斎院に卜定されたものの、建暦二年（一二一二）に疾病により退下、その後は七条院御所で七条院と同居する姿が確認される。したがって、西御方所生の皇子女は七条院と坊門家によって養育されていたことがわかる。

承久元年（一二一九）正月二十七日に将軍実朝が公暁によって暗殺されると、坊門家は将軍後継者問題の渦中に立たされることになる。『吾妻鏡』承久元年二月十三日条によると、北条政子の使者が関東から上洛し、「是六条宮、冷泉宮両所之間、為関東将軍可令下向御之由、禅定二位家令申給」として、幕府は次期将軍として後鳥羽の皇子六条宮と冷泉宮を候補に挙げ、その下向を奏請したのである。

六条宮は修明門院重子所生の雅成親王、冷泉宮は西御方所生の頼仁親王である。彼らが指名された理由は、雅成が順徳天皇の同母弟であること、頼仁が実朝の甥にあたることに由来すると考えられるが、他方で雅成が宣陽門院の猶子、頼仁が卿二位兼子の養君であったことに留意を要する。姉範子の没後、後鳥羽の後宮で顕然たる影響力を行使した兼子は、丹後局・宣陽門院母娘にも近い存在で(25)、また、雅成の生母重子、頼仁の生母西御方はともに兼子の養女でもあった。つまり、雅成・頼仁は双方とも兼子の意向が反映されやすい皇子であり、幕府はそれゆえ兼子を媒介として後鳥羽との交渉を円滑に進めようとしていたと考えられる。

幕府の奏請に、後鳥羽は「両所中一所、必可令下向給」としながらも、それは「但非当時事」との意向であったため、幕府は再度使者を送り、即時の下向を要請した(26)。しかし、後鳥羽の反対により親王将軍案は却下され、九条道家息の三寅の下向、摂家将軍というかたちで決着したことは周知の通りである。

西御方を含め、坊門家にとって、所生皇子の親王将軍という選択肢がなくなったことは、大きな画期となったといえる。七条院や後鳥羽に近侍する一方で、坊門家は実朝室の所縁から幕府とも親密で、西御方の兄弟にあたる忠清は北条時政の娘を妻とし、忠信は親幕派公卿として、実朝の右大臣拝賀式に際して西園寺実氏らとともに鎌倉に下向していた。朝廷と幕府双方に足場を持っていた坊門家は、実朝の横死と頼仁の親王将軍案が立ち消えとなったことでその片方を失い、より一層、後鳥羽へ密着を強めていったといえるだろう。

承久の乱後、西御方は隠岐に配流された後鳥羽に随行し、後鳥羽の死後に都に戻ってきている(27)。また、「合戦張本公卿」とされた忠信が、後鳥羽の命により養子にしていた信成は、後鳥羽の没後、水無瀬離宮の跡地に御影堂を建て、その菩提を弔っている。坊門家は、承久の乱後も後鳥羽の近臣としての立場を変えなかったのである。

修明門院重子と高倉家

重子は初名を範子といい、後鳥羽を養育した高倉範季の娘として寿永元年（一一八二）に誕生した。母は平教盛の娘である。従姉妹の卿二位兼子の養女となり、二条局として後鳥羽のもとに仕え、建久八年（一一九七）に守成親王（順徳天皇）を生んだ。後鳥羽の最愛の妃ともいえる存在で、正治二年（一二〇〇）には雅成親王を、元久元年（一二〇四）には寛成親王（尊快入道親王）を生み、建永二年（一二〇七）六月に女院号宣下され、修明門院となった。重子は院号宣下後も、承久の乱に至るまで後鳥羽と同居している。

重子が最初に生んだ皇子守成は、正治元年に三歳で親王宣下を受けるまで兼子のもとで養育され、翌二年四月には皇太弟に立てられた。この立太子は、守成と二歳しか違わない土御門天皇の皇子への皇位継承と、土御門による院政の可能性を否定するものである。後鳥羽の重子への寵愛ぶりをうかがわせるとともに、在子所生の土御門を後見する範子―通親ラインからの脱却、守成を後見する兼子および高倉家の重視という、二十歳を越えた後鳥羽の政治主導への意欲が想像される。守成の立太子からわずか四ヶ月後に範子が死去したことで、後鳥羽はよりその姿勢を強めていったのだろう。

興味深いことに、守成の乳母にはすべて高倉家関係者が設定されている。まず、一組目は重子の姉妹季子とその娘憲子（岡崎別当三位）である。季子の夫は兼子の弟範光であり、いとこ同士で結婚した範光と季子が、甥にあたる守成を後見するかたちである。なお、娘憲子が嫁した相手は源有雅で、有雅は後年の承久の乱で「合戦張本公卿」として斬首されている。また、重子の弟範茂も承久の乱後に処刑された(28)。

二組目は、藤原光親の室経子とその娘満子である。光親は後鳥羽の寵臣で、院年預別当や、順徳の執事別当などを勤めたが、承久の乱では有雅と同様に斬首された。この光親の叔父である宗頼の妻が、卿二位兼子である。なお、宗頼が猶子としていた中御門宗行も承久の乱で斬首された。このように、順徳の乳母は重子の生家高倉家、および兼子に縁の深い人物で固められていた。さらに、後年の承久の乱で処刑された公卿たちの多くが、順徳乳母のグループに結節点を持っていることも重要であろう。

ここで、高倉家の人間関係の中心となっている兼子の婚姻関係を確認しておきたい。兼子が本格的に朝廷内に影響力を持ち始めるのは正治元～二年頃、養女重子が生んだ守成が親王宣下・立太子され、姉範子が死去した頃である。この頃に、兼子は後鳥羽の近臣中御門宗頼と結婚するが、『愚管抄』によれば、宗頼は建仁三年（一二〇三）正月に熊野参詣の途次、不慮の事故で死亡した。するとその年の内に、兼子は大炊御門頼実と再婚し、以後、承久の乱に至るまで、兼子は頼実とともに後鳥羽を後見している。ただし、頼実は兼子の夫であったにも関わらず、承久の乱では後鳥羽の挙兵に反対し、関与しなかったことが『承久記』にみえる。

重子が生んだ順徳が即位したことによって、高倉家は後鳥羽の乳母の家から天皇の外戚の家へと一気に転換したといえる。それゆえ、承久の乱では高倉家の権力の核である順徳に与する選択肢しか存在しなかったと考えられ、結果、多くの処刑者を出すことにつながった。なお、承久の乱後、順徳の乳母憲子の妹督典侍（源通光の妻）は順徳の佐渡配流に同行し、同地で四辻宮善統入道親王、彦成王の二皇子を儲けていることが確認され[29]、高倉家が順徳を支え続けていたことがわかる。後高倉皇統による治世が続くなか、来たるべき両院の帰洛の時まで、後鳥羽―順徳―仲恭という後鳥羽皇統を象徴する存在が重子であった。彼女が後鳥羽王家内で担った役割については、次章で述べることにしたい。

三、後鳥羽王家の成立と展開

後鳥羽王家の成立時期

院政期王家は、夫婦関係にある父院と国母、その所生の天皇・皇子女らから構成される。このうち国母については、栗山圭子氏が院政期以降の王家には院を編成基点とする院の「家」（＝「王家」）が成立したことを論じるなかで、国母は摂関期には「天皇の母」であることのみが要件であったのに対し、院政期には「院正妻」としての側面が重視されるようになったことを指摘している[30]。

また、皇子女については院政期、後宮の変化にともない三后以外を母とする多くの皇子女が誕生したが、父院は嫡子とその他を厳密に弁別したことが指摘されている。[31]親王宣下は皇位継承者とその同母兄弟に限定され、それ以外の皇子は出家し、僧籍に入ることを求められた。皇女への内親王宣下も、摂関家出身の母を持つ皇女か皇位継承予定者の同母皇女に限定された。ただし、同じく内親王宣下を受けた皇女でも、父母の膝下で養育される者と、養女関係を締結される者とに分かれ、[32]前者が王家内で嫡女と位置づけられた。

これらを後鳥羽の後宮、すなわち後鳥羽王家に当てはめた場合、どのように考えられるだろうか。まず、「院正妻の国母」という点に関しては、後鳥羽中宮である宜秋門院任子は摂関家出身の后妃で、正妻と称するに足る立場にあったが国母ではなく、承明門院在子は土御門の生母で国母ではあったが、後鳥羽と同居はしていない。修明門院重子は順徳の生母で国母であり、後鳥羽とは常に同居していた。したがって、国母かつ院と同居する正妻という条件を満たした修明門院こそが、後鳥羽王家で唯一その立場にあったといえる。ただし、注意しなければならないのは、修明門院がその立場になりえたのは、所生の順徳が践祚した承元四年（一二一〇）十一月以降だという点である。つまり、建久九年（一一九八）正月の後鳥羽の譲位後、土御門天皇期を通じて、後鳥羽王家内では国母と院正妻とが分離している状態であり、その存在形態は不完全なものであったといえる。

次に、院による嫡子女の選定に関して検討してみたい。後鳥羽皇子のうち、親王宣下を受けた皇子は九名と多い。ただし、出家後に親王宣下をされた者（法親王）が二名、宣下後出家・入寺した皇子（入道親王）が三名おり、これらは出家した皇子たちへの厚遇と判断できる。残る皇子が、承明門院所生の土御門、修明門院所生の順徳・雅成（六条宮）、西御方所生の頼仁（冷泉宮）である。後鳥羽自らが嫡子として土御門を選択したかというとはなはだ疑問であり、外戚の地位獲得を狙った源通親と乳母範子の意向が強く働いた結果といえるだろう。一方、土御門と二歳違いの順徳は、土御門即位の翌年に親王宣下され、五ヶ月後には立太子されている。わずか六歳の土御門に皇太弟を立てる、つまり土御門所生の皇子への皇位継承を否定するこの処置を遂行しえたのは、父院であった後鳥羽でしかありえない。この段階で後鳥羽は嫡子の弁別を行い、皇位継承予定者としての順徳と、同母弟雅成に親王宣下を行ったのである。なお、順徳が即位した後も、雅成と頼仁は出家させられることなく在俗の親王のままであった。これは、土御門所生の皇子たちが、仁治三年（一二四二）正月の後嵯峨天皇即位以前に一人として親王宣下を受けていない事実と好対照である。順徳に万一があった場合にも、土御門の皇子からは天皇を立てないという、土御門の皇統を否定する後鳥羽の強い意志のあらわれといえよう。

後鳥羽の皇女は四名が確認できるが、誕生直後に親王宣下されたのは宜秋門院所生の昇子内親王（春華門院）のみで、これは生母が摂関家出身であったためだろう。他の三名は、粛子・熙子両内親王が伊勢斎宮、礼子内親王が賀茂斎院に卜定されたために内親王宣下をされたに過ぎない。したがって、後鳥羽王家にとって嫡女的な立場にあった皇女は昇子といえる。[33]昇子は承元二年八月に皇后宮となったが、彼女が皇后宮へ冊立された理由を東宮守成准母に求める考えがある。不婚内親王を国母に准える天皇准母制は、その皇統の代表である院や天皇が、自己の皇統を補強しアピールするために用いた手段と評価されている。[34]昇子が順徳の准母であったとする説は、『園太暦』や『本朝皇胤紹運録』によるが、橋本義彦氏はこれを否定している。[35]順徳の准母であったかはともかく、昇子は後鳥羽―順徳と継承される後鳥羽王家の重要な構成員であったことに違いないだろう。

このように、国母たる院正妻と嫡子女の弁別という王家構成員の観点から眺めると、後鳥羽が「治天の君」たる院として、自身の意思を貫徹した「家」を成立させたのは、順徳天皇即位後といえる。後鳥羽とその正妻で国母の修明門院、その間に誕生した順徳天皇、同母弟の雅成親王、高倉兼子が養育した頼仁親王、そして昇子内親王らから構成される「家」、すなわち後鳥羽王家がこの時誕生したのである。

後鳥羽王家の経済基盤――王家領の獲得と形成

成立した後鳥羽王家を支える経済基盤、すなわち王家領はどのように形成されたのだろうか。まず、既存の王家領の獲得という面から検討する。それが八条院領と長講堂領である。

昇子内親王が鳥羽皇女八条院暲子の猶子となったのは、建久六年（一一九五）十二月五日のことである。『三長記』同日条には「於女院可奉養育也」とあり、以後、昇子は八条院のもとで養育された。

八条院は父鳥羽院と母美福門院の所領に加えて、自身のもとに寄進された二百二十余所からなる所領群、いわゆる八条院領を所有した女院である。[36]昇子が猶子となった翌月、重病に罹った八条院は、猶子であった故以仁王の姫君に所領の大部分を譲与し、同じく猶子の九条良輔（昇子の叔父）に「庁分」を譲与した。[37]そして、故以仁王の姫君の一期の後に、昇子へ譲るように記している。つまり、わずかひと月前に昇子と結んだ猶子関係は、所領の伝領を視野に入れたものであったことがわかる。結局、この時は八条院が治癒したため処分は実施されず、以仁王の姫君は元久元年（一二〇四）に死去した。そして、建暦元年（一二一一）に八条院が死ぬと、昇子は予定通り八条院領を伝領したのである。[38]昇子は八条院領を継承した半年後に十七歳で夭逝するが、彼女が伝領した八条院領は、後鳥羽王家の「治天の君」である後鳥羽に管掌されることになる。

つづいて、順徳の同母弟である雅成親王は、正治二年（一二〇〇）九月の誕生の直後から後白河皇女宣陽門院覲子の猶子となっていたようで、五十日の儀も同院御所の六条殿で行われている。[39]雅成の通称「六条宮」も、宣陽門院御所六条殿に由来する。宣陽門院は既述のように、後白河の寵妃丹後局の所生であったため、父後白河から長講堂とそこに付属する膨大な所領群、いわゆる長講堂領を伝領していた。したがって、雅成と宣陽門院との猶子関係も、将来的な長講堂領の相伝を意図したものであることは明らかである。承久の乱に積極的に関与した雅成は乱後、但馬国に配流され同地で没したため、[40]結果として長講堂領を実際に獲得することはなかったが、後鳥羽王家は承久の乱さえなければ、八条院領に続いてこの長講堂領も自身の経済基盤に組み込む計画だったのである。

さらに、卿二位兼子の養君である頼仁親王についても、彼が在俗の親王として置かれた要因のひとつとして、頼仁を通じて兼子の有する所領を獲得する後鳥羽の意図があったと想定される。兼子は院と貴族たちとの交渉を取り次ぐ立場から人事権を掌握し、藤原定家に「於今権門女房偏以申行」[41]と称されるほどの権勢をふるい、貴族たちから多大な賄賂を贈られていた。後年、群盗が兼子が「在世之資財積置」いていた倉を襲撃している記事もみえる。[42]後鳥羽は頼仁を通じて、兼子の所領の獲得も図った可能性があるだろう。[43]

このように、既存の王家領や所領群の獲得を皇子女の猶子関係を通じて企図する一方で、後鳥羽は新たな所領の形成も行った。それが七条院領である。生母七条院殖子と後鳥羽の関係は非常に良好で、彼女のもとに集積された七条院領こそが、後鳥羽王家の独自の所領群である。七条院領の伝領過程を検討した白根陽子氏によれば、七条院領は「七条院処分目録案」所載の三十八ヶ所の荘園、水無瀬殿・仁和寺殿などの御所、七条院の御堂歓喜寿院に寄せられた七ヶ所、後年に後堀河皇女室町院に伝領した六ヶ所の荘園などからなるという。[44]

安貞二年（一二二八）九月の七条院の死に先立って、七条院領は配流地隠岐にいる後鳥羽の意向により修明門院に伝領された(45)。後鳥羽・順徳の両院、雅成・頼仁両親王という王家の主要構成員が配流されている状況において、後鳥羽王家の中心となったのが修明門院だったからである。修明門院はこの七条院領を基盤として多くの順徳の皇子女を引き取り養育した。院不在の後鳥羽王家を担い、両院の帰洛を期していた修明門院は、まさに後鳥羽王家の院の不在を代替し、補完する役割を担ったのである。

実朝の死と後鳥羽王家

経済基盤となる王家領も手に入れ、「治天の君」たる後鳥羽のもと安定していた後鳥羽王家を襲った衝撃が、承久元年（一二一九）正月の将軍実朝暗殺事件だったと考えられる。なぜなら、実朝の死により、将軍後継者として雅成・頼仁両親王が候補とされたからである。

『愚管抄』巻六は、「イカニ将来ニ、コノ日本国二ニ分ルコトヲハシヲカンソ」と載せ、後鳥羽は将来的に京と鎌倉に二人の帝が並立する可能性を危惧したと記している。西国に安徳天皇が居る状況で、神器なく践祚した後鳥羽にとって、それは現実味を持ったものとして受け止められただろう。関東御領という経済基盤を持ち、御家人という武力を有した親王将軍が誕生してしまうことは、王家の分裂にもつながる危機である。

では、なぜ摂家将軍の下向は認めたのだろうか。そこで注目したいのが、順徳の中宮であった九条良経の娘立子（東一条院）である。立子は承元三年（一二〇九）三月に東宮妃となり、順徳の即位後の建保三年（一二一五）には諦子内親王（明義門院）を、実朝が暗殺される三ヶ月前、建保六年十月には皇子懐成親王（仲恭天皇）を生んでいた。順徳にはすでに、藤原清季の娘との間に二人の皇子が生まれていたが[46]、それらを差し置いて懐成は誕生の翌月には立太子された。摂関家出身の后妃所生ゆえの処置だと考えられるが、将来的に九条家を外戚とする天皇が即位することが約束されている状況で、将軍後継者問題が浮上したことの意味は大きい。

立子の父良経はすでに亡く、同母弟道家が左大臣兼東宮傅として九条家の当主となっていた。この道家の三男三寅を関東に下向させるという結論に至った背景には、従来から指摘されているように、源家将軍との血縁関係や摂関家という貴種性の側面もあっただろう。しかしそれ以上に、九条家の子息を将軍に据えることに意味があったのではないだろうか。

源実朝の首塚　三浦氏の家臣・武常晴がこの地に葬ったと伝えられる　神奈川県秦野市

親王将軍とは異なり、天皇として即位する可能性がないものの、次期天皇の従兄弟にあたる九条家出身の将軍を立て、後鳥羽はその将軍を組み込むかたちで新たな後鳥羽王家を創出しようとしたのではないだろうか。換言すれば、後鳥羽は院政期以来の朝廷内で完結する王家の在り方から脱却し、幕府の存在を前提とした鎌倉期的な王家の姿を志向し始めたのではないか。そのように想定することが許されるならば、仲恭が即位し、三寅が将軍に就任した時、幕府の存在を包括した鎌倉期的に「完全」な後鳥羽王家が完成するはずだった。

以上、本稿では、順徳天皇の即位を機に後鳥羽王家は成立し、その構成員である皇子女たちを通じて所領群の形成と獲得を積極的に行い経済基盤を確立させ、一方で、皇位皇統としての地位をより安定したものにしたことを明らかにした。

承久元年の実朝の死が、後鳥羽王家、ひいては中世王家の存在形態を考えるうえで一つの画期となった可能性を指摘した。

おわりに

以上、後鳥羽院の後宮の女性たちと乳母について、その出身一族に焦点を当てて検討し、彼女たちを後鳥羽王家の中に位置づけ、政治主体としての後鳥羽王家を考えるための基礎作業を行った。

承久の乱で「合戦張本公卿」とされた公卿たちはいずれも、後鳥羽の後宮の一族であったことが改めて明らかになったが、宜秋門院任子の九条家、承明門院在子の源家（土御門家）の公卿がそこに見えないことは、どう考えたらよいだろうか。従来、この点は坊門・高倉・一条といった新興の家が自家の家格上昇を企図して後鳥羽に与したのに対し、すでに家格を獲得していた両家にはその必要がなかったためと説明されている[47]。この指摘は肯首すべきものであるが、一方で後鳥羽の後宮における両家の立場を想起すれば、当然ともいえるだろう。

本稿で検討したように、宜秋門院は「建久七年の政変」で内裏を逐われ、承明門院は土御門天皇の生母ではあったが、土御門は後鳥羽によって傍流に位置づけられた存在であった。したがって、後鳥羽王家の外側にいた后妃たちの生家が、積極的に後鳥羽に随う意味はなかっただろう。換言すれば、後鳥羽の後宮の一族が「合戦張本公卿」だったのではなく、順徳天皇即位後に成立した後鳥羽王家の構成員の一族が承久の乱を主導したといえるのである。

本稿では、後鳥羽の後宮の女性を王家構成員として後鳥羽王家のなかに位置づけるための基礎作業を試みた。皇子たちについては、後鳥羽によって嫡子として位置づけられた在俗の皇子のみに言及したが、承久の乱に至る政治過程で後鳥羽が異様ともいえる大量の修法群を実施したことが指摘されている[48]。これらを担ったのは後鳥羽皇子の法親王たちであった。当該期固有の政治状況を踏まえるなら、彼らも王家構成員として組み込んだうえで論じる必要があるだろう。また、王家の経済基盤である王家領に関しても、研究の蓄積が進んだ女院領の伝領と追善仏事の継承の問題などから、いま一度、後鳥羽王家の志向性を再検討することが重要だと考える。これらは論じ残した多くの点とともに、今後の課題としたい。

註

（1）『吾妻鏡』承久三年六月二十四・二十五日条。
（2）赤羽洋輔「後鳥羽院政研究の一視角——高倉家を中心に」（『政治経済史学』第八五号、一九七三年）、同「土御門通親と高倉家——後鳥羽院政成立に関する覚書」（『政治経済史学』第二〇〇号、一九八三年）、河野房雄「承久京方張本公卿とその家系——権中納言按察使藤原光親の場合」（『平安末期政治史研究』東京堂出版、一九七九年。初出は一九七五年）など。
（3）上横手雅敬「承久の乱の諸前提」（『日本中世政治史研究』塙書房、一九七〇年）
（4）白根靖大「承久の乱の歴史的意義——公家社会側の立場から」（『中世の王朝社会と院政』吉川弘文館、二〇〇〇年。初出は一九九八年）。
（5）嫡系継承原理をもつ中世的「家」として、中世的王家の成立の要件とされたのは、王家自身による皇位継承者選定権の掌握、後院領および王家家産の所有とそれに対する処分管理権の獲得という二つの点である（高橋秀樹『日本中世の家と親族』吉川弘文館、一九九六年）。このうち、王家領の処分管理権に関して、幕府は承久の乱で没官した王家領を、幕府の進止権を留保したうえで新治天である後高倉院に返還した（『武家年代記裏書』承久三年条）。また、伴瀬明美氏は、王家領について「承久没収之地」という概念が存在し、この地の相論について「被申関東候之条可宜」という認識が朝廷に存在したことを指摘している（「鎌倉時代の女院領に関する新史料——『東寺観智院金剛蔵聖教』第二八〇箱二一号文書について」〈『史学雑誌』一〇九編一号、二〇〇〇年〉)。
(6) 栗山圭子「日本中世における「母」――安徳天皇を事例に」(『女性学評論』第三二号、二〇一八年)。
(7) 『山槐記』治承三年六月十日条。
(8) 守貞親王およびその乳父の一族については、拙稿ａ「後高倉王家の政治的位置――後堀河親政期における北白河院の動向を中心に」(『ヒストリア』第二一七号、二〇〇九年) 参照。なお、当該期の乳父全般については、秋山喜代子「乳父について」(『史学雑誌』九九編七号、一九九〇年) を参照。
(9) 記録類によれば、殖子の生年は保元二年 (一一五七)、同母弟信清は平治元年 (一一五九)、清盛の娘を母とする隆清が仁安三年 (一一六八) である。
(10) 『山槐記』応保元年九月十五日条、『百錬抄』同年九月十五日条、『公卿補任』仁安二年平時忠、『同』仁安三年平教盛、藤原信隆条。『公卿補任』によれば、信隆は応保元年 (一一六一) 九月二十八日に解官され、二条天皇没後の永万二年 (一一六六) 正月に右馬頭に還任している。なお、「参考源平盛衰記」などは、この事件で解官された人物を教盛ではなく頼盛としているが、事件直後に頼盛は信隆が解却された右馬頭に任じられているため (『公卿補任』仁安元年条)、頼盛ではないと考えられる。
(11) 『平家物語』巻八「山門御幸」(新日本古典文学大系『平家物語』下、岩波書店、一九九三年)。
(12) 範子が後鳥羽の乳母になったことが高倉家繁栄の端緒とされることが多いが、高倉家を乳母の家たらしめる前提となった経済力とその政治的背景については、赤羽洋輔氏の一連の研究がある (前掲註〈2〉赤羽論文、同「後鳥羽院政期の知行国に関する一考察」〈『政治経済史学』第一〇〇号、一九六九年〉、同「後鳥羽院の御所について」〈『政治経済史学』第一六五号、一九八〇年〉)。
(13) 『愚管抄』巻五　後鳥羽。
(14) 範季は後鳥羽の他にも、源頼朝の弟範頼を養育している (『玉葉』元暦元年〈一一八四〉九月三日条)。
(15) 『玉葉』文治五年 (一一八九) 四月三日条。
(16) 『玉葉』建久二年四月五日条。
(17) 『吾妻鏡』建久六年四月二十四日条。
(18) 元久元年 (一二〇四) 四月二十三日付九条兼実置文 (『鎌倉遺文』一四四八号)。

(19) 源通親の生涯については、橋本義彦『源通親』(吉川弘文館、一九九二年)を参照。
(20) 上横手雅敬『日本中世政治史研究』(塙書房、一九七〇年)、同『鎌倉時代政治史研究』(吉川弘文館、一九九一年)、杉橋隆夫「鎌倉初期の公武関係」(『史林』五四巻六号、一九七一年)、佐伯智宏「一条能保と鎌倉初期公武関係」(『古代文化』五八巻第一号、二〇〇六年)、塩原浩「三左衛門事件と一条家」(『立命館文学』第六二四号、二〇一二年)など。
(21) 拙稿b「嘉禄～寛喜年間の神護寺復興事業と後高倉王家」(『年報中世史研究』第四〇号、二〇一五年)、同c「鎌倉期王家における皇統の断絶と在俗皇子について」(『研究論集　歴史と文化』第三号、二〇一八年)。
(22) 『延慶本平家物語』巻十二「文学被流罪事　付文学死去事　隠岐院事」は、頼朝とも親しい神護寺僧文覚が、後見の卿二位の専横を許す後鳥羽に代えて、当時「二宮」と呼ばれていた守貞親王を即位させようとしたことを載せる。また、『玉葉』建久九年正月六日条は新天皇についての意向を尋ねた朝廷に対し、幕府の意向は高倉皇子二宮守貞か三宮惟明であったことを記す。しかし最終的に、通親らに娘の入内問題で含むところのある頼朝が曖昧な態度を取ったため、土御門の即位は強行され、通親は望み通り外祖父の地位を獲得した。文覚・通親双方にとって鍵ともいえる存在の頼朝が死んだことで、前年来の対立が蒸し返され、文覚が守貞の擁立を再び企図し、その企みを理由に通親が対立する親幕派公卿の排斥に動いたと考えられる。
(23) 『吾妻鏡』承久三年七月二日条。
(24) 『玉葉』建久二年十一月九日条、『百練抄』建久二年十一月九・十一日条。なお、頼朝の娘大姫の入内に関する風聞が流れるのもこの年であり、頼朝は妹や姪を後鳥羽の乳母に推した段階から、すでに後鳥羽の後宮への志向を抱いていたといえるのではないか。
(25) 白根陽子氏は宣陽門院領志宜寺荘、「嵯峨若狭堂」などの所領が、丹後局から卿二位兼子に伝領された可能性を指摘している(「宣陽門院領伝領の一側面」〈『女院領の中世的展開』同成社、二〇一八年。初出は二〇〇三年〉)。
(26) 『吾妻鏡』承久元年閏二月十二・十四日条。
(27) 『平戸記』寛元三年(一二四五)十月二十四日条。
(28) 『吾妻鏡』承久三年七月十八日条。
(29) 『明月記』寛喜元年六月十七日、八月十七日条などに、督典侍が佐渡から上洛してきた記事がみえる。

(30) 栗山圭子「中世王家の存在形態と院政」（『中世王家の成立と院政』吉川弘文館、二〇一二年。初出は二〇〇五年）。
(31) 河内祥輔「後三条・白河『院政』の一考察」（『日本中世の朝廷・幕府体制』吉川弘文館、二〇〇七年。初出は一九九二年）、伴瀬明美「院政期における後宮の変化とその意義」（『日本史研究』第四〇二号、一九九六年）、同「中世前期――天皇家の光と影」（服藤早苗編著『歴史のなかの皇女たち』第三章、小学館、二〇〇二年）。
(32) 皇子女の養育については、秋山喜代子「養君にみる子供の養育と後見」（『史学雑誌』一〇二編一号、一九九三年）に詳しい。
(33) なお、昇子については最近、樋口健太郎氏が八条院流王家の後継者たる立場にあったことを指摘している（「八条院領の伝領と八条良輔」〈『中世王権の形成と摂関家』吉川弘文館、二〇一八年。初出は二〇一五年〉）。後鳥羽・八条院流両王家における昇子の評価については、今後の課題としたい。
(34) 栗山圭子「准母立后制にみる中世前期の王家」（前掲註〈30〉書所収。初出は二〇〇一年）、山田彩起子「天皇准母内親王に関する一考察」（『中世前期女性院宮の研究』思文閣出版、二〇一〇年。初出は二〇〇三年）。
(35) 橋本義彦「中宮の意義と沿革」（『平安貴族社会の研究』吉川弘文館、一九七六年。初出は一九七〇年）。
(36) 八条院領の伝領過程に関する先行研究は多いが、主要なものとして野村育世『家族史としての女院論』（校倉書房、二〇〇六年）を挙げておく。
(37) 『玉葉』建久七年正月十二・十四～十六日条。
(38) 『仲資王記』建暦元年六月二十六日条。
(39) 『猪隈関白記』正治二年十一月三日条。
(40) 承久の乱後、六条宮雅成親王は但馬に配流されたにも関わらず、『平戸記』には記主平経高が京にいる「六条宮」のもとへ参候する記事が頻出する。この「六条宮」については、前掲註（21）拙稿c論文を参照。
(41) 『明月記』建仁三年正月十三日条。
(42) 『明月記』安貞元年十二月七日条。
(43) 承久の乱後に兼子は自身の所領を修明門院に譲与している（『明月記』寛喜元年七月二十七日条）。これは「遠所」つまり隠岐にいる後鳥羽の意向であり、頼仁親王が備前に配流されていたことを受けての処置と考えられる。

(44) 白根陽子「七条院領の伝領と四辻親王」(前掲註〈25〉書所収。初出は二〇〇一年)。
(45) 七条院処分目録案(『鎌倉遺文』三七七二号)。
(46) 『明月記』安貞元年四月十一日条。
(47) 河野前掲註(2)論文、白根靖大前掲註(4)論文など。
(48) 谷昇「承久の乱にいたる後鳥羽上皇の政治課題――承久年中「修法群」の意味」(『後鳥羽院政の展開と儀礼』思文閣出版、二〇一〇年。初出は二〇〇五年)。

Ⅲ　後鳥羽院と承久京方の畿内武士

生駒孝臣

はじめに

承久の乱に際して、後鳥羽院が畿内近国を中心とした守護などの在京御家人や在地の武士を動員したことは周知の事実である。[1] その一翼を担ったのが、後鳥羽院によって創設された西面に属し、[2] 乱の張本の一人となった後鳥羽院近臣の河内の武士藤原秀康と、[3] 摂津国の武士団渡辺党の渡辺翔《かける》ら、畿内に基盤を置く武士たち（畿内武士）であった。[4]

近年、長村祥知氏は、後鳥羽院政期の在京武力について検討を行い、承久の乱における後鳥羽方の軍勢の主力は、西国守護を中心とする在京御家人であり、藤原秀康のような京武者は、平安後期以来の在京武士の主力たりえなくなっていたことを論じた。[5] つまり、藤原秀康や渡辺翔ら畿内武士は、承久の乱においてはあくまで副次的な存在に過ぎなかったということになる。

しかし、慈光寺本『承久記』において、藤原秀康は京方の主要人物として、また、渡辺翔は主力の一人として合戦での奮戦の様子が詳細に描かれており、京方武士の中でも少数派に過ぎなかった彼ら畿内武士が、いかに目立つ存在として認識されていたかをうかがわせる。[6] だとすれば、彼らが後鳥羽院にとっていかなる存在であったかを考察することも必要ではないだろうか。

というのも、筆者はこれまで畿内武士について、平安期以来、公家政権を武力的・経済的に下支えする存在と捉え、その歴史的な位置を追究してきた[7]。かかる視点から、この二人の承久京方武士と後鳥羽院との関係を捉えたとき、承久の乱が、畿内武士と公家政権との間にいかなる影響を及ぼしたのかという問題が生じるのである。

そこで本稿では、藤原秀康・渡辺翔を素材として、彼らと後鳥羽院との関係を追究し、右の課題に迫ってみたい。こうした問題については、旧稿においても断片的に指摘してきたが[8]、承久の乱に至るまでの後鳥羽院政期を鎌倉幕府成立期と連続する時代として捉えてきたため、当該期を固有の時期として切り取る視角も必要と考え、改めて検討を試みる次第である。

一、藤原秀康一族と河内

まず、藤原秀康と渡辺翔について概観し、畿内武士の中でもとりわけ両者が後鳥羽院によって取り立てられた背景を考察する。

藤原秀康については詳細な研究がなされており[9]、筆者も以前に若干触れたことはあるが、本稿の問題関心から改めてそれらの成果に拠りながら、その特質を検討する。

順徳天皇画像　「歴代至宝帖」

秀康一族による北河内支配

藤原秀康は、河内国において北河内の讃良郡甲可郷（大阪府四條畷市）を本拠に、同郡田原荘（同上）・讃良荘（四條畷市・大阪府大東市）、茨田郡伊香賀郷（同枚方市）といった広大な領域に複数の所領を保持していた。甲可郷・讃良荘を擁する讃良郡は、十二世紀末期から十三世紀初頭にかけて朝政を主導した、源通親の出自である村上源氏の所領であった。[10] 秀康の弟の秀能は通親の家人として、また、秀康と弟の秀澄は通親が守成親王（順徳天皇）の東宮傅であった際、それぞれ主馬首・東宮帯刀を勤めていたように、秀康一族は源通親に仕えていた。したがって、彼らが讃良郡一帯に大規模な所領を獲得した背景には、彼らと村上源氏との関係と、秀康一族の祖父秀忠以来、秀康・秀能と河内守を歴任していた事実に求められることが想定されている。

加えて、彼らが後鳥羽院に仕えた経緯も、同じく源通親との関係を前提になされたと推測される。秀康・秀能・秀澄の兄弟は、後鳥羽院に祗候して以後、院下北面や諸国の受領に補任されるなど、破格の出世を遂げた。こうした点から、彼らは後鳥羽院によって育成された京武者という評価が与えられている。[11] いまこれらの点について、その前提となる後鳥羽院が彼らを取り立てた理由を考えてみたい。

注目すべきは、彼らの所領である河内の甲可郷・讃良荘・田原荘・伊香賀郷の地理的な環境である。田原荘は河内

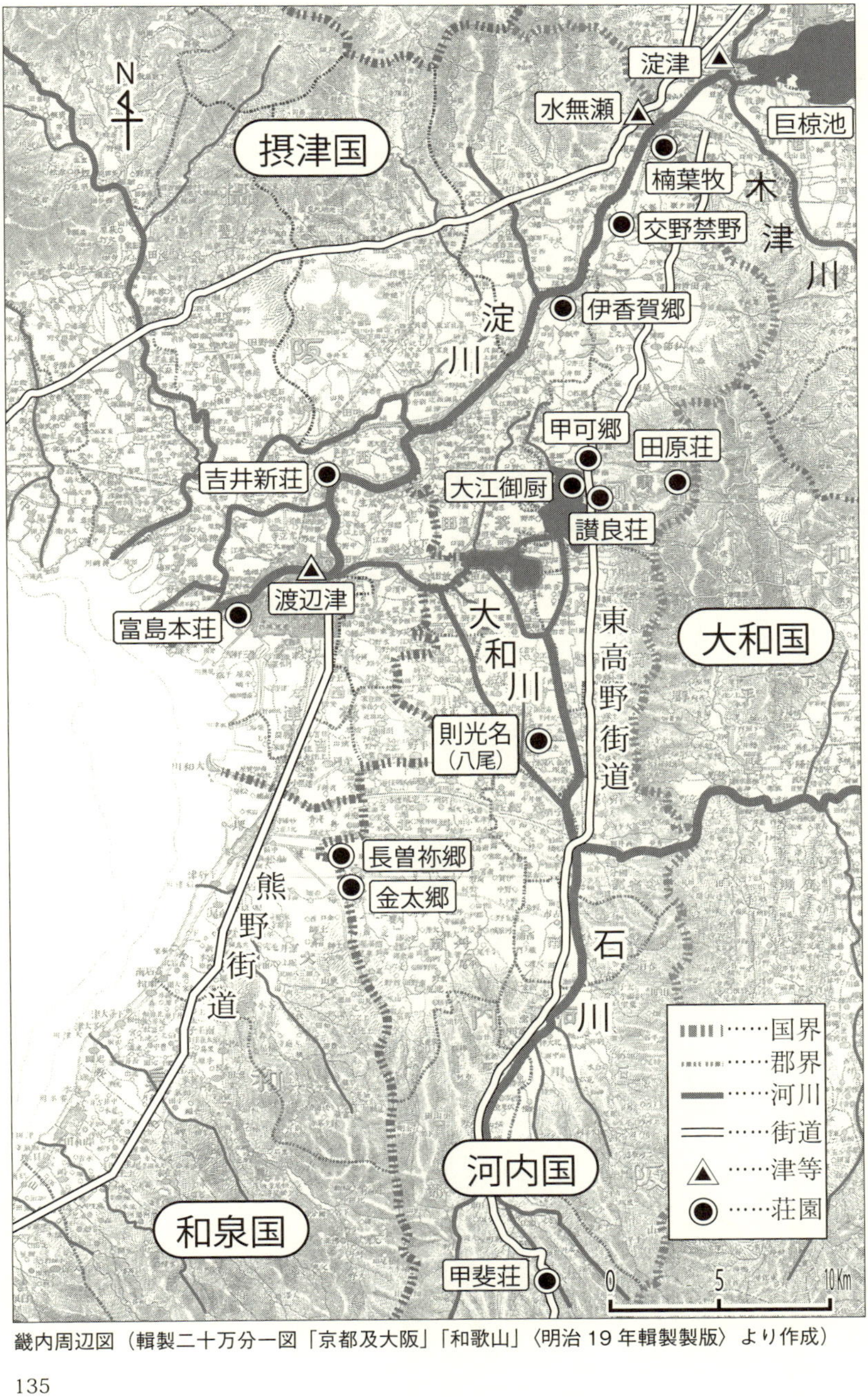

畿内周辺図（輯製二十万分一図「京都及大阪」「和歌山」〈明治 19 年輯製製版〉より作成）

と大和の国境に位置する交通の要所。同様に甲可郷・讃良荘は河内東部を南北に縦断し、京都と紀伊を結ぶ東高野街道沿いに所在した荘園。伊香賀郷は淀川の左岸に隣接した地である。つまり、いずれの所領も北河内の交通・流通のみならず、淀川水上交通の要衝なのである。

これら個々の所領の詳細な獲得の経緯はわからないが、中には秀康一族が自発的に得たところもあれば、後鳥羽院やその周辺から付与されたところもあっただろう。いずれにしても、北河内一帯の交通網を押さえる藤原秀康一族は、後鳥羽院にとって武力的のみならず、経済的及びそれに付随するさまざまな利点をもたらす存在として重視されたと考えられるのである。

河内全域に対する秀康の影響力

後鳥羽院の後ろ盾を得た秀康一族は、北河内のみならず、その周辺一帯に影響力を拡大していったと推察される。その延長として理解できるのが、承久の乱における河内国内全域への軍勢動員である。秀康は承久の乱に際して追討使の任を帯び、兵士役賦課権を与えられていたことが指摘されている。(12) 河内国での軍勢動員は「奉行」という立場で行われていたことが知られ、(13) 先行研究は別の史料にみえる「御使」とともに、(14) 追討使としての兵士徴発と理解する。

しかし、秀康の追討使の任命が幕府軍の西上が決定的となった承久三年（一二二一）六月二日頃であったと推定されていることからすれば、(15)「奉行」という立場は、それに先立って後鳥羽院より任命された、河内一国に限定した軍勢催促権を持つものであったと考えられないだろうか。それを物語るのが、承久の乱後の河内で発生していた、武士や在地勢力の所領が幕府によって〝誤って〟没官されるという事態である。

【史料】

河内国一在庁古市伊賀三郎左衛門尉憲康謹言上
　欲早任相伝道理、下賜安堵国宣、全知行惣大判官代職、八上郡内金田長曽祢郡司書生以下所職等事
（中略）
右当国惣大判官代職者重代相伝之所職也、而承久逆乱之刻、不慮被没収之間、北刑部丞憲清、於関東申披子細、延応年中、下賜安堵御下知以来、至于親父良西、代々相伝知行無相違之条、手継証文分明也、（下略）
　正平九年三月　日

これは、正平九年（一三五四）三月に河内国の一在庁古市憲康が南朝に同国惣大判官代職以下の所職の安堵を求めたものである。[16]憲康の祖先の北（古市）憲清は、同国惣大判官代職を重大相伝の諸職として保持していたが、承久の乱の際、幕府から「不慮」に没収されたため、鎌倉に訴え出て延応年中（一二三九～四〇）に安堵の下知状を得ることができ、憲康の父良西に至るまで相違無く相伝知行してきたという。[17]憲清が承久の乱に際してどのような行動を取ったのか、また、諸職没収の詳しい経緯も不明である。だが、この事案は、北憲清が実際に京方についたか否かは別にして、秀康の動員を受けていたという事実を幕府が把握していたからこそ、京方と誤認し発生したものであったと考えられる。

先述した秀康が「奉行」として軍勢動員に臨んだという事例は、石清水八幡宮領河内国甲斐荘（大阪府河内長野市）の下司国範法師が、秀康から派遣された力者の催促を断って京方に与しなかったにもかかわらず、乱後に幕府によって同地に新補地頭が設置されたというものであったが、まさに北氏と同じ状況だったのである。

これら二つの事例は、幕府が承久の乱の張本を執拗に追及した一方で、地域社会レベルでの京方与同者を正確に把握していなかったことを示している。それは同時に、幕府が河内一国の在地勢力のほぼすべてが、承久の乱に際して、秀康の動員を受けていたと認識していたことの裏返しでもある。その認識の背景には、秀康が守護と同じような河内一国に対する軍勢催促権を行使しており、なおかつ先学が指摘するように、それを可能ならしめる河内国内に対する彼の強固な支配が展開していたという事実があり、幕府はそれらを根拠として、乱後に右のような判断を下したと推測できるのである。

実際に、河内国若江郡八尾の住人江則光のように、秀康の動員に応じて京方についたと考えられるものや、[18]秀康が国衙支配を展開していたという点を考慮すれば、[19]北憲清のような在庁官人もその統制下に置かれていた可能性があり、秀康の河内国内への軍勢動員が実効力を伴っていたことは間違いない。それを実現できたのは、秀康一族が国衙支配などを通して、河内に扶植してきた影響力と、それを裏づける後鳥羽院から付与された河内国の「奉行」という地位であったといえよう。

長村祥知氏は、後鳥羽院政期において藤原秀康一族の大規模な軍事活動を確認できないことから、彼らの武力は西国守護を中心とする在京御家人に及ぶまでには成長しえず、その能力は国衙や所領の経営等の財政活動でこそ発揮されたと論じた。[20]そもそも、後鳥羽院が彼らに期待したのはそうした側面であり、武力の強弱や武士団としての規模の大小などではなく、京都の膝下に基盤を置き、それに付随した地域社会への影響力を考慮して、自らの傘下に加えて育成していったと考えられるのである。次に、こうした藤原秀康の実像をふまえつつ、秀康と同じく後鳥羽院西面として承久の乱に加わった渡辺翔について検討する。

二、後鳥羽院と渡辺翔

後鳥羽院による渡辺翔登用の背景

承久京方武士の一人として知られる渡辺翔は、白河院政期以来、摂津国西成郡渡辺津（大阪市北区・中央区）を中心とした御厨子所領（のち内蔵寮領）大江御厨内渡辺御厨を基盤とする武士団渡辺党渡辺氏の一員である。渡辺氏の嫡流家は、渡辺津・渡辺御厨（大江御厨）を管理する渡辺惣官職に代々任じられ、同地の管理にあたる一方で、在京して王家への武力的・経済的な奉仕を行う家柄（渡辺惣官家。以下、惣官家と略記する）であった。翔もその出である。

翔の父は、元暦二年（一一八五）三月の壇ノ浦合戦で源義経に従い、建礼門院徳子を救出した番である。[21]平家滅亡後に義経は頼朝と対立し、畿内から逃亡することとなるが、番はその際に義経を見送った罪で鎌倉に拘禁され、文治五年（一一八九）の奥州合戦への参加によって頼朝から赦され、本領へと帰されたという。[22]これを機に渡辺番は御家人化したと考えられ、以後は摂津国御家人という立場で王家への奉仕を再開する。[23]その番の跡を継いで渡辺惣官職に就任したのが、番の嫡男の翔だったのである。

翔は幼少より寵童として後鳥羽院に仕えており、元久二年（一二〇五）四月の後鳥羽院主催の鞠会に「愛王」の幼名で参仕していたことが確認できる。[24]その後、後鳥羽院西面に編入され、[25]承久の乱では官軍の主力の一人として活動することになるのだが、先行研究において、慈光寺本『承久記』での官軍としての活動は取り上げられることはあっても、乱以前の後鳥羽院との関係については言及されてこなかった。

そもそも渡辺党自体が、摂津源氏との主従関係ばかりが注目されたり、身分的に侍身分に属することもあってか、一個の武士団としてまともに取り扱われることがなかったといっても過言ではない。たしかに、渡辺党に関する一次史料は極端に少なく翔についても同様であるが、断片的な史料からでも後鳥羽院政下における翔の位置を復元し、当該期の渡辺党、ひいては畿内武士の歴史的な評価を導き出すことは可能である。

承元二年（一二〇八）七月、翔は「御熊野詣神宝用途功」により、左兵衛尉に任じられた[26]。これは、前月に後鳥羽院が熊野へ参詣した際[27]の用途負担と考えられる。前記のように、元久二年に翔が幼名を名乗っており、その翌年には滝口に就いていたことから[28]、翔の初任を示すものである。いまだ若年の翔が、神宝用途といった受領層の成し得る用途を負担できたのは、やはり彼が担った渡辺惣官職という渡辺津・渡辺御厨の管理にともなう莫大な収益が財源として確保できていたからであろう[29]。そうした側面は、父の番にも認められ[30]、彼ら渡辺氏が翔と後鳥羽院の代に至っても、白河院政期以来の王家に直属する経済的な奉仕者としての立場を維持し続けたことを示している。換言すれば、翔ら渡辺氏は、侍身分であることや武士といった立場とは別に、王家の末端を構成する一要素として位置づけられていたのである。

ただし、王家と渡辺氏との関係には、後鳥羽院段階とそれ以前とでは若干の相違がある。それは、白河・鳥羽院政期にかけて、渡辺党が滝口・院下北面を勤めることはあっても、源氏・平氏の軍事貴族等と同じように、院の爪牙・武力として用いられることはなかったのに対して、後鳥羽院が藤原秀康を京武者として育成したのと同じく、翔ら渡辺党を直属の武力として積極的に活用しようとしていたことである。承久の乱における後鳥羽院と渡辺党との関係は、翔とのそれのみが注目されるが、実は渡辺党には、翔以外にも西面や院北面への祗候者を確認することができる。

京方に付いた渡辺党諸氏

翔が承久の乱で没落した後に、渡辺氏の主流となる満流渡辺氏の湛は、翔と同じく西面であった。[31] 渡辺氏とともに渡辺党を構成する遠藤氏の系図（「遠藤系図」）には、後鳥羽院に仕えた湛が、承久三年六月十四日の宇治川の合戦で京方に属して矢合以前に戦場から逃亡し、摂津国の湯山に隠居していたところ、鎌倉方に見つかり囚人として天野左衛門尉に預けられて三年を過ごし、渡辺党の遠藤為俊に引き取られて下人の家に置かれたのち、京都へと帰されたとある。[32]

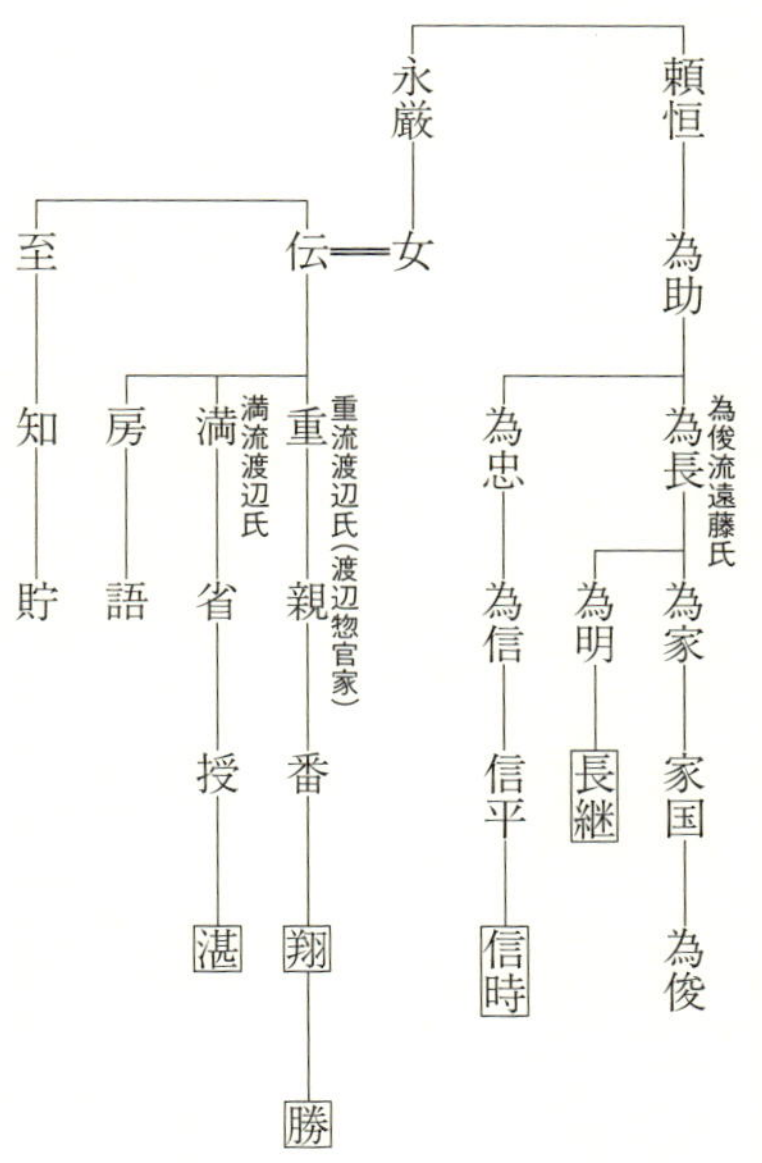

渡辺党略系図（「遠藤系図」「堺禅通寺蔵渡辺系図」をもとに作成）　※□で囲った人名は承久京方を示す

また、「遠藤系図」には、後鳥羽院北面として湛と同じく宇治川の合戦に参加した、遠藤長継・信時がみえる。[33] それぞれの系図の注記によると、長継は合戦で忠を遂げたものの、官軍の敗戦後に大和国長谷河里で自害し、一方の信時は戦場から落ち延びたのち、嘉禄二年（一二二六）頃に伊予国の父信平の所領で隠居したという。[34]

この「遠藤系図」は、祖本の成立が鎌倉期にさかのぼる古系図として信憑性は高いものの、湛の系統の満流渡辺氏や、渡辺房にはじまる房流渡辺氏に関する記述に、系図上で彼らを貶めて、自らの優位性を示そうとする遠藤氏（とくに為俊にはじまる為俊流遠藤氏）の意図を反映した虚構や誹謗中傷が含まれている。[35]よって、湛の右の話もそのすべてを信用することはできない。しかし、為俊流遠藤氏との利害関係がなかった遠藤氏庶流の二人に関する承久京方としての逸話に大きな粉飾が見受けられない点からすると、湛・長継・信時ら三人が、官軍の一員として宇治川合戦に参加したのは事実であったと捉えてよかろう。[36]その上で考えたいのは、翔とこの三人との関係である。

本来、渡辺党とはいっても、院政期以来、翔ら惣官家が王家に直属する存在であったのに対して、庶子家はその他の権門や摂津源氏頼政流に仕えたように、渡辺氏の内部でもそれぞれの系統は独立した存在形態をとっていた。そして、お互いが時には対立しながらゆるやかな結び付きを持つというあり方は、鎌倉期を通して維持された。[37]それは、治承・寿永内乱期の庶子家の動向に如実にあらわれており、治承四年（一一八〇）五月の以仁王の乱の際に摂津源氏源頼政とともに討ち死にしたのは、全員庶子家の渡辺氏一門であった。[38]逆に庶子家が惣官家のように、院下北面などの院の家産的武力に組み込まれることもなかったのである。

だが、後鳥羽院政期には、院下北面祗候の前例がない遠藤氏から長継・信時の二名が、また、同様に鳥羽院政期の渡辺満以来、院への奉仕を行っていなかった満流渡辺氏から、湛が西面として後鳥羽院に仕えていたのである。こうした経緯から、後鳥羽院はそれまでの治天の君が渡辺惣官家だけを自己に直結させ奉仕させていたのに対し、渡辺津・渡辺御厨一帯及び淀川下流域に繁茂する渡辺党の庶流をも含めた渡辺党全体を取り込み、淀川水上交通を掌握し、彼らを自己の武力として育成しようとしたと評価できるのである。

とはいえ、後鳥羽院は翔以外の渡辺党庶流を個々に把握したわけではなく、翔を介して彼らの掌握を進めたのであろう。それにともない翔は、従来の惣官家が有していなかった、庶流に対する統制力を強めていったのではなかろうか。すなわち、翔は後鳥羽院の引き立てによって、渡辺党全体を掌握する惣領としての立場を獲得したと考えられるのである。この点を検討するため、慈光寺本『承久記』（以下、慈光寺本と略記）の翔について確認しておきたい。

翔による渡辺党諸氏の統制と後鳥羽院の意図

翔は、後鳥羽院による城南寺での仏事の守護を名目に行われた軍勢動員に際して、藤原秀康らの「廻文ニ入輩」とともに召集された、「諸国ニ被召輩」の「摂津国」の武士として関左衛門尉とともに把握されており(39)、六月一日の官軍発向の際には、藤原秀康らと東海道軍の主将の一角を担っている(40)。そして、六月五日の墨俣川の合戦で、幕府軍の猛攻に対して「数ノ敵ヲ討取テ、明ル卯時マデ」持ちこたえる働きをみせるものの、撤退を余儀なくされる。慈光寺本に六月十四日の宇治川合戦は描かれないが、その夜半に、山田重貞と高陽院殿の後鳥羽のもとへ参るも門前払いされたことにより、東寺で新田四郎と戦い、味方が討ち取られる中で大江山へと落ちてゆく(41)。

この一連の描写の中で、前記した「遠藤系図」に六月十四日の宇治川合戦に参加したという、湛・遠藤長継・信時らの名前は一切みえない。無論、慈光寺本の作者が最初から翔以外の渡辺党に関心がなかったという単純な理由や、そもそも同書に宇治川合戦の描写がないという点で説明できよう。だが、湛らが翔の指揮下にいたとするならば、その活動が翔と比べてのちに軍記の素材となるほど、注目されることもなかったのではないか。つまり、湛ら渡辺党庶流の面々は、六月五日以降の一連の合戦に、翔に随って参加していたと考えられるのである。

そこで、翔と庶流との関係を具体的に知る手がかりとして、次のような事例がある。建永元年（一二〇六）六月、当時五臈の滝口であった翔が、おそらく後鳥羽院の意向を背景に一臈へと一挙に昇進したことにともなって、滝口内部が翔の擁護派と反対派とに分裂し相論が起こった(42)。その際に、翔の擁護派・反対派いずれかは判断できないが、一方の滝口として遠藤信時がみえており、翔と信時は傍輩だったわけである。それが、両名とも後鳥羽院の引き立てにより、それぞれ西面・院下北面に取り立てられ、これ以降、両者の間には差違が生まれる。すなわち、翔のみが後鳥羽院に近い位置を得て、他の庶流よりも頭一つ抽んでた、上位の立場を確立していったのである。

こうした渡辺翔の後鳥羽院政下での地位は、藤原秀康と同等であったといえる。渡辺党の場合、一族を構成する各諸氏が渡辺津一帯にそれぞれ本拠を持ち、各自が異なる権門に仕える存在形態を取っていた。それゆえ、繰り返し述べるように、後鳥羽院は従来の渡辺惣官家と庶流のあり方を刷新し、翔にそれら個々の庶流を統制させ、淀川流域一帯の支配を企図したと考えられる。秀康が河内国の京方の「守護」的な立場で在地勢力を動員できたのと同じく、承久の乱に際して翔は、従来ならば各自が独自の行動を取っていた一族を京方に結集させることに成功したのである。

もちろん、翔が行使した渡辺党庶流に対する軍勢動員の範囲は、秀康よりも狭小であり、彼ら渡辺党が有する武力も、西国守護に比して小規模であったことは間違いない。秀康と同じように、摂津一国単位での軍事動員の主体を想定するならば、それは父大内惟義から摂津守護を継承した惟信だったであろう(43)。しかし、承久の乱に際しての惟信による軍勢動員の徴証がないことや、乱後に富島本荘（大阪市西区）や吉井新荘（同東淀川区）といった、淀川下流域の荘園が新補地頭補任地となっている事実をふまえると(44)、翔が渡辺党諸氏に留まらない、比較的広範囲にかけて軍事動員をかけられる立場にあった可能性は否定できない。

ただし、本来ゆるやかな結びつきしか有していなかった渡辺党諸氏にとって、上からの強引な統制は有効に作用しなかったようである[45]。それは、承久の乱における諸氏の動向が示している。慈光寺本は、六月十四日の宇治川合戦の記載がなく、そこでの渡辺党諸氏の活動もみえないことは前記したが、翔が高陽院殿に駆けつけたのに対して、渡辺湛・遠藤信時は宇治川の戦場を離脱し、翔の指揮下から離れていた。

水無瀬神宮　大阪府三島郡島本町

こうした事態は、河内の秀康の場合も同じであっただろう。つまり、後鳥羽院が目指した自身に直属する渡辺翔のような子飼いの武士を媒介とする、地域社会の武士層の一元的な支配は、結果として成功しなかったといえるのである。

以上のように、藤原秀康と渡辺翔の実態を通して、後鳥羽院との関係を考察した。両者には、秀康一族が受領級の諸大夫に相当する武士であったのに対し、渡辺翔は侍身分の域を出ないという差があり、後鳥羽院に仕える経緯も異なっていた。しかし、両者の院に対する奉仕のかたちに大きな違いはなかったと考える。秀康は父祖以来の受領としての、翔は先祖代々の渡辺惣官職にともなう財力を持ち合わせており、それぞれ北河内と淀川下流域といった、広範な地域を支配する存在であった。後鳥羽院は離宮を置いた水無瀬（大阪府三島郡島本町）を起点に、淀川対岸の河内の楠葉（大阪府枚方市）・交野禁野（同交野市）への逍遥・狩猟や、頻繁な熊野参詣を行っており[46]、そうした淀川水系を利用した院自身の移動が、淀川沿いに拠点を有する秀康や翔のような武士たちとのつながりを深める契機となっていったとしても、不思議ではないのである。

承久の乱を経て、藤原秀康・渡辺翔ら後鳥羽院に直属する畿内武士たちは没落し、後鳥羽院が重視した彼らの支配領域も当然、幕府の没収の対象となる。次に、彼ら承久京方の畿内武士の消滅が、その後の政治史及び畿内の状況にいかなる影響を及ぼしたのかを考察する。

三、承久の乱後の畿内武士社会の「継承」

畿内における承久京方没収地のゆくえ

承久の乱後、京都には六波羅探題が設置され、畿内近国では六波羅を中心とした軍事・警察体制が構築される。一方、乱以前に後鳥羽院と直結していた畿内近国の国々も、そうした六波羅の整備と軌を一にするかたちで変化を遂げることとなる。その点を、承久京方武士の輩出地に注目して考えてみたい。

畿内近国において、承久の乱に京方として参戦した武士が多かった国の一つに丹波国がある。丹波は、慈光寺本の「諸国ニ被召輩」として列挙された国々の武士の中で十名を数える美濃に次いで、日置刑部丞・館六郎・城次郎・芦田太郎・栗村左衛門尉・田野兵衛尉の六名がみえる。(47)また、新補地頭補任地も六カ所であり、(48)実際には慈光寺本に挙がっている数以上の武士が京方についたと考えられる。それには、当国が後鳥羽院分国であったこと、大内惟義が父惟信から丹波守護を継承していたであろうことが大きく影響していたのは間違いない。乱後は新補地頭の設置に加えて、北条時房が守護となり、以後、北条一門・六波羅南方の管轄国となるなど[49]、乱以前とは正反対に幕府の支配が濃厚な国へと再編された。こうした状況は河内も同様である。

藤原秀康の旧領の伊香賀郷には相模国の御家人土屋氏が[50]、讃良荘には安達景盛が地頭職を得ている[51]。そして、不設置であった守護には北条氏に次ぐ有力御家人の三浦氏が就任した[52]。ちなみに、承久京方として没官された若江郡八尾の住人江則光の旧領則光名は、六波羅南方北条時盛の所領となり、三浦氏が宝治合戦によって滅びたのち河内守護職を得た、佐介流北条氏の河内経営の拠点となる[53]。

一方、摂津では少し事情が異なる。渡辺翔が慈光寺本において、東寺での幕府軍との合戦から大江山へ逃亡したとあることは前記した。その後の翔のゆくえは不明である。そして、翔の本拠である渡辺津・渡辺御厨は、他地域のように関東御家人が入部することはなく、渡辺党の中でも、治承・寿永の内乱期から幕府御家人としての活動を主としていた為俊流遠藤氏が、渡辺氏に代わって惣官職に就任し、彼らの管理下に置かれることとなった[54]。

当該地域は、院政期以来の王家の経済基盤である。幕府としても後鳥羽王家に代わって自らが新たに擁立した後高倉王家を支える上で、それが必要欠くべからざるものであることは理解していたであろう。そこで、当該地域の円滑な支配を担う存在として選ばれたのが、渡辺党の中でも幕府寄りの遠藤氏だったのである。だが、遠藤氏は承久の乱以前に、実際に渡辺惣官であったことは確認できない。それでも幕府が彼らを渡辺惣官としたのは、渡辺党の一員という正統性に加えて、彼らを通じて、淀川最下流部最大の水上交通の要衝を間接的に支配する意図を有していたためと考える[55]。

承久京方畿内武士の家系と王家

ところで、渡辺翔以外の承久京方となった渡辺党諸氏の渡辺湛・遠藤長継・信時のうち、前節でみたように乱後、長継のみが自害しており、他の二名は生き残っていた。この点は、翔の息子の勝と同一人物と考えられる「勝法師」も同様である。「勝法師」は、東大寺領山城国玉井荘の下司となっていたが、「敵人」が京方として合戦に参加していたことを六波羅に訴えたことにより、下司職を改易されている(56)。

このうち、帰京後の湛自身の動向は不明なものの、彼の子孫（満流渡辺氏）は後嵯峨院政期以降、代々院下北面を輩出する家となり、遠藤氏や他の渡辺氏庶流に代わって渡辺惣官職を担うようになる(57)。ちなみに、藤原秀康の弟の秀能は承久の乱に出陣していなかったようであり(58)、『尊卑分脈』に「後鳥羽院北面・西面」「後嵯峨院北面」とみえる秀能の猶子能茂を筆頭に、秀能の子孫も満流渡辺氏と同じく後嵯峨院以降の院下北面等に出仕する家系となる(59)。彼らはすでに北河内における広域な支配領域を失ってはいたものの、後鳥羽院政期に取り立てられた秀康以来の経済的奉仕者としての側面が乱後も損なわれることなく、後嵯峨院政期以後の王家でも重視されたのであろう。

満流渡辺氏と藤原秀能子孫の両者に共通するのは、いずれも後鳥羽院政期以前では王家に直結することのない畿内武士であったが、後鳥羽院によって育成され、直接・間接的に承久の乱にも関わった存在であるということである。つまり、後鳥羽院が藤原秀康一族や渡辺党の育成・直属を通して再編した畿内武士と王家との関係は、後嵯峨院政期にもそのまま受け継がれていたのである。このような状況が生まれたのは、やはり王家を直接下支えする基盤が畿内近国とそこに根を張る武士であり、その規模が後鳥羽院政期に拡大したことに起因するのであろう。

承久の乱後の鎌倉幕府と畿内武士社会

また、こうした後鳥羽院政期からの畿内武士によって担われた秩序の連続性の重視という側面は、幕府の動向にも見出せることを指摘しておきたい。

それは、文暦二年（一二三五）五月に、石清水八幡宮領山城国薪荘と興福寺領大住荘との間で発生した水論を端緒とする両寺社の紛争（嘉禎の南都蜂起[60]）の際、幕府から石清水八幡宮の所在する男山境内の守護（「男山守護」）を命じられた源保茂[61]の例にうかがえる。

この嘉禎の南都蜂起において、六波羅は興福寺衆徒の蜂起に対して、探題被官をはじめとする多様な大小の「守護人」、隣国の守護をふくめた在京・畿内近国御家人を動員した、大和国の治安維持体制を取っており[62]、その一角に「男山守護」が組み込まれていた。

熊谷隆之氏は、源保茂が「男山守護」を担ったのは「就譜代之寄」との理由で、それは、彼が曽祖父の頼政、祖父頼兼、父頼茂と大内裏を守護する「大内守護」を代々受け継いだことと関連すると推測する。たしかに保茂は、『尊卑分脈』において、摂津源氏頼政流に位置づけられるが、別稿で論じた通り、本来は下野国を基盤とする武士深栖氏の一族であり、源仲政の養子（頼政の弟）となった深栖光重の孫であった[63]。

もともと「大内守護」と無関係だった保茂は、承久の乱ののち、男山に近接する山城国玉井荘の下司職を得てお り[64]、おそらくこの頃に頼政流の系譜を継いだと考えられる。「大内守護」自体は、承久元年（一二一九）七月十三日に源頼茂が後鳥羽院によって誅殺された事件以後途絶えており[65]、復活することはなかった。

その流れで、保茂が「男山守護」という特殊な職務に任じられたのは、彼が承久の乱後、玉井荘下司として男山近在の山城国南部に影響力を持ち始めていたという実力に加えて、頼政流の遠縁にあたるという点にあったのではないか。すなわち、幕府は「大内守護」と「男山守護」の関連性を「就譜代之寄」という論理でつなげることにより、保茂を頼政流を継ぐ存在として位置づけ、承久の乱以前に「大内守護」を担った摂津源氏の権威を利用して、そこに畿内近国御家人等を結集させる治安維持体制を創出しようとしたと考えられるのである。

無論、「男山守護」は嘉禎の南都蜂起に際した時限的なものであったが、熊谷氏はこのときの体制を、鎌倉末期の六波羅が発動する典型的な秩序維持体制の初期の具体例と評価する。これ以後、幕府との関係で大番役等に職務が限られていた畿内近国の武士は、京都・畿内の治安維持体制に本格的に組み込まれていくのであり、嘉禎の南都蜂起と「男山守護」の創出は、六波羅が京・畿内武士社会のあり方の一部を再現し、それを利用することでその後の体制の創出を成し遂げた一つの出発点と捉えられるのである。

このように、満流渡辺氏・藤原秀能子孫や、源保茂の事例は、承久の乱後、乱によって消滅した後鳥羽王家とそれによって担われていたさまざまな秩序、及びそこに連関を有していた畿内武士たちのあり方が、公武両政権によって再生・再利用されていったことを示すものといえる。

乱以前の京都における武力的側面は、鎌倉幕府御家人が大部分を占めていた事実が示すように、代替可能なものであった。しかし、王家への経済的あるいは日常的な奉仕といった側面は、院政期以来、畿内武士が担うというシステムが定着していた以上、代替は叶わなかった。そのことを公武両政権ともに認識していたからこそ、渡辺氏や藤原秀能子孫といった一族の再登用が行われるのであり、その起点となった後鳥羽院による畿内武士再編のあり方は、一つの画期であったと位置づけられよう。

おわりに

以上、藤原秀康と渡辺翔という二人の畿内武士と後鳥羽院の関係から、承久の乱前後における畿内武士と王家との関係をたどった。最後に、これまでとは異なる角度から、承久の乱後の畿内近国にみられる武士社会の変化について指摘しておきたい。

承久の乱後、畿内の史料には、第一節でみたような北憲清や、江則光といったそれ以前には名前のみえなかった大小さまざまな武士や武的存在があらわれるようになる。また、摂津源氏の一流であり、能勢郡に本拠を有した能勢氏は、治承・寿永内乱期の早い段階で頼朝・幕府へ祗候していたようであり、『吾妻鏡』では文治元年（一一八五）から正治二年（一二〇〇）までの活動が知られる。ところが、その後、史料で彼らの活動がみえるのは寛喜三年（一二三一）以降のことである[66]。この能勢氏のように、治承・寿永内乱段階以後、承久の乱後にしか活動がみえない畿内武士はほかにも多く存在する[67]。

これらは別稿で指摘したように、承久の乱の結果、北河内を中心に河内一帯に影響力を有していた藤原秀康のような京武者や、摂津等複数の守護国を有して後鳥羽院の武力となった大内惟信のような在京御家人たちが形成していた広域なテリトリーが完全に解体したことによって、そこに存在していた畿内武士たちが顕在化した現象である[68]。彼らは前代の軍事貴族と在地武士との関係のように、京武者や守護級の在京御家人に従属しており、彼らの差配のもと、公武両政権への奉仕を行っていたと推測される。

しかし、承久の乱はそうした諸関係を解体し、大小さまざまな畿内武士を歴史の表舞台に引き出すこととなった。それによって、幕府をはじめとする諸権門が、個々に彼らを掌握する事態が承久の乱以降に進展し、彼ら畿内武士の活動が前代に比して大幅に増加するようになったと考えられるのである。

もちろん、単純に史料の残存状況も要因として考えられるが、彼らが治承・寿永の内乱期以降、承久の乱に際して、またはその前後にいかなる立場で活動していたのか、一切不明なのである。その解明には、本稿で取り上げた渡辺党のような畿内武士の後鳥羽院政下におけるあり方を一つの基準にして、それ以外の畿内及び近国の武士の実態を精査することが必要となろう。それをふまえて、本稿でみえた後鳥羽院による畿内武士の再編とその後の畿内の武士社会の秩序形成といった点が、より鮮明になると考える。

本稿は、あくまで後鳥羽院政期・承久の乱について、畿内武士との関わりから問題提起をしたに過ぎないが、当該期は公武両政権にとってその後の時代との連続性を多分に共有する画期となったことを強調して、残された多くの課題とともに稿を閉じたい。

註

（1）　承久京方武士については、田中稔a「承久京方武士の一考察」（『鎌倉幕府御家人制度の研究』吉川弘文館、一九九一年。初出は一九五六年）、同b「承久の乱後の新補地頭補任地〈拾遺〉」（同上書。初出は一九七〇年）、宮田敬三「「承久京方」表・分布小考」（『立命館史学』第二二号、二〇〇一年）、同「承久の乱における京方の軍事動員」（『古代文化』第六一巻第三号、二〇〇九年）、長村知祥『中世公武関係と承久の乱』（吉川弘文館、二〇一五年）など参照。

（2）西面については、平岡豊「後鳥羽院西面について」（『日本史研究』第三一六号、一九八八年）、秋山喜代子「西面と武芸」（『中世公家社会の空間と芸能』山川出版社、二〇〇三年）、長村祥知「後鳥羽院政期の在京武士と院権力――西面再考」（前掲註〈1〉書。初出は二〇〇八年）参照。

（3）藤原秀康については、平岡豊「藤原秀康について」（『日本歴史』第五一六号、一九九一年）、長村祥知「藤原秀康」（平雅行編『中世の人物　京・鎌倉の時代編　三　公武権力の変容と仏教界』清文堂出版、二〇一四年）参照。

（4）渡辺党及び畿内武士については、拙著『中世の畿内武士団と公武政権』（戎光祥出版、二〇一四年）、拙稿「中世国家と畿内武士」（『日本史研究』第六五五号、二〇一七年）参照。

（5）長村前掲註（2）論文。京武者の概念については、元木泰雄『武士の成立』（吉川弘文館、一九九四年）を参照。長村氏は、元木氏の定義をふまえて武士の中でも「五位もしくは検非違使以上の官職に到達しうる家格・身分」のものを「軍事貴族」、それ以外のものを「侍層武士」に分け、前者のうち「畿内近国の狭小な所領を本拠として権力基盤を公家政権に依存する度合いが強い類型」のこととする（上記論文）。また、川合康氏は京武者の範囲に東国に基盤を置き在京活動を行う武士を含めて捉えている（「内乱期の軍制と都の武士社会」〈『院政期武士社会と鎌倉幕府』吉川弘文館、二〇一九年。初出は二〇〇四年〉）。本稿では、行論の都合により触れないが、京武者の定義は改めて検討する必要があると考える。

（6）慈光寺本『承久記』は、『新日本古典文学大系43　保元物語・平治物語・承久記』（岩波書店、一九九二年）を用い、同書からの引用に際しては、後掲註（39）のように、『承久記』上下巻の別と該当頁を掲げる。なお、慈光寺本『承久記』の史料的性格については、野口実「慈光寺本『承久記』の史料的評価に関する一考察」（京都女子大学宗教・文化研究所『研究紀要』第一八号、二〇〇五年。本書第3部Ⅰ）参照。

（7）拙著前掲註（4）書、拙稿前掲註（4）論文。

（8）拙稿「鎌倉幕府の成立と畿内武士社会の変容」（拙著前掲註〈4〉書）。

（9）藤原秀康一族の基本的な事柄については、平岡前掲註（3）論文に依拠し、以下、断りのない限り典拠を省略する。

（10）「久我家文書」年月日未詳中院流家領目録草案（『久我家文書』第一巻、國學院大學、一九八二年。三号文書）。

（11）長村前掲註（2）論文。

(12)平岡前掲註(3)論文。
(13)「宮寺縁事抄」天福元年(一二三三)五月日付八幡石清水宮寺申文(『鎌倉遺文』第七巻四五一二号文書。以下、『鎌』七―四五一二のように略記する)。
(14)「京都大学文学部所蔵文書・書陵部所蔵谷森文書」寛喜三年(一二三一)五月十一日付中原章行勘文(『鎌』六―四一四一)。
(15)平岡前掲註(3)論文。
(16)「和田文書」正平九年(一三五四)三月日付古市憲康言上状案(『大阪狭山市史』第二巻史料編古代・中世、大阪狭山市、二〇〇二年。中世史料三九五号)。
(17)北憲清および北氏については、小谷利明「叡尊と河内武士団」(『ヒストリア』第一七九号、二〇〇二年)参照。
(18)「海竜王寺文書」寛元元年(一二四三)十一月日付海竜王寺僧申状(『鎌』九―六二五六)。
(19)平岡前掲註(3)論文。
(20)長村前掲註(2)論文。
(21)『吾妻鏡』元暦二年三月二十四日条。延慶本『平家物語』巻十一「壇浦合戦事　付平家滅事」では番とその父昵(親)との父子関係が入れ替わっているが、正確には昵(親)が父で番がその子である。
(22)『古今著聞集』巻第九・武勇第十二「渡辺番所縁に依る赦免を拒否の事」(『日本古典文学大系　古今著聞集』岩波書店、一九六六年)。川合康「奥州合戦ノート――鎌倉幕府成立史上における頼義故実の意義」(『鎌倉幕府成立史の研究』校倉書房、二〇〇四年。初出は一九八九年)。
(23)渡辺党渡辺氏が鎌倉期を通して摂津の国御家人であったことは、拙稿「中世前期の畿内武士と公家社会」(拙著前掲註〈4〉書。初出は二〇〇七年)参照。
(24)『革匊要略集』三「算鞠事」裏書　元久二年四月十二日条(渡辺融・桑山浩然『蹴鞠の研究』東京大学出版会、一九九四年)。
(25)『明月記』承元二年(一二〇八)五月九日条。
(26)『猪隈関白記』承元二年七月二十三日条。
(27)土谷恵「後鳥羽院の熊野御幸」(三井記念美術館・明月記研究会編『国宝　熊野御幸記』八木書店、二〇〇九年)。

(28)『三長記』建永元年（一二〇六）六月二十六日条。
(29) 渡辺惣官職にともなう収益については、大村拓生「中世渡辺津の展開と大阪湾」（『大阪の歴史』第七〇号、大阪市史編纂所、二〇〇七年）参照。
(30)『吉記』養和元年（一一八一）九月二十三日条に、番が賀茂社・片岡社造営・修理の功と、東宮（のちの安徳天皇）着袴の功によって右馬少丞に任じられていることがみえる。
(31)「修明門院熊野御幸記」（前掲註〈27〉書所収）承元四年（一二一〇）四月二十一日・五月十日条。
(32)「遠藤系図」渡辺湛の注記（『群書系図部集』第五、三三四頁）。
(33) 遠藤長継は、『明月記』建永二年（一二〇七）五月九日条の新日吉小五月会での下北面・御随身によって行われた競馬の六番に名前がみえる「長継」に該当しよう。また、信時は院下北面としての所見はないが、「遠藤系図」に「滝口刑部丞」と注記があることから、『三長記』建永元年六月二十六日条にみえる滝口の「信時」は同一人物と考えられる。なお、この記事については本文で言及する。
(34)「遠藤系図」遠藤長継・信時の注記（『群書系図部集』第五、三三七・三三八頁）。
(35)「遠藤系図」については、拙稿「鎌倉中・後期の摂津渡辺党遠藤氏について」（拙著前掲註〈4〉書。初出は二〇〇二年）参照。
(36) 渡辺氏の数種ある系図の一つの「渡辺系図」の渡辺生とその兄弟の守には、承久の乱に際して後鳥羽院に仕えていた生が宇治合戦で討ち死にし、守が官軍として討たれたことがみえる（『群書系図部集』第三、二六六頁）。しかし、この「渡辺系図」は、他の渡辺氏の系図と比べて系譜関係や注記の内容に誤りや作為があるなど、信憑性にかけることから（拙稿「軍記・系図からみた南北朝期の渡辺党」〈拙著前掲註（4）書〉）、生と守については他に判断材料もないため、ひとまず保留しておきたい。また、『吾妻鏡』承久三年六月十八日条にみえる、六月十四日の宇治合戦で佐加良（相良）三郎によって討たれた院下北面渡部弥三郎兵衛尉も系図では確認できないが、他にも京方に参じた渡辺党が多数存在したことをうかがわせる。
(37) 拙稿「平安末・鎌倉初期における畿内武士の成立と展開」（拙著前掲註〈4〉書。初出は二〇一一年）。
(38) 拙稿「源頼政と以仁王」（野口実編『中世の人物　京・鎌倉の時代編　二　治承～文治の内乱と鎌倉幕府の成立』清文堂出版、二〇一四年）。渡辺党全体と摂津源氏との主従関係を自明のことのように捉える見解も見受けられるが、それは後世に作られた源頼光と渡辺綱との関係に引きずられた誤解に過ぎない。

(39)『承久記』上、三一一頁。
(40)『承久記』下、三三四頁。
(41)『承久記』下、三四九—三五〇頁。
(42)『三長記』建永元年六月二十六・二十九日条。
(43)大内惟義については、田中稔「大内惟義について」（田中前掲註〈1〉書。初出は一九八九年）参照。
(44)富島本荘は山内首藤氏が、吉井新荘は深堀氏が勲功賞としてそれぞれ地頭職を与えられている（田中a前掲註〈1〉論文）。
(45)渡辺語のように、承久の乱の混乱に乗じて、公家には幕府から給わったと称し、幕府には公家から給わったと称して、渡辺惣官職を掠めとろうとした（「遠藤系図」語の注記〈『群書系図部集』第五、三三四頁〉）、当初からその帰属がはっきりしないものも当然存在した。
(46)後鳥羽院による淀川流域の移動については、「〈史料〉淀川流域関係史料集Ⅱ」（『新修摂津市史　史料と研究』第四号、摂津市、二〇一九年）に関係史料が網羅されている。
(47)『承久記』上、三一〇頁。
(48)大山荘・宮田荘・和智荘・私市荘・由良荘・弥勒寺別院の六カ所（田中b前掲註〈1〉論文）。
(49)佐藤進一『増訂鎌倉幕府守護制度の研究』（東京大学出版会、一九七一年）。
(50)「土屋家文書」年未詳三月二十七日付土屋宗直申状案（『寝屋川市史』第三巻古代・中世史料編、寝屋川市、二〇〇五年）。
(51)「金剛三昧院文書」承久三年十二月二十二日付関東下知状案（『鎌』五—二八九八）。
(52)佐藤前掲註（49）書。
(53)「海竜王寺文書」（前掲註〈18〉文書）。小谷利明「中世の八尾と常光寺」（八尾歴史民俗資料館『研究紀要』第一九号、二〇〇八年）。
(54)拙稿「鎌倉期における摂津渡辺党の内部構造」（拙著前掲註〈4〉書。初出は二〇〇六年）。
(55)拙稿「鎌倉幕府の成立と畿内武士社会の変容」（拙著前掲註〈4〉書）。
(56)「東大寺文書」嘉暦二年（一三二七）八月日付東大寺政所下文案（『鎌』七—五〇三〇）。この事件については、拙稿「鎌倉期の東大寺領荘園と武士――山城国玉井荘の下司職相論から」（稲葉伸道編著『中世寺社と国家・地域・史料』法藏館、二〇一七年）参照。なお、勝法師が京方武士だったにも関わらず、乱後に東大寺領荘園の下司を勤められた背景としては、平岡豊氏が論じた藤原秀康一族と興福寺・東大寺との関係が作用していた可能性を想定できる（平岡前掲註〈3〉論文）。すなわち、渡辺党が後鳥羽院政下で藤原秀康一族との密接なつながりを築いていたからこそ、秀康たちが有する南都とのネットワークを利用できたと考えるのである。だとすれば、秀康が大内惟義と姻戚関係を結んでいたように、京方武士同士の結合という問題も、後鳥羽院政期の京都における武士社会の実態を考える上で重要な点であるが、それらの追究は今後の課題としたい。

(57) 拙稿前掲註（54）論文。

(58) 長村祥知「一族の分裂・同心と式目十七条」（前掲註〈1〉書。初出は二〇一〇年）。

(59) 『尊卑分脈』第二編、四〇九―四一〇頁。長村前掲註（2）論文、鈴木一見「後嵯峨院北面考証」（『国史談話会雑誌』第二一号、一九八〇年）、佐藤建一「鎌倉・室町初期の名国司――その出現と変遷」（今江廣道編『前田本『玉燭宝典』紙背文書とその研究』続群書類従完成会、二〇〇二年）参照。

(60) 事件の詳細は、黒田俊雄「鎌倉時代の国家機構――薪・大住両荘の争乱を中心に」（『黒田俊雄著作集　第一巻　権門体制論』法藏館、一九九四年。初出は一九七六年）、熊谷隆之「嘉禎の南都蜂起と鎌倉幕府――「大和国守護職」考」（大和を歩く会編『シリーズ歩く大和Ⅰ　古代中世史の探究』法藏館、二〇〇七年）参照。以下、熊谷氏の見解は本論文に拠る。

(61) 『吾妻鏡』文暦二年五月十六日条。

(62) 熊谷前掲註（60）論文。

(63) 拙稿前掲註（56）論文。

(64) 「東大寺文書」（前掲註〈56〉文書）。

(65) 『吾妻鏡』承久元年七月二十五日条。事件の詳細は、佐々木紀一「源頼茂謀叛の政治的背景について」（『山形県立米沢女子短期大学付属生活文化研究所報告』第三一号、二〇〇四年）、木村茂光「阿野全成・時元および源頼茂の乱の政治史的位置」（『初期鎌倉政権の政治史』同成社、二〇一一年）などを参照。

(66) 「能勢家文書」寛喜三年十月十八日付将軍藤原頼経袖判下文（村井祐樹・末柄豊編『真如寺所蔵　能勢家文書』東京大学史料

編纂所研究成果報告、二〇一〇年）。

(67)　河内の水走氏、和泉の和田氏などがそれに該当する。

(68)　拙稿前掲註（４）論文。

第3部 さまざまな資料に描かれた承久の乱

I

慈光寺本『承久記』の史料的評価に関する一考察

野口実

はじめに

上横手雅敬は、一九五六年の論文「承久の乱の歴史的評価」（『史林』第三九巻第一号）において、承久の乱が中世史上重要な事件であるにもかかわらず、従来殆ど研究がなされていないことを指摘しているが、少なくとも、この事件の経過や事実関係の解明という基礎的な研究には、その後も大きな進捗は見られていない(1)。

承久の乱に関する史料は、乱後の京方与同者にたいする幕府の追及が厳しく（たとえば、院近臣二位法印尊長の日記が幕府に押収されたために、彼と親交のあった人々が恐慌をきたしたということなどもあった(2)）、事件に直接関係する記事を載せた貴族の日記などの記録類が少なく、全体の経過をたどる上での基本史料は後世に編纂された『吾妻鏡』や『承久記』などに頼らざるを得ない(3)。もとより『吾妻鏡』は一方の当事者である鎌倉幕府の編纂によるものであるから言うまでもないが、その場合、これらは徹底した史料批判を前提とした活用がはかられなければならない。しかしながら、歴史学のジャンルでは、それは未だに殆ど手つかずのままの状態と言わざるを得ないのである。

一方、国文学のジャンルでは、近年、テクストとしての『承久記』の成立時期を確定するための研究が盛況で、流布本とこれと内容が大きく相違する慈光寺本との比較、鎌倉後期における思想状況をふまえて慈光寺本の古態性を指摘する研究などが相次いで公にされている。

本稿は『承久記』諸本のうち、最古態本とされる慈光寺本について、歴史資料としての側面から検討を加えることを目的とするものである。まず、国文学の側面からの研究成果について整理し、それに歴史学の立場から若干の考察を加える。ついで、慈光寺本における幕府西上軍の大将軍を、流布本や『吾妻鏡』と比較することによって、その史料的価値について検討してゆきたい。

本稿が、承久の乱の経過を再構成し、その歴史的評価を試みるための前提作業の一助となれば幸いとするところである。

一、従来の研究における慈光寺本の評価

『承久記』の歴史資料としての評価について、はじめて本格的に検討を加えたのは龍粛「承久軍物語の成立」(『鎌倉時代──上・「関東」』春秋社、一九五六年)であろう。しかし、ここでは慈光寺本は取り上げられておらず、『承久軍物語』が『承久記』と『吾妻鏡』の記事を合わせて近世に成立したことを明らかにしたものであった。

慈光寺本については、早く富倉徳次郎「慈光寺本承久記の意味──承久記の成立」(『国語・国文』第一三巻第八号、一九四三年)が、その成立年次を「大体承久の乱の翌年の貞応元年以後貞応二年五月までの約一年間」とする説を提

出していたが、これに異論をとなえたのが益田宗「承久記——回顧と展望」(『国語と国文学』軍記物語特輯号、一九六〇年)である。すなわち、同本に「此君ノ御末ノ様見奉ルニ天照大神正八幡モイカニイタハシク見奉給ケン」とある記事をもって「此君」＝土御門院の皇子後嵯峨天皇・皇孫後深草天皇の即位以降の成立と見るべきだとし、また作者を「鎌倉武士の立場」に求めたのである。

これを批判・克服したのが、杉山次子「慈光寺本承久記成立私考(一)——四部合戦状本として』」(『軍記と語り物』第七号、一九七〇年)である。杉山は「末＝すゑ」の用法を検討して益田の上記引用部分に対する解釈を難じた上で、成立の上限を「惟信捕縛」の記事から寛喜二年(一二三〇)、下限は北条泰時に助命された十六歳の「侍従殿」＝藤原範継の没年から仁治元年(一二四〇)としたのである。さらに、杉山は「「慈光寺本承久記」をめぐって——鎌倉初期中間層の心情をみる」(『日本仏教』第三三号、一九七一年)において、慈光寺本に三浦氏の記述が詳しいことに着目して作者圏を源実朝室の側近だった源仲兼周辺の一団に求め、また「承久記諸本と吾妻鏡」(『軍記と語り物』第一一号、一九七四年)では、慈光寺本は『吾妻鏡』とは無関係に、藤原将軍期に成立したと述べている。

「慈光寺本『承久記』とその周辺」(『文学』第四七巻第二号、一九七九年)において、慈光寺本の作者の立場は鎌倉方であるとはいえないことを指摘した久保田淳は、平成四年(一九九二)に刊行された『新日本古典文学大系』四三(岩波書店)の「承久記　解説」では、さらに踏み込んで、作者は宮廷事情と武士社会の双方に明るい、筆の立つ下級官人のごとき階層に属し、九条家となんらかの接触のあった人物であることを推測している。また、慈光寺本は三浦義村が北条義時と全く対等に描かれており、流布本のように彼が弟胤義に対して情愛を示す記事はない、という指摘も慈光寺本に史料的評価を加える上で重要であろう。

成立年代や作者圏に関する研究が進められる一方、これと関連して、作品の背後に横たわる政治思想や当時の武士の主従観念などを視角とした研究も活発である。

大津雄一「誰カ昔ノ王孫ナラヌ——慈光寺本「承久記」考」（『早稲田大学高等学院研究年誌』第三三号、一九八九年）は、流布本では王権の存在自体は否定されておらず、後鳥羽院の敗北を彼が異端の王（悪王）である点に求めているのに対し、慈光寺本には流布本や他の作品に見られる王権への畏怖というものが全くないことを指摘する。また、同じ年に発表された佐藤泉「『承久記』考察」（『軍記と語り物』第二五号）も、流布本は、一方で幕府方の立場を肯定しようとし、もう一方では朝廷権威の存続を認めようとするという相矛盾する二面性をもって書かれていること、すなわち、徳治主義の立場から後鳥羽院の性向に王法の尽きた原因を求めていることを論じている。

これらの指摘については、西島三千代「慈光寺本『承久記』の乱認識」（『国文学研究』第一三〇集、二〇〇〇年）に、慈光寺本では義時の意志と関東の者達の意志は必ずしも一致しないのだが、流布本においてはそれが一枚岩のごとく結束させられていることなどを踏まえた上で、慈光寺本は「歴史を相対化する余裕のない時点で成立した」ものと述べられているのが、その総括として評価できるであろう。

東国武士の描かれ方については、松尾葦江「承久記の成立」（同『軍記物語論究』若草書房、一九九六年）が、慈光寺本には京都の王権に決して全人格的に隷従しては行かない東国武士の生態が描き出されていて、古態性として評価されることが多いことを述べており、須藤敬「慈光寺本『承久記』——一つの歴史叙述の試み」（『日本文学』第四六巻第七号、一九九七年）は、慈光寺本では御恩というほどに頼朝と関東武士とのつながりは説明されていないとする。この点については佐倉由泰「慈光寺本『承久記』の表現世界」（『軍記と語り物』第三七号、二〇〇一年）も「慈光寺本の表現に主従の倫理や分を宣揚する働きは弱い」としている。

なお、荻原さかえ「慈光寺本『承久記』における政子呼称に関する一考察」(『駒澤国文』第三四号、一九九七年)は、慈光寺本において『蒙求』に見える「孟光」が政子の姿に重層化された点に注目するが、これは中世前期における妻の地位に関する歴史学の成果と照合すれば、慈光寺本の古態たることを示す根拠の一つとなるものとなるのではなかろうか。

以上、本稿の意図に基づいて、しかもまったく表面をなぞったに過ぎないが、慈光寺本『承久記』に関する研究史を概観してみた。鎌倉時代政治史研究の立場からこれらの成果の中で関心が持たれるのは、言うまでもなく、その成立時期の古さやイデオロギーの束縛を受けていないという史料としての純粋さ、そしてその成立に三浦氏関係者が関わっている可能性のあることである。まさしく、この慈光寺本こそ承久の乱解明のための基礎的な史料足りうるものであり、鎌倉御家人中唯一、北条氏に対抗しうる実力を有したとされながら不明な点の多い宝治合戦以前の三浦氏の幕府内における位置を再検討する上で、重要な役割を果たしうると思われるのである。

ただ、そうした大きな課題に取り組む前に、克服しておくべき基礎的な問題がいくつかのこされている。その一つとして本稿で問題としたいのは、松尾葦江が前掲論文で指摘した、慈光寺本と流布本で同一の事件を扱っていながら、人名・合戦の地名・合戦の細部の記述が一致しないという問題である。

二、幕府東海道軍第五陣の大将軍

ここでは、幕府西上軍の本隊ともいうべき東海道軍諸陣の大将軍を諸史料で比較し（『吾妻鏡』は大将軍が明記され、流布本も諸陣の指揮官が明確であるのに対して、慈光寺本には大将軍とは明記されておらず、諸陣の「此ノ手ニ可付」云々という文言の前に掲げられた人物あるいは冒頭に記された人物を、それと見なすこととする）、慈光寺本『承久記』の史料価値について検証してみたい。まず、慈光寺本・『吾妻鏡』・流布本の順にその人名などを掲げよう。

【慈光寺本『承久記』】	【『吾妻鏡』】	【流布本『承久記』】
先陣　相模守時房　二万騎	相州（時房）	一陣　相模守時房
二陣　武蔵守泰時　二万騎	武州（泰時）	二陣　武蔵守泰時
三陣　足利殿	武蔵前司義氏	三陣　足利武蔵前司義氏
四陣　佐野左衛門政景 二田四郎		四陣　三浦駿河守義村
五陣　紀内殿 千葉次郎	千葉介胤綱	五陣　千葉介胤綱
（七万騎）	（十万余騎）	（十万余騎）

三陣まで異同はないが、四・五陣について慈光寺本は大きく相違する。このうち、まず五陣から検討を加えたい。

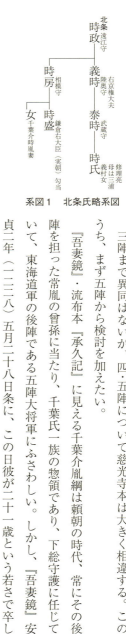

『吾妻鏡』・流布本『承久記』に見える千葉介胤綱は頼朝の時代、常にその後陣を担った常胤の曾孫に当たり、千葉氏一族の惣領であり、下総守護に任じていて、東海道軍の後陣である五陣大将軍にふさわしい。しかし、『吾妻鏡』安貞二年（一二二八）五月二十八日条に、この日彼が二十一歳という若さで卒したとあり、とすれば承久の乱の時はわずか十四歳ということになる。そうすると、たしかに名目上、千葉氏一族ないしは下総国に対する軍役は胤綱に課せられたかも知れないが、実際の任務に当たったのは、後見的な立場にあった千葉一族の人物と見るのが順当であろう。そう考えると、慈光寺本の他史料との齟齬は、かえってその史料的信憑性を示すものと仮定することができるのである。

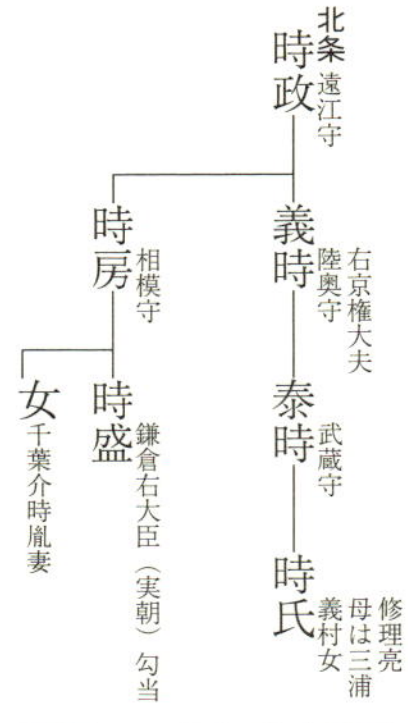

系図１　北条氏略系図

千葉次郎

「千葉次郎」は、慈光寺本では、この幕府軍のリスト以外に、乱の決着がついた後の七月六日、後鳥羽院が四辻殿から鳥羽殿へ移させる際の供奉役として名を見せている。慈光寺本『承久記』は、益田宗・久保田淳の校注で『新日本古典文学大系』四三（岩波書店、一九九二年）に収録されている。その脚注には「千葉介胤綱か」とあるが、胤綱を「千葉次郎」とする史料は皆無であり、また『吾妻鏡』承久元年（一二一九）七月十九日条の、三寅が鎌倉に入御した際の行列の交名に「千葉介」が見え、これは胤綱に比定されるから、承久三年段階で、胤綱が千葉次郎を称していたと考えるのも無理である。この名乗りから確認できることは、「千葉」を名字としているから、千葉氏嫡宗家の人物と見られるということのみであろう。

『吾妻鏡』を検すると、この時代に「千葉次郎」として所見するのは、寛元二年（一二四四）八月十五日条に初見し（千葉次郎泰胤）、最終所見が建長二年（一二五〇）十二月二十七日条（千葉次郎）の千葉泰胤である。彼は中世前期の千葉氏の系譜を記す系図史料のうちでもっとも史料的評価の高い『神代本千葉系図』や鎌倉時代末から南北朝期に成立したことが明らかな中条家文書『桓武平氏諸流系図』には、系線の上では胤綱の子とされているが、実は胤綱の兄弟とされるべき人物である。すなわち、近世成立の『千葉大系図』は、泰胤を、胤綱の死後、千葉介を継承した時胤とともに成胤の子としており、それは、この慈光寺本の記事を含め、泰胤に関する諸々の知見から考えても蓋然性の高い所伝と判断される。そもそも鎌倉・南北朝期に成立した系図は、事実としての血統よりも所領・所職の相伝の論理によって作成されていることも考慮されるべきであろう。(4)

泰胤が、胤綱・時胤と相ついで千葉介が早世したり、宝治合戦で上総千葉氏が滅亡をとげるといった状況下、時胤の子・亀若丸（頼胤）の後見役を果たすなど、千葉一族の族的統制の危機を克服する上で大きな役割を果たしたことなどについては、すでに旧稿で触れたことがあるので、(5)ここでは繰り返さない。

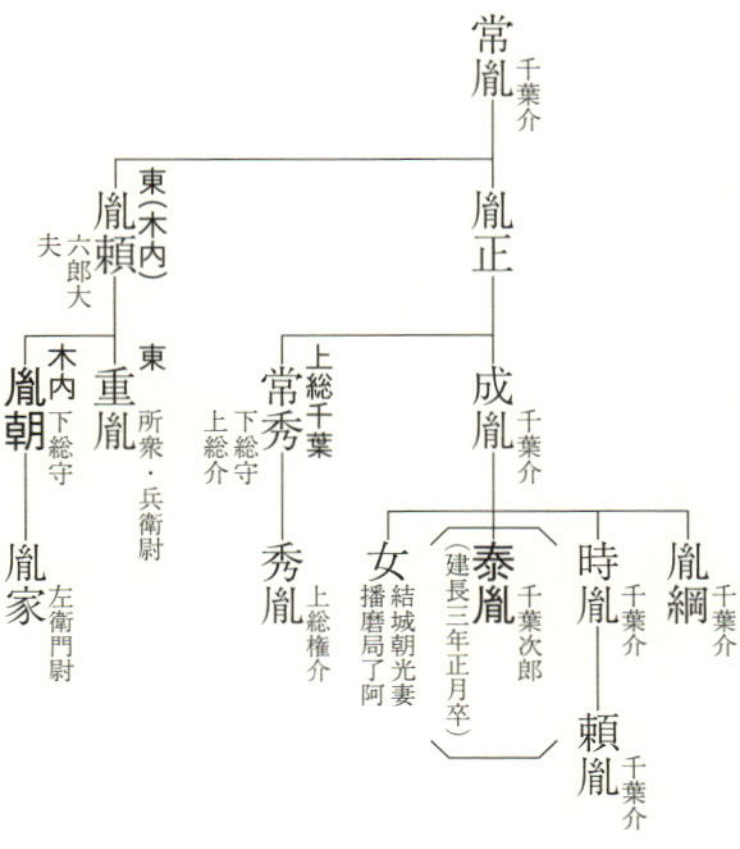

系図２　千葉氏略系図

承久の乱勃発の当時、千葉氏一族の最有力者は上総千葉氏系の常秀（千葉平次兵衛尉・堺平次兵衛尉）であった。[6] 彼は元久二年（一二〇五）、畠山重忠追討軍が編成された際、成胤に代わって千葉一族を率いて大手軍の後陣をつとめたことがあり、この常秀こそ五陣大将軍に相応しい存在のようにも思えるのだが、元久二年のケースはあくまでも特別な事情による異例の措置であって、[7] 御家人の嫡家に伝えられるべき頼朝から拝領した文書を成胤系（千葉介家）が相続していることからも明らかなように、やはり幕府は千葉一族全体に軍役を課する場合は、千葉介が対象とされたのであろう。泰胤が御家人として独自の立場を有しつつも千葉介の近親として一体の関係にあったことは、建治元年（一二七五）五月の「六条八幡宮造営注文」に「千葉介　同次郎跡　可寄合」と見えることからもうかがうことができよう。[8]

以上の結果、千葉次郎は千葉介胤綱の兄弟とみられる泰胤に比定すべきものと思われる。

紀内殿

ところで、問題なのは「紀内殿」の方である。「紀内」という名字を持ち、と同時に慈光寺本の成立段階までに「殿」と呼ばれるにふさわしい一定のステイタスを確立していた有力者を探さなければならない。

岩波新日本古典文学大系の校注者は（本文：益田宗、脚注：久保田淳）、この「紀内殿」について、本文において「きないどの」のルビを付し、脚注は「山柄行景、行実の男」としている。おそらく、これは太田亮『姓氏家系大辞典』の「紀内」の項に拠り、紀内は内舎人に任じた紀氏と解し、『吾妻鏡』建仁元年（一二〇一）九月七日条から承元三年（一二〇九）三月二十一日条までの間に所見する「紀内所行景」に比定したものと考えられる。名前に付せられた「所」は、彼が蔵人所の所衆であることを示すものである。「山柄」は、『吾妻鏡』承元三年三月二十一日条に御鞠衆の名前が列挙してある中に行景の前に一文字空けて書かれており、一人の人名を表すのか、行景の名字なのかは判断しがたい。ただし、御家人制研究会編『吾妻鏡人名索引』は、これを行景の名字としている。なお、大系本脚注が彼の父を行実とする根拠は私には明らかにできなかった。

『吾妻鏡』によれば、この紀内所行景は、源頼家の申請によって後鳥羽上皇が蹴鞠の師範として京都から鎌倉に下向させた人物であり、もとより千葉氏一族などではなく、まして東海道軍の大将軍の職務を担当するような存在ではない。したがって、大系本の脚注は誤りとしなければならない。

そこで、「紀内」から再考すると「キウチ（キノウチ）」とも訓める。キウチならば、千葉氏一族に比定できる人物がいる。『吾妻鏡』建長二年（一二五〇）三月一日条の「閑院殿造営雑掌目録」に「木内下総前司跡」と見える木内胤朝である。

木内氏の祖は千葉常胤の六男胤頼で、彼は『吾妻鏡』には「千葉六郎大夫」あるいは「東六郎大夫」と見えるが、『神代本千葉系図』では「木内六郎大夫」とされる。胤頼は下総国において東庄・木内庄・海上庄・小見郷・風早郷を所領とし、それらは子息達に分与され、その子孫はそれぞれの所領地名を名字とした。胤頼の長男の東重胤は東庄を伝領し、蔵人所所衆を経て兵衛尉に任官している[9]。胤朝は次男であったらしく、木内次郎を称していたが、おそらく衛府尉などに任官の後、下総守に任じたのであろう。千葉氏嫡家の伝統的称号である千葉介は千葉庄を本拠とする下総国最有力在庁＝下総権介の意味であるから、胤朝の下総守任官は、官制的には嫡家家督を下僚とすることを意味した。翻って考えると、この人事は、千葉一族において、それだけ胤朝の実力が評価されていたということの反映とみてよいのである。

これまで、胤朝の下総守補任の時期は不明であったが、近年、大村拓生の紹介した「弁官補任紙背文書」の一文書には注目すべき記事が含まれていた[10]。

宗寮頭被申候
可被任下総国司
平瀧朝
可被叙爵
申近衛将監
藤原康房
大嘗会御禊蔵人方
准絹三千疋進納
奉行職事定挙
申候也

これは、貞応元年（一二二二）に行われた後堀河天皇大嘗会に関する成功の任人折紙であるが、三行目の平瀧朝の「瀧」の字は、まず俗人の実名に使われることのない文字であり、誤写とみてよい。私は字体から、これは本来「胤」ではなかったかと考えるのである。とすれば、この文書こそ木内胤朝の下総守補任と叙爵を示すものといえる。申請者である「宗寮頭」の「宗」の字もおそらく誤写であろうが、これによって胤朝がこれ以前（乱後の可能性もあるが）に某寮の三等官程度の官職を帯していたこと、すなわち「紀内（木内）殿」と呼ばれるに相応しい存在であったことが裏付けられるのである。

ちなみに、『玉蘂』承久二年（一二二〇）四月七日条に源実康が下総守に補任された記事が見え、貞応元年は任期途中であるから、胤朝の補任は、おそらく京方として更迭された実康のあとをうけたものであろう。千葉氏の族人で、下総国に本領を有する胤朝の下総守補任が大きな政治的意味を有することは前述（実質的に惣領不在の千葉氏一族統制の手段）の通りで、それは胤朝の後任として嘉禄元年（一二二五）に下総守に任じた千葉常秀において顕現するのである。(11)

なお、胤朝が「紀内殿」、すなわち第五陣大将軍の職務執行者であったことは、彼が乱の勲功賞として、大和国宇野庄（『鎌倉遺文』補遺九二四）・淡路国筑佐庄・同由良庄（同三〇八八）など、千葉氏一族では突出して西国に多くの新恩所領を得ていることからも裏付けることができよう。ちなみに、彼の子息胤家も、寛喜三年（一二三一）一月、左衛門尉に補任されている（『民経記』同五日条(12)）。

以上の考察によって、「紀内殿」は千葉氏一族の有力者であった木内胤朝に比定すべきと思われる。

三、三浦義村の位置

つぎは、四陣の相違である。そもそも慈光寺本における三浦義村は、久保田淳の指摘するように北条義時と全く対等に描かれており、また杉山次子の示唆するように、慈光寺本にはその成立に三浦氏関係者の関与さえ推測されるのである。

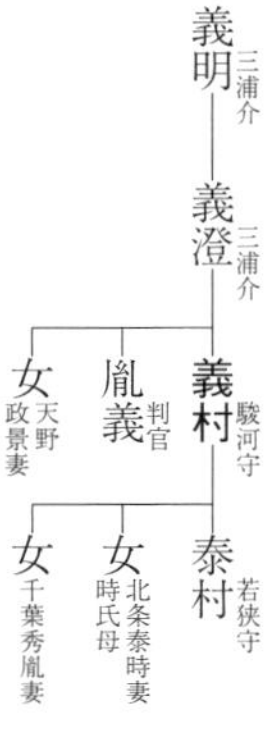

系図3　三浦氏略系図

歴史学における三浦氏に対する研究成果を見ても、同氏が北条義時・泰時の時代に北条氏と拮抗するほどの実力を有していたことが指摘されている。三浦義村は実朝死後、後継の鎌倉殿に九条道家の子息教実を推し、その弟三寅の東下が決定すると、鎌倉下向にあたっての供奉・接待を担当するような御家人中突出した存在であり[13]、慈光寺本において、義村が大将軍に名を連ねていないのは実に不審といえるのである。

幕府軍西上過程における義村の行動については、『吾妻鏡』や『承久記』諸本以外に徴すべき史料は得られないが、上洛後の彼の活動については比較的信憑性の高い史料から三点の注目すべき事実を知ることが出来る。その一は、『承久三年四年日次記』（『大日本史料』第四編之十六、二八六頁）に、入京した義村が、関東から特に宮中の守護を命じられていると称して、右近将監頼重らを差し遣わしたことが見えること。その二は、先に紹介した『賀茂旧記』（註〈3〉参照）に「同七月七日、するがの守北白河殿にまいりて、宮せめいだしまいらせて、おがみまいらせて、同九日御くらゐにつかせ給ときこゆ」とあって、彼が後堀河天皇即位の実行主体であったことが知られること。その三は、『武家年代記　下　裏書』（同　四一九頁）に、後鳥羽院の所領を後高倉院に進めた際に、武家要用の場合は返すという条件を義村が申し入れたという記事が見えることである。さらに、これまた近年紹介された西園寺家所蔵「院御厩次第」によると、義村の嫡子泰村は戦後処理の一環として院御厩の実質的管理者の地位を示す院御厨案主に就任している[14]。

承久の乱後、義村が列島各地の枢要な地に守護国や所領を獲得し、京都政界においても関白九条道家を畏怖させるほどの権勢を有していたことについては、すでに旧稿で述べたところだが[15]、上記の事実と総合して考えると、幕府軍における義村の立場は、どうも一陣の大将軍の地位にとどまるものではなかったように思われる。そう考えると、慈光寺本『承久記』が、義村を一陣の大将軍として記載せず、幕府西上軍の本隊となる東海道軍の二陣に子息泰村を配するにとどめた理由も理解できるのである。

流布本には、近江に進出した幕府軍が諸方に進路を分けるとき、泰村は父と別れて泰時に属す場面が描かれ、なぜ親と行動を共にしないのかという義村に、泰村は一緒に行動したいのだが、出陣の際に北条義時に約束したことで、これを反故にするのは自分のためにも家のためにもならないと答え、義村もやむを得ずと考えて戦の駆け引きを教え、郎等五十人をつけてやったというくだりがある。上横手雅敬は、この記事について、義村は京方についた弟の胤義からの院方への参加の誘いを断り、率先して北条氏に異心のないことを誓っていたが、それを現実の行動で果たさなければならず、その必要があってこのような行動をとったものと解している[16]。しかし、そもそも義村こそ上洛軍における幕府側の当事者的存在であったのであり、しかも、北条泰時は三浦義村の婿、すなわち泰時の嫡子時氏は義村の外孫であり、さらに義村の嫡子泰村は泰時の烏帽子子にして婿であった[17]。また、『吾妻鏡』（六月七日条）には、幕府の東海道軍と東山道軍が合流した後の軍議において京都進攻の部署が義村の意見によって決定され、泰村はこの決定にしたがって義村から泰時の手に移ったとされていることにも注目したい。

したがって、この三浦父子軍中離別譚は、まさしく承久の乱後の幕府・朝廷にとってあるべきイデオロギーに基づいて、三浦氏嫡宗家の滅亡後に、承久の乱における三浦氏の特殊な従軍形態の事実を踏まえて形成された逸話と見てよいのではないだろうか。

以上から、義村は幕府東海道軍において基本的には泰時の率いる本隊に属しながら、泰時の舅として、その後見

三浦義村の墓　神奈川県三浦市

の役に任じていた。すなわち、幕府西上軍の実質的な総司令官としての立場にあったと考え得るのである。

それでは、慈光寺本に幕府東海道軍の四陣として記録された「佐野左衛門政景」と「二田四郎」は、これに任ずる蓋然性のある武士なのであろうか。

新日本古典文学大系本の脚注は、前者を「下野国の佐野氏か」とし、後者については「新田三郎蔵人重家の男に蔵人四郎信家」があるとして、上野の源氏系新田氏に比定しているようである。しかし、これまた不十分な考証といわざるを得ない。

まず、「佐野左衛門政景」であるが、当時、佐野氏の一族にこの名前・官職に該当するする人物は見当たらない。しかし、「天野左衛門尉政景」は『吾妻鏡』に所見する。佐野は天野の誤りであろう。天野政景は伊豆を本貫とする御家人で、建保六年（一二一八）六月以前に左衛門尉となっており、乱後の貞応元年（一二二二）には長門守護に補され、貞永元年（一二三二）頃には和泉守に任じた有力者である[18]。ただし、乱勃発の時点では管轄する守護国がないので、正式な大将軍に任じられたとは見なし難く、五陣同様、職務執行者と考えた方がよいであろう。三浦義村が形式的に四陣の大将軍の立場にあったとすると、政景の起用は彼の妻が義村の姉妹であること（続群書類従所収『天野系図』）によるのかも知れない。ちなみに、宝治合戦に際し、「天野和泉前司子息等」が三浦方に加わっていたことが『皇代暦』（四後深草天皇）に見える。

もう一人の「二田四郎」は、当時の諸陣編成が一族ないし国単位に行われていることを考えると、天野氏同様、伊豆を本貫とする御家人をまず候補にあげるべきであろう。伊豆にもニッタ＝仁田氏があるからである。伊豆の仁田氏といえば建仁三年（一二〇三）の比企氏の乱に関係して討たれた仁田四郎忠常が有名であるが、この事件で仁田氏の勢力は失墜したものと見られる。したがって、慈光寺本に見える仁田四郎が伊豆御家人であるとしても、とても大将軍の職務を担当するような存在ではない。四陣を構成する武士は佐野（天野）左衛門政景と仁田四郎しかあげられていないから、仁田四郎は指揮官として考える必要はあるまい。なお、『吾妻鏡』承久三年六月十八日条に収める「六月十四日宇治合戦討敵人々」の交名に、天野平内次郎と並んで仁田次郎太郎の名が見え、伊豆御家人仁田氏の従軍だけは明らかなことである。

むすびにかえて――課題と展望

杉山次子は流布本について、慈光寺本と『吾妻鏡』などを合わせて成立したものとするが、松尾葦江が指摘するように個々の人名・地名など一致しない点も多い。

慈光寺本が『承久記』のうち最古態のテクストであることは認められても、そこに登場する人名・地名などは不正確である可能性もあったわけだが、上記の考察によって、流布本や『吾妻鏡』がその点で整合性を有しているのは、作品に持ち込まれたイデオロギーと同様に操作されたものであることを不十分ながら浮かび上がらせることが出来たように思う。やはり、承久の乱の過程を述べたり、乱の歴史的評価について検討するに際しては、史料の根幹に慈光寺本を据えるべき事は明らかであろう。[19]

しかし一方、流布本にも史料価値の高い記録・伝承が取り入れられている可能性が高い。たとえば、東寺の付近において同じ上総国御家人である角田《すだ》氏の軍と三浦胤義軍が合戦に及ぶ場面が見えるが、それは在地における紛争を背景にした両者の私怨が背景に看取できて、何らかの確実な史料に基づく記述と思われるのである。[20]『源平盛衰記』は『平家物語』諸本の中では後出本だが、「物語」ではなく「記」として、ときに最古態とされる延慶本よりも信憑性の高い史料を基にした記述の挿入された例が見られる。[21]『承久記』流布本にもこれと同様な側面が認められるのである。したがって、流布本を歴史資料として活用するための取り組みも課題としなければならないのである。

上横手雅敬は、「可能な限り多面的な検討を加える」ことを前提にして、『平家物語』、とりわけ延慶本の史料としての活用を提唱している。[22]本稿では、同様なことが慈光寺本『承久記』についても言えることを明らかにしたつもりである。こうした取り組みは、背景となる政治・社会的状況などがまったく顧慮されていないことなど、ときに大きな疑問を感じざるを得ない事例に遭遇する国文学ジャンルにおける歴史学的な考証にも、裨益をもたらしうるであろう。

また、本稿においては、細かな考証過程で、とくに地域史の観点から問題になっている鎌倉前期における千葉氏一族の惣領・家督（族長）権に関する問題や三浦義村の評価についても新たな知見を得ることができたように思う。

この上はさらに、慈光寺本『承久記』に基づく、あらたな承久の乱像構築の可能性をさぐり、主君への恩義や王権への畏怖観に縛られていない時代の生き生きとした武士像を描く機会を得たいと念じている。

註

（1）とりわけ事件の経過に関しては、すぐれた研究書として定評の高い、平雅行『日本中世の社会と仏教』（塙書房、一九九二年）においてさえ、拙稿「ドキュメント承久の乱」（『別冊歴史読本　後鳥羽上皇』新人物往来社、一九九〇年）のような一般向けに書かれた程度の文献しか参考文献にあげ得ないのが現状である。

（2）『明月記』安貞元年八月十二日条。なお、上横手雅敬「承久の乱の諸前提」（同『日本中世政治史研究』塙書房、一九七〇年）参照。

（3）その意味で、山下克明によって紹介された天理大学附属天理図書館所蔵本『承久三年具注暦』は、都で乱に遭遇した一官人の生の記録史料としてきわめて貴重である。山下は、この記事に基づき、諸書によって日付の異なる院方武士の美濃発遣や幕府北陸道軍の上洛時期を確定するとともに、乱関連の記事の多くが墨で塗りつぶされているのは、院方の祈祷に組み込まれていた記主が、乱後、自身に危害が及ぶことを避けるために行ったのではないかという推測を示している（「『承久三年具注暦』の考察」大東文化大学東洋研究所『東洋研究』第一二七号、一九九八年）。

　乱に関する典籍史料としては、上賀茂神社所蔵で鎌倉後期に同社神主賀茂経久によって記録された『賀茂旧記』が、近年になって紹介されている（尾上陽介「賀茂別雷神社所蔵『賀茂神主経久記』について」『東京大学史料編纂所研究年報』第一一号、二〇〇一年）。これには、乱発生時に神主であった能久（経久の祖父）が院宣によって二条河原の院御所に半強制的に招集されたことや、院方の敗北が確実になると神社境内に逃げ込む者が多かったことなど、他の史料に見られない生々しい事実が記録されている。

（4）青山幹哉「中世系図学構築の試み」『名古屋大学文学部研究論集』一一六・史学三九、一九九三年）。

　なお、『神代本千葉系図』・『桓武平氏諸流系図』の成立時期については、拙稿「上総氏と千葉氏」（『坂東武士団の成立と発展』弘生書林、一九八二年）および「古代末期の武士の家系に関する二つの史料――永承二年二月二十一日付「藤氏長者宣」と中条家文書『桓武平氏諸流系図』」（拙著『中世東国武士団の研究』高科書店、一九九四年。初出は一九八四年）、今野慶信「古系図にあらわれた豊島氏」（『いたばし区史研究』第四号、一九九五年）、井原今朝男「中世善光寺平の災害と開発――開発勢力としての伊勢平氏と越後平氏」（『国立歴史民俗博物館研究報告』第九六集、二〇〇二年）を参照されたい。

　ところで、『般若院系図』（『群書系図部集』第五所収）には、泰胤について「母修理太《（大）》夫時男女。建治元年八月一日生。法名常存。

永安寺入道」と記すが、『桓武平氏諸流系図』は、千葉介時胤の子の頼胤を北条時房女の所生としており、『千葉大系図』によると、頼胤は建治元年八月十六日に卒している。これらのことから、『般若院系図』の少なくとも法名以前の部分の記事は生年と没年を取り違えた上に、頼胤にかかるべき記事を泰胤に誤ったものとみられる。

成胤の生年は、『千葉大系図』によれば久寿二年（一一五五）、『源平闘諍録』巻第五の二に治承四年（一一八〇）に十七歳とあるのに従えば長寛二年（一一六四）ということになるが、いずれにしても成胤の年齢に対応させてみると、胤綱の承元二年（一二〇八）や時胤の建保六年（一二一八）という生年はおそきに過ぎ（拙稿「上総千葉氏について」拙著『中世東国武士団の研究』高科書店〈初出は一九八四年〉参照）、泰胤はかれらの庶兄であった可能性が高いのではないかと思われる。ちなみに、俗伝に属するが、泰胤の生年を文治四年（一一八八）とするものもある（『薄衣系図』）。

この、泰胤を成胤の子とする見方はほぼ通説化しつつあるが、断定するにたる史料がないことも事実である。最近、やはり胤綱の子とすべきであるという意見も提出されており（福田豊彦「『源平闘諍録』の成立過程─千田合戦と伊藤三女の二説話を中心に─補論：千葉介胤綱・時胤および千田泰胤の系譜上の位置」『千葉県史研究』第一一号別冊、中世特集号、二〇〇三年）、成胤の女子として結城朝光の妻（山河重光の母）となった播磨局（了阿）のあったことを解明した市村高男「下総山河氏の成立とその背景──中世常総地域史の再検討」（千葉歴史学会編『中世東国の地域権力と社会』岩田書院、一九九六年）などの成果を踏まえた上で、後考の余地のあることは明記しておかなければならない。

（5）　拙稿「千葉氏の嫡宗権と妙見信仰──『源平闘諍録』成立の前提」（拙編『第二期関東武士研究叢書第五巻　千葉氏の研究』名著出版、二〇〇〇年。初出は一九九八年）。

（6）　千葉常秀および上総千葉氏については、拙稿「上総千葉氏について」を参照されたい。

（7）　拙稿「鎌倉武士と報復──畠山重忠と二俣川の合戦」（『古代文化』第五四巻第六号、二〇〇二年）、同「鎌倉武士の心性──畠山重忠と三浦一族」（五味文彦・馬淵和雄編『中世都市鎌倉の実像と境界』高志書院、二〇〇四年）。

（8）　海老名尚・福田豊彦「［資料紹介］『田中穣氏旧蔵典籍文書』「六条八幡宮造営注文」について」（『国立歴史民俗博物館研究報告』第四五集、一九九二年）。

（9）　東氏については、外山信司「鎌倉時代の東氏──東国武士の歌の家」『千葉県史研究』第一一号別冊、中世特集号、二〇〇三年）

を参照されたい。ただし、外山が重胤の名に冠せられた「所」から武者所祗候を推測したのは誤りである。また、当時においては、兵衛尉は六位相当の官職であった。

(10) 大村拓生「日記の記録過程と料紙の利用方法」(河音能平編『中世文書論の視座』東京堂出版、一九九六年)。

(11) 拙稿「上総千葉氏について」参照。
承久の乱後、千葉氏の一族にも京官に補任される者が増加する。主要人物については拙稿「上総千葉氏について」所掲「表1千葉氏一族の官職補任」に示したが、記録類を博捜すればさらに多くの事例が検出できるであろう。たとえば『平戸記』だけを見ても、千葉氏一族と見られる者として、①仁治元年(一二四〇)十二月十八日条:平胤忠の任左馬允、②寛元二年(一二四四)四月五日条:平胤時の東宮御祈功による任左兵衛尉、③同三年四月八日条:平胤頼の任右兵衛尉、④同年八月二十九日条:平清胤の任右衛門尉、④同年九月十二日条:平胤光の初斎宮功による任左兵衛尉の記事が検出できる。

(12) 村石正行は、嘉禄三年(一二二七)九月十二日「僧澄尊・慶春・行縁連署請文案」に、大和国宇野庄地頭「木内二郎之代官山河太郎」が在地で興福寺などと紛争を起こしたという記事があることを紹介し、この「木内二郎」を胤朝に比定している(「千葉一族の西遷と大和国宇野荘――『鎌倉遺文』未収「信濃国佐久郡長念寺阿弥陀如来胎内文書」から」『年報三田中世史研究』一〇、二〇〇三年)。しかし、胤朝が貞応元年(一二二二)に下総守に補任されているとすれば、これは、その子胤家に比定されるべきであろうか。胤家は『吾妻鏡』寛元二年(一二四四)八月十五日条に「木内次郎胤家」と見える。近世成立の『千葉大系図』は胤家について「木内次郎。左衛門尉」とするが、左衛門尉への補任が記録で確認できることは本論に述べたとおりである。
ちなみに、『吾妻鏡』には、寛元元年七月十七日条に「木内二郎」、同四年八月十五日条に「木内下総(野)次郎」が所見する。

なお、木内二郎の代官となった「山河太郎」が、村石の指摘するように、下総結城氏一族(下野小山氏の同族で千葉氏とは別系)で千葉介成胤外孫の山河重光であったとすれば、それは当時の下総国内における木内氏の勢力の程を反映したものと評価することができよう。

(13) 『愚管抄』巻第六　順徳。拙稿「執権体制下の三浦氏」(拙著『中世東国武士団の研究』。初出は一九八三年)。

(14) 木村真美子「中世の院御厩司について――西園寺家所蔵「院御厩次第」を手がかりに」(『学習院大学史料館紀要』第一〇号、一九九九年)、高橋秀樹「鎌倉幕府と馬――三浦氏とのかかわりを中心に」(『市史研究横須賀』創刊号、二〇〇二年)。

(15)　拙稿「執権体制下の三浦氏」、同「承久の乱と三浦氏」（『三浦一族研究』第三号、一九九九年）。
(16)　上横手雅敬『北条泰時』吉川弘文館、一九五八年、三五～三七頁。
(17)　上横手雅敬『北条泰時』、拙稿「執権体制下の三浦氏」。なお、『承久記』流布本によると、承久の乱の時、三浦泰村は十八歳であった。
(18)　御家人制研究会編『吾妻鏡人名索引』（吉川弘文館、一九七一年）、佐藤進一『増訂鎌倉幕府守護制度の研究――諸国守護沿革考証編』（東京大学出版会、一九七一年）。ちなみに、天野氏については、菊池紳一「鎌倉時代の天野氏の系図について」（安田元久編『吾妻鏡人名総覧』吉川弘文館、一九九八年）を参照されたい。
(19)　慈光寺本には、幕府東海道軍先陣をつとめる時房率いる二万騎のしんがりに、「時房子」として「勾当時盛」の名が見える。この「勾当」については『尊卑分脈』などに所見がないが、鎌倉末頃までに成立したとされる中条家文書『桓武平氏諸流系図』には「鎌倉右大臣勾当」と見えており、これは二つの史料がお互いに信憑性の高いことを示している。これによって、御家人制研究会編『吾妻鏡人名索引』が北条時盛と別に項目を立てている承久元年正月二十七日条の「平勾当時盛」が北条時盛であることが明らかとなった。
(20)　角田氏については、拙稿「中世東国武家社会における苗字の継承と再生産――吉川本『吾妻鏡』文治二年六月十一日条の「相馬介」をめぐって」（拙編『第二期関東武士研究叢書第五巻　千葉氏の研究』。初出は一九九七年）を参照されたい。ちなみに、三浦胤義と共に院方の総大将に任じた藤原秀康は承元四年（一二一〇）六月十七日に上総介に任じたが、翌月在地に入部した使者は在庁とトラブルをおこしている（『吾妻鏡』七月二十日条）。一方、三浦胤義は建保元年（一二一三）五月七日、和田の乱の勲功賞として上総国伊北庄を獲得している。
なお、白井克浩「承久の乱再考――北条義時追討宣旨をめぐって」（『ヒストリア』第一八九号、二〇〇四年）は、承久の乱において院方が造内裏役免除を東国武士動員の方策としたことを指摘しているが、その根拠として上総国関連の史料を多く用いている。
(21)　川合康は、元暦元年（一一八四）の伊勢・伊賀平氏の蜂起に関する『平家物語』諸本の記事を記録類との比較の上で検討した結果、『源平盛衰記』が最も史実と合致しており、独自の史料的根拠が想定されることを指摘している（京都女子大学宗教・文化研究所公開講座「『平家物語』と治承・寿永の内乱」における講演「治承・寿永内乱と伊勢・伊賀平氏――平氏軍制の特徴と鎌倉幕府権力の形成」、二〇〇三年六月二八日)。なお、この問題を含めて、川合による内乱期の伊勢・伊賀平氏の動向に関する研究は、その著『鎌倉幕府成立史の研究』(校倉書房、二〇〇四年)に収録された上記講演タイトルと同名の論文にまとめられている。

(22)　上横手雅敬「史料としての『平家物語』」(『文学』隔月刊第三巻第四号、二〇〇二年)。

【付記】本稿は、京都女子大学宗教・文化研究所『研究紀要』第一八号(二〇〇五年)に同名のタイトルで掲載されたものである。

Ⅱ

『平安通志』と『承久軍物語』

長村祥知

はじめに

本稿は、明治時代の地域史叙述における〈承久の乱〉の一事例を取り上げ、『承久記』受容の具体相を考察するものである。

承久の乱は諸方面に大きな影響を与えた事件であるが、同時代史料は限られている[1]。軍記物語『承久記』は、その欠を補う重要史料であるが、一般に軍記物語においては諸本によって構成や各場面の叙述が大きく異なることに注意する必要がある。この「軍記物語の諸本」という視角は、作品研究の立場では基本となる視角であるが、政治史の史料として『承久記』を利用する場合には、なお不十分といわねばならない。

承久の乱と同様に、『承久記』自体の研究も決して盛んとはいえないが、今日では各諸本の成立についての研究がある程度蓄積されている。受容という論点に即しても、中世軍記や近世の歴史叙述に『承久記』流布本・前田家本系が受容されたという指摘がある[2]。

しかし近現代の歴史叙述における『承久記』の受容は従来ほとんど論じられていない。近現代に公刊された研究論文や自治体史類において、しばしば『承久記』が利用されているが、何本を用いたのか不分明なことも多い。近現代公刊の文献における『承久記』の利用が何本によるものか、意識して受容を考える必要がある。

かかる課題に迫る上で、近代になって成立した歴史叙述の「型」であり、公共性を意識したものとして、自治体史が注目される。もちろんその数は膨大で精粗の差もあろうが、本稿では、自治体史の嚆矢とされる湯本文彦等編『平安通志』（京都市参事会、一八九五年。新人物往来社、一九七七年）を取り上げ、同書の承久の乱の叙述にどのような特色が見出せるか、そして依拠した史料は何かといった点を考察したい。

なお、本稿での史料引用中の旧漢字は新字に改めた。

一、京都の先駆的自治体史、『平安通志』

『平安通志』は、京都市参事会が明治二十八年（一八九五）十月に平安遷都千百年紀念祭関連事業として刊行したものである。昭和初年に京都帝国大学教授　西田直二郎が平安京研究のなかでその価値を再発見し、さらに昭和五十二年（一九七七）には、独自の古代学の方法論による平安京の総合的解明に取り組んだ平安博物館館長・角田文衞の「解説」を付して新人物往来社から復刻された。

『平安通志』編纂事業の経過や内容上の特色については、小林丈広氏が京都市歴史資料館所蔵「上野（務）家文書」および「阿形（啓）家文書」を用いて詳細に論じている[3]。すなわち、一八八〇年代後半から京都府の歴史編纂が始まり、明治二十四年（一八九一）頃から、湯本文彦・阿形精一・井関良顕が『京都府寺誌』の編纂にあたった。明治二十六年（一八九三）四月の湯本文彦の建議によって、平安遷都千百年紀念祭の関連事業として『平安通志』の編纂という形をとることとなり、同年八月に湯本が編纂主事に就任した。『平安通志』の編纂には湯本の他に編纂員・補助員・嘱托員・校閲者などのスタッフが関与し、驚くべき早さで明治二十八年（一八九五）六月には成稿を迎えた。

小林丈広氏は『平安通志』の特質が「官学アカデミズムから見た無名性と在野性」にあるとして、漢学・国学を問わず考証主義を学風とする川田剛・栗田寛・小中村清矩・黒川真頼等の「東京に接近しながら、東京ではおこなえないような京都独自の「修史」を実現するという試み」だったと評価している[4]。

かかる『平安通志』を本稿で検討対象とする理由は、次の二点である。

第一に、京都が承久の乱の一方の中心たる後鳥羽院の拠点であり、京近郊も承久三年六月十三・十四日に戦場となったため、承久の乱そのものについて詳細に叙述するという志向が、他の自治体史に比しても強いと想定されること。

第二に、その刊行時期が早いこと。近代の自治体史編纂の前提として近世の地誌類があり、明治以降では明治七・八年（一八七四・七五）に明治政府主導の「府県史」「皇国地誌」（郡村単位）の編纂が各使府県に指示されたが、これらは明治十七年（一八八四）に中止となった。一般に自治体史の先駆として高い評価を得ているのは明治四十四年（一九一一）～大正四年（一九一五）に刊行された『大阪市史』であり、明治四十四年からは『東京市史稿』も刊行が始まったが、それに先立つ明治二十八年に刊行されたのが『平安通志』であった[5]。

以上のごとく、『平安通志』は先駆的な自治体史であり、承久の乱の一方の本拠地を扱っていた。しかもきわめて短時日のうちに成稿に至っている。各地で自治体史の編纂や個々の歴史的事象についての検討が深まる前の段階に刊行された書であれば、史料の取捨選択の幅も広がっておらず、個々の事象について最も基本と考えられていた史料を採用したはずである。十九世紀末の歴史叙述が承久の乱を取り上げる際に、どのような史料を採用して歴史像を構築したかを考える上で、『平安通志』は重要な事例と位置付けられるのである。

二、『平安通志』〈承久ノ乱〉の特色

『平安通志』のうち、承久の乱を扱う項目は、第三編　歴史紀事三〈承久ノ乱〉である（以下、〈　〉は『平安通志』の項目を指す）。

その冒頭は「源頼朝既ニ兵馬ノ柄ヲ握リ……政権全ク武門ニ帰シ、朝廷益〻衰フ、後鳥羽帝英志アリ、常ニ王室ノ陵替ヲ憤リ、恢張ノ志アリ」と始まる。承久元年の源実朝弑殺によって「源氏嗣絶ユ、上皇朝権ヲ回復スルノ志益〻切ナリ」とするなど、武家の威勢増長に対して後鳥羽が朝権回復を意図していたとするのが基調である。

こうした歴史解釈は、編纂補助員であった阿形精一の草稿を基礎とするものであった。というのも、『平安通志』第三編の草稿が「阿形（啓）家文書」に残っており、小林丈広氏が〈承久ノ乱〉に即して検討を加えている。氏によれば、湯本文彦の当初案をもとに、阿形精一が漢文草稿（『平城之変記・平安通志原本名家録』）を記し、和文草稿（『平安通志第四編歴史慨概目ノ内記事十則』。一八九三年十一月に執筆）に改め、さらに誰かの増補加筆を経て『平安通志』が刊行されたと考えられるという。(6)

「大日本歴史錦繪」に描かれた大江広元　国立国会図書館蔵

阿形の漢文・和文草稿にはあるが、刊行時には削除された叙述として、後鳥羽の北条義時追討計画に対する「葉室光親亦諌止」（漢文草稿）、「葉室光親モ亦タ諌ム」（和文草稿）がある[7]。

また、『平安通志』では草稿から刊行版まで一貫して〈北条政子の演説〉が存在しない点が注目される。『吾妻鏡』五月十九日条では、義時追討命令を受けた鎌倉で、政子が源頼朝の関東草創以降の官位・俸禄の恩義を演説して東国御家人を反後鳥羽で結束させたとし、流布本『承久記』上―七二頁以下でも、政子が源氏将軍三代との関係や大番短縮の恩義を説いたとする、現代ではきわめて有名な一場面である。こうした承久の乱における北条政子の演説を『平安通志』は描かない。女性の描き方という点では、後鳥羽が「摂津長江倉橋ノ二荘ヲ白拍子亀菊ニ賜フ、地頭亀菊ヲ侮ル、亀菊之ヲ訴フ」とするように、乱の一因に位置づけられる亀菊と対照的である。京のことは詳細に描き、鎌倉のことは簡略にするという方針によるものであろうが、『平安通志』は鎌倉の評議で大江広元の議を用いて出陣したことは描いているので、あるいは政治を主導する女性の存在を抹消し、「悪女」は描くという意図があったのかもしれない[8]。

特に注目されるのが、小林氏も指摘する通り、阿形の草稿から刊行に際して軍勢や戦闘の叙述が大幅に増補されている点である。ただし、詳細となったのは京方のみで、鎌倉方については簡略であった。例えば六月五日・六日の美濃・尾張諸所の合戦で鎌倉方が京方を破るが、その出陣者名と軍勢数について、『平安通志』は次のごとく京方のみ詳細に記す。

（六月）二日、上皇公卿ヲ会シテ、軍議ヲ定メ、諸将ヲ部署シ、兵一万七千五百余ヲ発シ、美濃、尾張、越中ノ間ニ出テ、東軍ヲ拒カシム、藤原秀康、三浦胤義、佐々木高重等ハ一万余騎ヲ以テ大豆途ニ、富来某、関某等ハ一千余騎ヲ以テ気瀬ニ、海泉太郎等ハ一千余騎ヲ以テ板橋ニ、……加藤光定等ハ五百余騎ヲ以テ市河前ニ向フ、既ニシテ官軍皆敗北ス、

これに類する京方の出陣者名は、例えば『吾妻鏡』六月三日条や流布本『承久記』上―七九頁等に詳細に記される。『吾妻鏡』六月五日条や流布本『承久記』上―八二頁には鎌倉方の詳細も記されるが、末尾で「東鑑、承久記」を参照したとする『平安通志』では具体的な叙述がない。この出来事を「官軍皆敗北ス」と結んで、「東軍勝利ス」等としないところに、京都の地域史を標榜する『平安通志』の立場が明らかである。

この後の六月十三日・十四日の京周辺諸所の合戦でも、京方については「勢多ニハ山田重忠、伊藤某等三千余騎、供御瀬ニハ藤原秀康、三浦胤義等一万余騎、……」と詳細に出陣者と軍勢数を記すが、鎌倉方のことは記されない。六月十四日の宇治川合戦については、鎌倉方・京方の双方の動きを描く。

十四日、東軍進ミテ宇治川ニ至ル、時ニ溽暑雨霽レ水潦方ニ漲ル、官軍橋ヲ撤シテ守ル、泰時ノ兵戦ヒテ利アラス、溺死スル者衆シ、泰時ノ子時氏、奮進シテ水ヲ済ル、官軍当ルコト能ハス、守ヲ棄テ、遁ル、

これは、京都の地理に関わる事件ゆえに詳細を描くという志向から、鎌倉方をも叙述対象としたものであろう。

以上のごとく、『平安通志』の名の通り、やはり叙述の重心は京都にあったのである。

三、『平安通志』〔承久ノ乱〕軍勢叙述の材料

『平安通志』〔承久ノ乱〕の末尾には、依拠文献として「東鑑、承久記、増鏡、神皇正統記」が挙がる。いずれも、同時代の古記録・古文書の類ではなく、編纂史料あるいは文学的要素の強い歴史叙述であることが特徴である。ただし、これは当該期の「歴史学」が遅れていたというよりも、実際に承久三年五月・六月のことを記した古記録・古文書が限られていたためでもあろう。今日では『大日本史料』第四編之十六（東京帝国大学、一九一八年）や竹内理三編『鎌倉遺文』第五巻（東京堂出版、一九七三年）を利用できるが、同時代史料の不足という難点は二十一世紀の今日においても抜本的には解決されていない。

『平安通志』の依拠文献のうち、『東鑑』（＝『吾妻鏡』）は十三世紀末頃に鎌倉幕府の文筆系奉行人が編纂したと考えられており、作者未確定の『増鏡』や北畠親房（一二九三〜一三五四）の『神皇正統記』は南北朝期の公家の歴史叙述である。これらについては、異本間での異同は小規模にとどまるため、どの系統の写本を用いたかという検討は特に必要なかろう。

それに対して『承久記』は、慈光寺本、流布本系、前田家本系（『承久兵乱記』を含む）、『承久軍物語《じょうきゅういくさものがたり》』の四種に分類するのが一般的であり、それぞれに大きな違いがある。四種の翻刻を収録した矢野太郎編『国史叢書　承久記』（国史研究会、一九一七年）をはじめとして、今日では叢書への収録や個別写本の翻刻・影印等の刊行が進みつつあり（註〈2〉拙稿参照）、政治過程の論述には、最も古態を残すとされる慈光寺本や、刊本として手に取りやすい流布本を利

Ⅱ 『平安通志』と『承久軍物語』

表1 承久の乱における京方軍勢の推移

史料名		5月15日＊	6月上旬	6月中旬
吾妻鏡		1700余騎（5月21日条）	—	計27000余騎（6月11日条）
承久記	慈光寺本	1000余騎（上—311頁）	19326騎（下—335頁）	—
	流布本	1700人（上—57頁）	17500余騎（上—80頁）	計25000余騎（下—99頁）
	前田家本	1500余騎（上—226頁）	21000余騎（上—244頁）	37000騎（下—257頁）
	承久軍物語	1700人（第1—63頁）	17500余騎（第2—85頁）	計26000余騎（第3—100頁）
平安通志		1700人（51—1裏）	17500余（51—2表）	計26000余騎（51—2表）

＊慈光寺本では4月28日。

・宮田敬三「承久の乱における京方の軍事動員」（『古代文化』第61巻第3号、2009年）101頁掲載の表を一部変更し、『承久軍物語』『平安通志』の情報を追加した。

・（　）内は史料の日付もしくは巻—刊本頁を指す。依拠した刊本は本文註（2）参照。

・計27000余騎などとある「計」は、その時点の一連の軍勢の数字を足したことを指す。

用することが多い。しかし当然ながら、『平安通志』編纂時には『承久記』諸本の相違や史料的価値もほとんど明らかではなかったに違いない。果たして『平安通志』が用いた「承久記」とは、どの伝本だったのであろうか。

このことを考えるために、既述でも触れた軍勢数と出陣者名を検討したい。というのも、同じ戦闘場面を扱っていても、諸本によって人名や軍勢数が相違していることがあるため、その整理・対比を行うことで、どの伝本に依拠したかを明らかにしやすいからである。

京方の軍勢について、『平安通志』は、伊賀光季追討前の五月十五日の時点で「千七百人」、美濃・尾張の合戦前の六月二日の時点で「一萬七千五百餘」、京周辺諸所の合戦前の六月十二日には計二万六千となる軍勢数を記している。こうした軍勢数は、『吾妻鏡』と『承久記』諸本に記されるが、表1の通り、三つの数字に合致するのは『承久軍物語』のみであり、部分的には『吾妻鏡』と流布本『承久記』（以下、『流布本』と略）が一致する。これらから、『平安通志』が参考にした『承久記』とは、『流布本』もしくは『承久軍物語』だったと考えられよう。さらに、個別の場面に即して検討を進めたい。

『吾妻鏡』・『流布本』・『承久軍物語』が記す六月上旬の美濃・尾張合戦

表２　美濃・尾張の合戦の京方

（表２－１）『吾妻鏡』６月３日条

記載順	地　名	人　名	軍勢数
4	摩免戸	藤原秀康、佐々木広綱、小野盛綱、三浦胤義、佐々木高重、鏡久綱、宗孝親	—
3	池瀬	朝日頼清、関左衛門尉、土岐判官代、関田太郎	—
2	鵜沼渡	斎藤親頼、神地蔵人入道	—
1	大井戸渡	大内惟信、筑後左衛門尉（糟屋有長）、糟屋久季	—
5	食渡	山田左衛門尉、臼井太郎入道	—
6	洲俣	藤原秀澄、山田重忠、	—
7	市脇	加藤光員	—

＊適宜、実名を補った。

（表２－２）流布本『承久記』79 頁

記載順	地　名	人　名	軍勢数
5	大豆渡	藤原秀康、小野盛綱、三浦胤義、宗孝親、藤左衛門尉	1 万余騎
4	気瀬	富来次郎判官代、関左衛門尉	1000 余騎
3	板橋	朝日頼清、海泉太郎	1000 余騎
2	鵜沼の渡	斎藤親頼、川瀬蔵人入道親子三人	1000 余騎
1	大炊の渡	大内惟信、糟屋四郎左衛門尉（久季）、筑後太郎左衛門尉、同六郎左衛門、西面	2000 余騎
6	食の渡	阿波太郎入道、山田左衛門尉	500 余騎
7	稗島	矢野次郎左衛門、原左衛門、長瀬判官代	500 余騎
8	墨俣	藤原秀澄、山田重忠	1000 余騎
9	市河前	加藤光定	500 余騎

＊適宜、実名を補った。　　計 1 万 7500

（表２－３）『承久軍物語』84 頁

記載順	地　名	人　名	軍勢数
5	大豆渡	藤原秀康、佐々木広綱、小野盛綱、三浦胤義、佐々木高重、鏡久綱、宗孝親、イ藤左衛門尉	1 万余騎
4	気瀬	富来判官代、関左衛門尉	1000 余騎
3	板橋	朝日頼清、海泉太郎	1000 余騎
2	鵜沼の渡	斎藤親頼、かん土蔵人入道親子三人	1000 余騎
1	大炊の渡	大内惟信、イ糟屋久季、イ筑後太郎左衛門尉、同六郎左衛門、西面の侍	2000 余騎
6	食の渡	阿波太郎入道、山田左衛門尉	500 余騎
7	稗島	イ矢二郎左衛門、長瀬判官代	500 余騎
8	墨俣	藤原秀澄、山田重忠	1000 余騎
9	市河前	加藤光定	500 余騎

＊傍注を参考にして平仮名を適宜漢字にした。　　計 1 万 7500

（表２－４）『平安通志』第三編 51 －２表

記載順	地　名	人　名	軍勢数
1	大豆途	藤原秀康、三浦胤義、佐々木高重	1万余騎
2	気瀬	富来某、関某	1000 余騎
3	板橋	海泉太郎	1000 余騎
4	鵜沼	神戸某	1000 余騎
5	大炊	糟屋某、筑後某	2000 余騎
6	食渡	阿波某、山田某	500 余騎
7	稗島	矢某、長瀬某	500 余騎
8	墨俣	藤原秀澄、山田重忠	1000 余騎
9	市河前	加藤光定	500 余騎

計 1 万 7500

の陣立てを表2に整理した。『平安通志』の地名の記載順が『吾妻鏡』や『流布本』・『承久軍物語』と異なる理由は未詳である。

比較すると、①『流布本』には、『平安通志』が記す大豆途の佐々木高重が見えない。②『吾妻鏡』には全地点の軍勢数が記されておらず、板橋や稗島の出陣者の記載がない。この二つの理由から、『平安通志』が記す京方の記述は『承久軍物語』に依拠したものと考えられる。なお『平安通志』が鵜沼の「神戸某」とするのは、『吾妻鏡』の「神地」、『承久軍物語』の「かん地《神土》」、『流布本』の「川瀬」にあたるが、誤記であろうか。

続いて、『吾妻鏡』『流布本』『承久軍物語』が記す六月中旬の京周辺諸所の合戦の陣立てを表3に整理した。

比較すると、③『流布本』には、『平安通志』が記す勢多の「伊藤某」が見えない。④『平安通志』が記す「供御瀬」を、『吾妻鏡』は「食渡」とする。⑤『平安通志』の記す軍勢数が『承久軍物語』に合致する。この三つの理由から、ここでも『平安通志』の京方の記述は、『承久軍物語』に依拠したものと考えられる。

表3　京周辺諸所の合戦の京方

（表3－1）『吾妻鏡』6月12日条

記載順	地　名	人　名	軍勢数
1	三穂崎	美濃竪者観厳	1000余騎
2	勢多	山田重忠、伊藤左衛門尉、并山僧	3000余騎
3	食渡	大江親広、藤原秀康、小野盛綱、三浦胤義	2000余騎
4	鵜飼瀬	長瀬判官代、藤原秀澄	1000余騎
5	宇治	源有雅、高倉範茂、藤原朝俊、藤原清定、佐々木広綱、佐々木高重、小松法印快実	2万余騎
6	真木島	足立親長	—
7	芋洗	一条信能、尊長	—
8	淀渡	坊門忠信	—

＊適宜、実名を補った。　計2万7000

（表3－2）流布本『承久記』99頁

記載順	地　名	人　名	軍勢数
1	勢多	山田重忠、山法師播磨竪者、小鷹助智性坊、丹後	2000余騎
2	供御瀬	大江親広、藤原秀康、小野盛綱、三浦胤義、佐々木高重、宗孝親、伊藤祐時	1万余騎
3	宇治橋	源有雅、高倉範義（範茂）、藤原朝俊、佐々木広綱･惟綱、八田知尚、中条弥二郎左衛門尉、熊野法師：田部法印快実・十万法橋、万劫禅師、奈良法師：土護覚心、円音	1万余騎
4	牧島	足立親長、長瀬判官代	500余騎
5	芋洗	一条信能、尊長	1000余騎
6	淀	坊門忠信	1000余騎
7	広瀬	河野通信・通政	500余騎

＊適宜、実名を補った。　計2万5000

（表3－3）『承久軍物語』100頁

記載順	地　名	人　名	軍勢数
1	勢多	山田重忠、伊藤左衛門（イナシ）、山法師播磨竪者、小鷹のしょうち坊、丹後坊	3000余騎
2	供御瀬	大江親広、藤原秀康、中条（小野）成綱（イ盛綱）、三浦胤義、佐々木高重、宗孝親、イ伊藤祐時	1万余騎
3	宇治橋	源有雅、高倉範茂（イ範義）、藤原朝俊、佐々木広綱･惟綱、藤原清定、八田知尚、熊野法師：田部法印快実・十万法橋、万劫禅師、奈良法師：土護覚心、円音	1万余騎
4	牧島	足立親長、長瀬判官代、かはちのはんぐわん	500余騎
5	芋洗	一条信能、尊長	1000余騎
6	淀	坊門忠信	1000余騎
7	広瀬	河野通信・通政	500余騎

＊傍注を参考にして平仮名を適宜漢字にした。　計2万6000

（表３－４）『平安通志』第三編 51 －２表

記載順	地　名	人　名	軍勢数
1	勢多	山田重忠、伊藤某	3000 余騎
2	供御瀬	藤原秀康、三浦胤義	1 万余騎
3	宇治	源有雅、佐々木広綱	1 万余騎
4	牧島	長瀬某、足立某	500 余騎
5	芋洗	一条信能、尊長	1000 余騎
6	淀	坊門忠信	1000 余騎
7	広瀬	河野通信	500 余騎

計 2 万 6000

四、『承久軍物語』と『吾妻鏡』

以上から、『平安通志』〔承久ノ乱〕の軍勢の叙述は主に『承久軍物語』に依拠していることが明らかとなった。では、『吾妻鏡』よりも『承久軍物語』に重きを置いた根拠は何だったのか。

実は『承久軍物語』は、流布本『承久記』版本に『吾妻鏡』の寛永以降の版本における記事を増補して江戸時代に成立したものであることを、のち一九一八年に龍粛が解明している(9)。

確かに、表２・３を詳細に検討すれば、『吾妻鏡』と『流布本』を補完的に結合したものが『承久軍物語』であることに気付く。例えば前記の①③は、『流布本』を『吾妻鏡』で補えば『承久軍物語』の記述になる。また、表３のうち、『吾妻鏡』の勢多の軍勢三千余騎と『流布本』の他の地点の軍勢数を合わせたものが『承久軍物語』の軍勢数となる。

すなわち、『承久軍物語』には『吾妻鏡』の要素も含まれているのであり、双方を見比べれば必然的に前者の情報量が多くなる。そのため、阿形精一の草稿から『平安通志』の刊行までに、加筆者は『承久軍物語』に重きを置いて増補したのであろう。

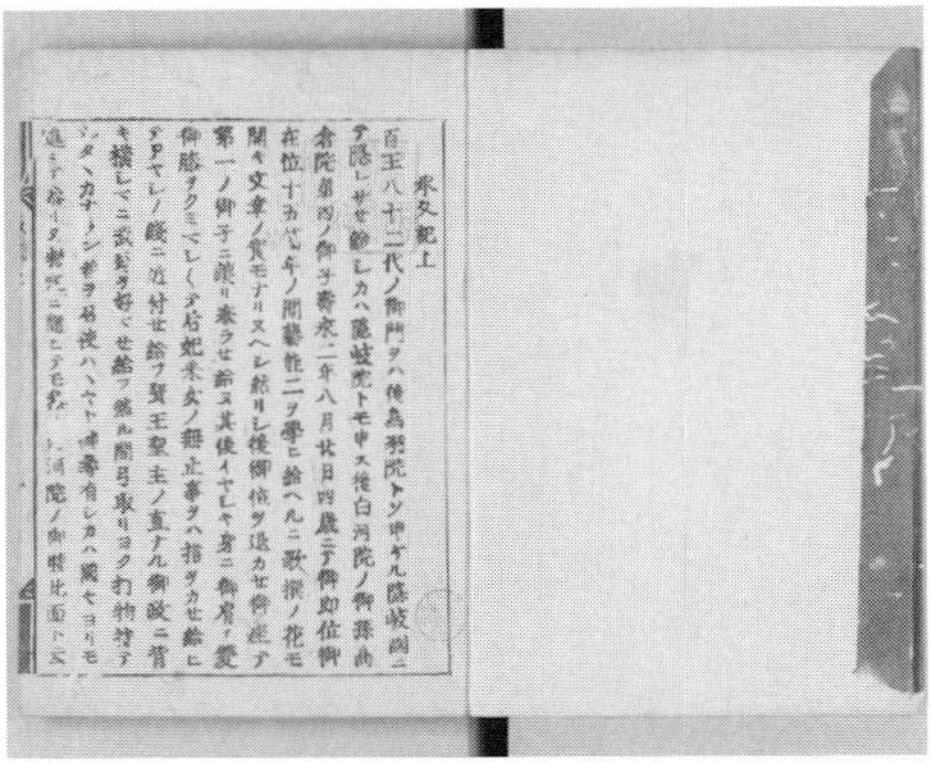

『承久記』（流布本系）の冒頭部分　元和4年（1618）刊
国立国会図書館蔵

さて、既述の軍勢叙述以外で注目されるのは、後鳥羽の義時追討院宣の使者を、『平安通志』が「狎松」とすることである。なお、院宣の使者のことは阿形精一の草稿に見えないので、『平安通志』刊行までの間の加筆である。

龍粛が『承久軍物語』を論じた際の論点の一つが、後鳥羽が発した北条義時追討院宣の使者の名を「押松」とするか「狎松」とするかであった。すなわち、「押松」とあるべき人名を、『承久軍物語』が「なれまつ」とするのは、菅聊卜が刊行した『吾妻鏡』寛永木版本の系統の版本に「狎松《ナレマツ》」とある誤りを引いたためであるとしたのである。『平安通志』刊行に向けて、阿形の草稿に加筆した者が依拠した『吾妻鏡』も、寛永版本系統の可能性が高い。

おわりに

『平安通志』〔承久ノ乱〕は、京都の地域史という視点に立って乱を描いている。その末尾の依拠文献に「東鑑、承久記」が並記されるが、阿形精一の草稿に加筆した者の手元にあった「東鑑」は寛永版本系統の『吾妻鏡』の可能性が高く、「承久記」は『承久軍物語』と考えられる。軍勢叙述は『承久軍物語』に依拠して増補がなされた。

『承久軍物語』は、流布本『承久記』版本に『吾妻鏡』版本を増補したとする龍粛の研究以降、歴史史料としての利用は少なくなったと想定される。しかし龍の研究以前においては、『承久軍物語』も流布していたのではないか。『吾妻鏡』と流布本『承久記』という、承久の乱について詳細に記す二史料を母胎とするため、『承久軍物語』はそれらと矛盾せず、情報量も豊富である。それゆえ一定程度信用されており、そうした背景があって『平安通志』も採用したと考えられる。『承久軍物語』は絵巻作成の草稿本だとする説もあり[10]、今後は受容のあり方の検討を深める必要があろう。

また、本稿では明治二十年代の地域史叙述の一事例を考察したに過ぎないが、近代における〈承久の乱〉像を考える際には、昭和以降の展開も看過できない。

承久の「乱」呼称についての検討から、昭和初期までは「変」「乱」「役」が混在し、呼称にこだわっていなかったのが、大正九年（一九二〇）発行の第三期国定教科書で承久の「変」が用いられ、昭和十年代後半には「変」が定着したことが指摘される[11]。昭和九年（一九三四）発行の第四期、昭和十五年（一九四〇）発行の第五期国定教科書で「変」が定着し、北条義時の「不義」「不忠」「無道」が強調されたという[12]。

昭和三年（一九二八）には「承久殉難五忠臣」祭典が挙行され[13]、地域団体や研究者に反響があった[14]。昭和戦前期には、承久の乱を扱う研究論文においても、「国体」の色彩が濃くなる[15]。

こうした昭和戦前期の「屈折」に比して、明治の歴史学はむしろ健全だったといえる。もちろん本稿の課題からすれば、自治体史に視点を据えて明治と昭和の比較をせねばならないが、それについては今後の課題としたい。

註

（1）承久の乱の研究史は長村祥知「序章」（同『中世公武関係と承久の乱』吉川弘文館、二〇一五年）参照。

（2）『承久記』の研究史については、長村祥知「研究展望『承久記』（二〇一〇年九月以前）」（『軍記と語り物』第五二号、二〇一六年）参照。『承久記』諸本は下記の刊本によった。慈光寺本：新日本古典文学大系。流布本：古典文庫（現代思潮社）。前田家本：日下力・田中尚子・羽原彩編『前田家本承久記』（汲古書院）。『承久軍物語』：群書類従二〇輯・合戦部。

（3）小林丈広「『平安通志』の編纂と湯本文彦」（『明治維新史研究　七　明治維新と歴史意識』吉川弘文館、二〇〇五年）。小林丈広「『平安通志』の構成と「志」の構想」（佐々木克編『明治維新期の政治文化』思文閣出版、二〇〇五年）。小林丈広「阿形精一と『平安通志』」（丸山宏・伊從勉・高木博志編『近代京都研究』思文閣出版、二〇〇八年）。小林丈広「『平安通志』編纂と歴史学」（同編著『京都における歴史学の誕生』ミネルヴァ書房、二〇一四年）。

「上野（務）家文書」は『平安通志』主事兼編纂員だった湯本文彦（一八四三～一九二一）の関係文書であり、「阿形（啓）家文書」は編纂補助員であった阿形精一（一八五三～一九〇四）の関係文書である。

（4）前掲註（3）小林丈広「『平安通志』の編纂と湯本文彦」一一〇頁・一三一頁・一三六頁。

（5）齋藤智志「自治体史の歴史とその研究動向」（『日本歴史』第八三六号、二〇一八年）。前掲註（3）小林丈広「『平安通志』編纂と歴史学」。

（6）前掲註（3）小林丈広「阿形精一と『平安通志』」。

（7）京都市歴史資料館所蔵「阿形（啓）家文書」。調査の際は秋元せき氏に御対応頂いた。

（8）例えば、奈良時代の事件である所謂〈薬子の変〉について、湯本の当初案では〈平城上皇ノ変〉、阿形の漢文草稿では〈平城之変〉とするが、『平安通志』刊行版では〈薬子之変〉とする（註〈3〉小林「阿形精一と『平安通志』」四六二頁）。

（9）龍粛「『承久軍物語』の成立」（同『鎌倉時代　上』春秋社、一九五七年。初出は一九一八年）。

（10）松本寧至「『承久記絵巻』について」（『二松学舎大学東洋学研究所集刊』第二七号、一九九七年）。

（11）安田元久「歴史事象の呼称について」（『学習院大学文学部研究年報』第三〇号、一九八三年）。

（12）関幸彦「承久の記憶」（同『敗者の日本史　六　承久の乱と後鳥羽院』吉川弘文館、二〇一二年）。

（13）『國學院雑誌』第三四巻第六・七号、「承久殉難五忠臣」特輯、一九二八年。

(14)　次の二つの事例を確認している。
第一は、「藤原光親卿外四卿ヲ奉祀スル別格官幣社創建ノ件（静岡県駿東郡御殿場町会社員勝亦国臣外六十二名呈出）」（『簿冊名：議院回付請願書類原議（十三）』、一九二九年三月。アジア歴史資料センターで公開）に見える、静岡県駿東郡御殿場町における別格官幣社の創建請願である。この請願は認められなかったが、現在同地には藍澤五卿神社が存する。

第二に、昭和四年に刊行された萩原頼平「自序」（同『承久の役と源有雅卿』甲斐志料編集会、一九二九年）に、源有雅の遺蹟を調査した契機を「國學院雑誌で、承久殉難五卿の特別号を見て」と記している。
(15)　例えば龍粛「承久の乱」（『鎌倉時代史論』日本図書センター、一九七六年。初出は一九三一年）等。

Ⅲ　『吾妻鏡』の歴史叙述における承久の乱

藪本勝治

はじめに――『吾妻鏡』が語る承久の乱

延応（一二三九～四〇）の頃、高名な画家であり、歌人でもある藤原信実が編纂した説話集『今物語』には、次のような話が載る。全文を引こう[1]。

承久のころ、住吉へしかるべき人の参らせ給ひけるに、をりふし、神主経国、京へ出でたりけるが、人を走らせて、「住の江殿など掃除せさせよ」と言ひ遣りたりけるに、あまりのきらめきに、年ごろしかるべき人々の書き置かれたる歌ども、柱、長押、妻戸にありけるを、皆削り捨ててけり。神主、下りてこれを見て、「こはいかにせん」と、足摺りをしてかなしめども、かひなかりけり。

これを見て、古き尼の書き付けける、

世の中のうつりにければ住吉の昔の跡もとまらざりけり

これは承久の乱の後、世の中あらたまりける時の事也。

社殿はくまなく清掃され、長年積み重ねてきた由緒ある歌の筆跡は皆削り捨てられてしまった。それを嘆いてももう遅く、「古き尼」は承久の世情と重ねて詠う。編者信実が後鳥羽院の歌壇という文化圏に浴していたこと、院の隠岐配流直前に召されて肖像画を描いたこと[2]を踏まえれば、それは深い実感のこもった回顧であったろう。そしてここには、単なる悲哀だけではなく、承久の乱を境に世の中が不可逆的な変容を遂げたとの認識が記されている。天皇の廃位、および三上皇の配流という衝撃的な結果をもたらした承久の乱は、当時の貴族社会において、時代の大きな転換を感じさせる出来事だった。

ところが、人々がしかと目の当たりにし、膚《はだ》で体験したはずの承久の乱は、その経過を記した古記録等の一次資料がほぼ現存していない。乱に関わったことが知れれば断罪されかねない以上、不用意に記録を残すことが憚られたのかとも思われる（そうした光景は、現在にいたるまで繰り返されている）が、いずれにせよ、承久の乱の歴史的実態を解明しようとすれば、必然的に、かなりの部分を『吾妻鏡』に依存するしかない。

言うまでもなく、鎌倉幕府の歴史を編年体で記した編纂物『吾妻鏡』は、承久の乱に限らず史料の乏しい幕政史の研究において不可欠の史書である。しかし、従来強調されてきた通り、『吾妻鏡』には相当の曲筆あるいは虚構が織り込まれており、一定の構想を備えた歴史叙述として扱われるべき史料であることも忘れてはならない。

『吾妻鏡』の虚構を指摘し、その叙述意図を探ろうとする研究は、明治三十一年（一八九八）に原勝郎が著した「吾妻鏡の性質及其史料としての価値」に始まる。[3] 原論は「吾妻鏡の北条氏の為に弁護し屡曲筆に陥ること」を明らかにしたものであるが、同様の叙述傾向は八代国治や石井進によって繰り返し指摘されており、[4] 学界に広く周知されていると言えよう。しかし近年では、そうした部分的な曲筆にとどまらず、『吾妻鏡』の広範な記事を統括的に方向付ける構想をとらえるべく、文学研究における作品論的な方法を用いた『吾妻鏡』論が展開されている。

たとえば、その先鞭をつけた五味文彦は、この史書を『曽我物語』と対をなす王権の誕生と再生を語る物語として論じるとともに、[5]『吾妻鏡』を家々の正統性やアイデンティティを保証する歴史叙述であるとも述べる。[6]また、最近では国文学研究の立場からも、小林直樹による一連の考察がなされている。すなわち、実朝を「聖化」するにあたって聖徳太子をベースに造形がなされているとの指摘や、[7]頼家・泰時の対比的造形の分析、[8]あるいは頼朝から泰時、時頼、時宗という幕府統治者の正統的継承が系譜的に描き出されているとの論である。[9]また、『吾妻鏡』に頻出する天変・怪異記事についても、その記事選択や配列の意図が検討の対象になり始めている。[10]

このように、『吾妻鏡』の構想論的研究は深まりを見せており、同書に叙述される〈歴史〉[11]のパースペクティヴが明らかにされてきている。そうした流れの上に、稿者も軍記物語研究の方法を用いてこの史書を読み直し、『吾妻鏡』独自の論理に基づく〈歴史〉が構築されていることを論じてきた。[12]少なくとも合戦の叙述ではそれがきわめて明瞭であり、切り貼りの誤謬を超えた物語的構成と表現とによって、神仏の加護を強調しつつ、幕府の体制確立や版図拡大の正当性を保証してゆくという、〈歴史〉構築の一方法を整理しえたのではないかと思われる。その様相は軍記文学の常套的な叙述方法と近似しているが、近年では原史料論の方面からも、合戦叙述に関しては軍記文学と大差ないことが指摘されており、『吾妻鏡』のひとつの側面が解明されつつある。[13]

『吾妻鏡』は一個の文学作品としての側面を持ち合わせているわけだが、当然、そのありさまは承久の乱に関する記事群においても同様であり、史料として扱うには慎重な留意が求められる。もちろん、そうした認識はすでに共有されていて十分に自覚されており、いまさら強調するまでもない、と考える向きもあるだろう。しかしそれでは、たとえば次のような記事はどう扱えばよいのだろうか。北条義時追討の命令が鎌倉に到着する約二ヶ月前、承久三年三月二十二日条の一節である。[14]

是今暁有二品夢想。面二丈許之鏡。浮由比浦浪。其中有声云。吾是大神宮也。天下〈於〉鑑〈留仁。〉世大〈仁〉濫〈天。〉兵〈於〉可徴。泰時吾〈於〉瑩〈者〉太平〈於〉得〈牟〉者。

北条政子の夢において、伊勢大神宮が鏡に化し、大乱があるも北条泰時が鏡すなわち伊勢大神宮を輝かせれば太平となる、との予言をしたという内容が、宣命書を交えた表記で語られている。この夢告の言辞からは、「大神宮」（天皇王権）を泰時が補佐する政治体制を理想とする論理が読み取れる。『吾妻鏡』が神意を通して語る幕府のあるべき姿は、公武の協調に立脚するものであることが指摘できよう。[15]

歴史学の側から承久の乱が論じられる際、『吾妻鏡』を史料として用いる場合であっても（そうでない場合はほとんどありえないわけだが）、この夢告の記事は閑却されてきた。いかにも虚構らしい内容であるため当然の態度とも思われるが、『吾妻鏡』の文脈を考える上では、乱の意味付けを決定する記述であって、最重要記事とも言えるはずである。ならば、歴史学の立場においても『吾妻鏡』を用いる以上、この記述が他の記事の意味内容に及ぼす影響力を十分に評価する必要がある。引用記事の位置付けに関しては後に再び論じることとするが、こうした例からもわかるように、『吾妻鏡』の歴史叙述については、記事ごとに史料的価値を検証するだけではなく、広範な文脈を視野に入れて、『吾妻鏡』なりの論理あるいは構想と、それに基づいた叙述とを読み解いてゆくことが必要であろう。

そこで本稿では、『吾妻鏡』における承久の乱の叙述について、如上の問題意識から再読し、分析を加えていきたい。[16]先に述べておくと、『吾妻鏡』は、高度に洗練された叙述と〈歴史〉のパースペクティヴをもってこの兵乱を眺望しおおせ意義付けえた、稀有のテクストと評価できる。その独自の〈歴史〉叙述は、あるいは貫徹した論理をもってこの兵乱の全貌を物語として捕捉しえたという点において『承久記』諸本に比肩する、ひとつの軍記文学作品として捉えるべきとも思われる。それでは以下、具体的な検討に移ろう。

一、承久の乱記事群の枠組み

三寅と政子の位置付け

歴史的実態として、後鳥羽院がなぜ挙兵したのか、その明確な理由はいまだ解明されていない。しかし、それまで院と順調に協調関係を築いてきた将軍実朝が承久元年（一二一九）正月に殺害されてから、朝幕関係が不安定化したことは間違いない。そうした変動局面にあって、実朝で途絶えた源氏将軍に代わって皇族将軍の下向が予定されていたが、後鳥羽院はその許可を取り消しており、また、慈円が代替案として実現した摂家将軍の下向にも不快を表明していた(17)。

そうした状況を踏まえると、後鳥羽院の挙兵は幕府の体制再編を企図しての実力行使であった蓋然性が高い(18)。乱の原因として一般的にイメージされるのはおそらく、後鳥羽院が愛した遊女亀菊に長江・倉橋両庄を与えるために同地の地頭職改易を義時に迫って拒否されたという事件であろうが、近年の研究では、これ自体はさしたる政治問題になりえなかったと考えられている(19)。

しかし『吾妻鏡』では、政子の演説が描かれる承久三年五月十九日条において、この問題こそが勅勘の原因として明記されている。(20) つまり、『吾妻鏡』は将軍後継問題について積極的に立ち入ろうとせず、後鳥羽院挙兵の契機を亀菊偏愛の過失に矮小化することで、あっさりと推戴されてしまう四代将軍頼経の正当性には傷が付かない叙述となっている。そうした構想の下に、この史書の編年体は巧みな〈歴史〉を織り上げる。

実際に記事を確認していくと、まず承久元年の正月に実朝暗殺が述べられ、三月二十八日まで記事が続いた後、頼経将軍記は七月十九日の三寅下向から起筆される。つまり、四～六月は記事が欠脱しているわけで、結果的に重要案件で語り落とされるのは将軍継承問題である。というのも、閏二月十二日条では皇族将軍の申請について「必可令下向給」と後鳥羽院の裁許を得ていたはずだが、何の言及もないまま、いつのまにか三寅（頼経）下向と相成っているからである。

朝幕の折衝が書かれないわけではない。たとえば三月九日条では、院の使の藤原忠綱が義時に「摂津国長江倉橋両庄地頭職可被改補事以下　院宣条々」を申し伝えたとある。将軍後継問題を含むのかどうか明記されないが、ここではむしろ、地頭職改易の件が特筆されている。また、三月十二日条の幕府首脳会議では「急速無左右者。定背天気歟之由。有評議云々」と、速やかに決定しなければ後鳥羽院の勅勘を招くとの認識が述べられる。その内容は続く十五日条で「今度以忠綱朝臣被仰下条々事勅答并将軍御下向事等也」と、地頭職改易問題を含む条々への回答と将軍下向の二点についてであったとごく簡略に述べられるものの、そのいずれに勅勘の重点があるのかは定かでない。かくして具体的な論点が不明瞭なまま叙述が進み、二年を隔てた承久三年、政子の演説のある五月十九日条の地の文で、勅勘の原因が地頭改易問題にあることが唐突に断言される流れとなっている。

また、頼経将軍記は三寅下向から始まるわけだが、そこには、鎌倉入りする行列の交名とともに、「有政所始。若君幼稚之間。二品禅尼可聴断理非於簾中云々」との一節が置かれている。三寅が幼いため、政務については政子が簾中で裁断することとなったというのである。振り返ってみると、将軍の申請や「院宣条々」にかかわる会合も政子の邸でなされたと書かれており、その筆致は首尾一貫している。それでは、そうした前提条件を踏まえた上で、承久の乱そのものはどのように叙述されてゆくのだろうか。

乱の前兆と北条氏の冥加

ひとまず、ざっと全体像を確認すると、『吾妻鏡』の承久の乱記事群は、内容や主題に対応する形でよく整えられた三部構成になっていることが看取できる。すなわち、①開戦までの経過として、三寅下向記事からさほど隔たらない承久元年九月から、天変や災害が相次ぐ。そして、同三年三月二十二日条の政子の夢告をはさみ、五月十九日に義時追討命令の書状が到来。政子の演説がなされて、劇的に演出された泰時の出陣へと続いてゆく。次に②諸処の合戦と宇治川渡河の苦戦、そして忠臣の活躍と神仏の加護による勝利が描かれる。最後に③温情に満ちた戦後処理と乱の意義付けがなされて総括される、という構成である。それでは、以下、こうした構成の中で語られるプロットを追いつつ、その〈歴史〉構築のありさまを考察してゆこう。

まず、開戦までの経過である。実際に頁を繰ってみれば一見して明らかな通り、承久の乱前の叙述は天変や災害の記事がひたすら並ぶ構成になっている。表にまとめてみると、上のようになる。

日付を並べると時間的にまばらに見えるが、『吾妻鏡』の本文上では他の記事がほとんどなく、これらはほぼ連続して書かれている。したがって、このあたりは天変・災害の記事ばかりであると言って過言ではない。これを原史料の

承久の乱前における天変・災害記事一覧表

年	月　日	記事内容
承久元年	9月　8日	6日に伊豆走湯山の講堂が落雷で焼失したとの報。
	22日	鎌倉中広範な火災。
	11月21日	時房の新築の邸宅が転倒。不吉との卜占。
	12月24日	元実朝の邸宅（現政子邸）が焼失。
	29日	彗星の不審。
承久2年	正月12日	夜明けに地震。
	29日	窟堂周辺で火災。
	2月16日	鎌倉中広範な火災。
	26日	鎌倉中広範な火災。泰時邸前で火が止まる。
	3月　9日	窟堂周辺で火災。
	4月　3日	3月26日に清水寺が焼失したとの報。
	5月　7日	4月27日に内裏が焼失、13日に祇園本社が焼失したとの報。
	6月10日	彗星の不審。
	12日	彗星の不審。
	7月30日	鎌倉中暴風・洪水により民家や人命の損害が甚大。
	9月25日	鎌倉で火災。義時の館は延焼を免れる。
	10月11日	鎌倉中広範な火災。
	12月　2日	地震・火災。
	4日	火災。昨年来、鎌倉中で火災が絶えず、異常。
	29日	ここ2、3ヶ月の間干魃。
承久3年	正月10日	暴風と雷。
	11日	遅すぎる初雪。
	22日	10日の雷鳴の天変により祈祷。
	25日	鎌倉で火災。
	29日	地震。
	2月26日	10日に七条院の三条御所が放火で焼失したとの報。
	28日	突然の雷。

性質に由来する叙述傾向と見ることも可能だろうが、たたみかけるように異常事態が列挙される文脈上、少なくとも結果として、ここでは世情の不穏が暗示される記事構成になっていると言える。

たとえば、承久元年十二月二十九日条は、京都の陰陽師からの勘文を引用して、彗星が西の方に出現したが関東では見えなかったと記す[21]。実朝暗殺に始まり三寅下向を経たこの年の最後の記事であるが、約半年を隔てた承久二年六月十日、十二日条にも継続してその不審が記されつつ、関東では見えない以上、祈祷の沙汰には及ばないと決定されている。[22] 先述の文脈を踏まえれば、これは京都に対する関東の冥加を暗示しているように読める。また、承久二年二月二十六日条で泰時邸の前で火災が止まったこと、[23] 同年九月二十五日条で義時の館が類焼を免れたことが語られるのは、[24] 危急の事態にあたって、泰時や義時に冥加のあることを示唆するだろう。

さらに、地の文に注目すれば、『吾妻鏡』の文脈はより明らかとなる。たとえば承久二年十二月四日条は、「去今年鎌倉中火事無絶。纔雖有遅速。遂無免所。匪直也事歟」と言及し、この年最後の記事である同二十九日条にも「此両三月。無潤地之雨。又雪不降」と干魃を明記して、きわめて異様な情勢との現状認識を地の文の語りで強調している。

そうした情勢の意味するところが明らかとなるのは、列挙した天変・災害記事の最後にあたる承久三年二月二十八日条の直後に続く、三月二十二日条に記された、政子の夢告においてである。本文はすでに紹介した通りであるが、そこに示されていたのは、天下に大乱があるが、泰時が天皇王権を補佐することで太平が得られる、とのメッセージであった。このような『吾妻鏡』の文脈上、うち続いた異常事態は承久の乱の前兆であり、そこには冥慮が暗示されていたのだと納得されよう。また、ここでは政子が神仏と交信し、冥加を獲得する媒介者として描かれるわけであるが、実は、石橋山合戦や奥州合戦でも政子は同様の役割を演じており、『吾妻鏡』における政子の役回りがうかがい知れる。[25]

二、〝英雄〟泰時の出陣

政子の演説と統治者の系譜

さて、かくして冥慮の枠組みは整い、続いて義時追討を命じる四つの書状が相次いで鎌倉に到着する。五月十九日条に語られる、伊賀光季が誅殺直前に発した飛脚、西園寺公経の家司三善長衡が発した飛脚、宣旨の使である押松丸、そして三浦胤義が兄義村に宛てた私的な書状の四者である。うち、三善長衡の飛脚は他書に見えない。『吾妻鏡』には三善氏を顕彰する記事が度々挿入されているが[26]、その例に数えられよう。しかし、それ以外の点では、義村が弟の書状の使者に返事をしなかったとのディテールを含めて、慈光寺本『承久記』と一致している。直接の影響関係があると考える必要はないが、近似の史料を共通の材料としている可能性が見てとれる。

ともあれ、この危機に際して、即座に御家人らが政子の御簾の側に集められ、安達景盛を介して演説がなされる流れとなる。引用しよう（便宜上、丸囲み数字を付した）。

相州。武州。前大官令禅門。前武州以下群集。二品招家人等於簾下。以秋田城介景盛。示含曰。皆一心而可奉。是最期詞也。①故右大将軍征罰朝敵。草創関東以降。云官位。云俸禄。其恩既高於山岳。深於溟渤。報謝之志浅乎。②而今依逆臣之讒。被下非義綸旨。③惜名之族。早討取秀康。胤義等。可全三代将軍遺跡。但欲参院中者。只今可申切者。④群参之士悉応命。且溺涙申返報不委。只軽命思酬恩。

記事構成を要約すると、政子は①頼朝の御恩（官位・俸禄）は山より高く海より深い、②義時追討命令は逆臣の讒言による非理の綸旨である、③源氏三代の跡を守るべきだが、院に参る者は申し出よ、と語る。これに対して、④武士たちは涙に暮れて返答もできず、皆報恩を誓う。これに続いて、註(20)に引用した、⑤勅勘の原因は亀菊による地頭職停止の申状に応じた後鳥羽院の宣旨に義時が従わなかったことにある、という地の文による解説で締めくくられる。なお、その記事の中で義時が宣旨に背いた理由として、頼朝による地頭補任を尊重する政治的態度が明記されていたことは改めて注目される。

ところで、③⑤は、延応二年(一二四〇)以前成立の慈光寺本『承久記』にもみられる言説である。慈光寺本では他に、政子が大姫・頼朝・頼家・実朝に死に後れた愛別離苦を強調し、義時の危機を嘆く部分がある。また、実朝が御家人の大番役負担を軽減した点を御恩として特筆する。そして、政子とは別に義時からの御家人鼓舞も描かれるなど、③⑤以外の要素は『吾妻鏡』の叙述と重ならない。

対して、①②④の内容については、貞応年間(一二二二~二四年)に成立したと考えられる『六代勝事記』と修辞レベルで一致しており、これが『吾妻鏡』の典拠の一つとなっているのは間違いない。[27]『吾妻鏡』の本文は諸史料を切り貼りし、改編しつつ、一定の構想のもとに編集したものとみられよう。とりわけ①⑤の、頼朝の御恩に対する報恩の論理、あるいは頼朝の遺志を継承すべきだという倫理観が、官軍に楯突くにあたって大きな動機となることは、『吾妻鏡』の論理として重要である。幕府の現体制の危機にあって、頼朝以来の正当なる幕府統括者の系譜が意識される仕掛けとなっているわけで、この後述べてゆく通り、その系譜が、政子を介して泰時へとなめらかに接続してゆく様が述べられているからである。[28]

『吾妻鏡』が創出した〝英雄〟泰時

北条泰時画像　『英雄百首』　当社蔵

たとえば、政子の演説の二日後にあたる二十一日条には、伊賀光季の討伐が伝聞として語られた後、官軍に対し抗戦することへの異議について評議があったと記される。そこで大江広元が、時を置いては武士たちに変心が生じること、今夜泰時が単独ででも出立すれば、迷う御家人らも雲が龍に従うように悉く後に続くと進言し、善信（三善康信）も同じ意見を述べたため、義時は冥加を確信したとあり、[29]翌二十二日条ではこの観測がそのまま実現することとなる。まず、泰時がわずか十八騎で進発し、「其後。相州。前武州。駿河前司。同次郎以下進発訖」と語られる。泰時が迷わず出陣し、その勇敢と統率力とが称揚される流れになっているが、『吾妻鏡』独自の構想に基づく記事であろう。なぜなら、他の文献、たとえば鎌倉中期から後期にかけて成立したと考えられる『明恵上人伝記』には、明恵が泰時から直接聞いた回想として、父義時からの出撃命令と天子に背くことになる背徳感との間で揺れた心情が吐露されている。

また、南北朝期に室町幕府の立場から叙述された史書『梅松論』でも、泰時は朝威を重んじ、勅勘を天命ととらえて義時に降参するよう求めたと書かれている。あるいは、同じく南北朝期に公家社会の視点から叙述された史書『増鏡』では、義時と涙の別れを演じた泰時が途中で引き返して来て、後鳥羽院自らの出陣を懸念し判断を仰ぐと、義時は泰時の聡明を誉め、その場合は武装解除して降参するように指示したことになっている。さらに、南北朝期以降の成立とみられる流布本『承久記』でも、発向の際に泰時が躊躇し、義時に諭されている。こうしてみると、『吾妻鏡』は他の文献にない独自の構想に基づいて、泰時の朝威への畏怖を描くことなく、泰時を英雄化して語っていると言える。[30] そして、その自信を裏付けるのは、冥慮の加護である。それはこの後も縷々記される。

泰時の出陣でいよいよ合戦の開始となるわけだが、二日遡る二十日条には、幕府による「世上無為」の祈祷が沙汰されたことが記されている。[31] そこから東国軍勢の交名が続いた後の二十六日条で祈祷が実際に開始されるが、同日条には官軍の飛脚が後鳥羽院に幕府軍の強勢と祈祷の必要性を伝達し、院中はあわてふためいて神仏への祈願を準備し始めたとの記述がある。[32] これは、神仏の加護が院よりも幕府の方に厚くあるべきことを示唆する記事で、乱の結果から逆算した曲筆と考えるべきだろう。

また、二十八日条には泰時勢が遠江国の天竜川を渡る際、連日洪水で船が通行できなかったのに、この日は川に水がなくなり、奇跡的に徒歩で渡河したことが述べられている。[33] これも、神仏が泰時を加護する叙述のひとつに数えられよう。このように、開戦までの経過の叙述は、記事の選択・配列や虚構を駆使して、冥意の加護は政子や義時・泰時にあるのだというメッセージを繰り返し発している。[34]

三、〝明君〟泰時の渡河

忠臣春日貞幸の機転と諏訪明神の加護

では次に、諸処の合戦および宇治川渡河の叙述をみていこう。

『吾妻鏡』では、天竜川通過の翌日である二十九日条において、北陸経路で進軍する幕府軍に従った佐々木信実が、越後で酒匂家賢と合戦して破ったと記される。そしてこれが、「関東士敗官軍之最初也」と地の文で言明されている。これは、治承四年（一一八〇）の山木合戦で、佐々木経高（信実の伯父）の活躍が「是源家征平氏最前一箭也」と表現されていたことを想起させる言辞で、泰時による官軍との緒戦を頼朝によるそれと重ねる効果が読み取れるが、この叙述は虚構である。すなわち、本来この合戦は私戦であり、それが『吾妻鏡』で承久の乱に結びつけられたものと判明しており[35]、出陣までの過程に引き続き、『吾妻鏡』は虚構を用いて開戦を劇的に演出していると言える。

続く記事では、遠江、京都、尾張・美濃、近江、北陸、宇治と、頻繁に視点を変えながら各地の状況が点描され、幕府軍の進軍と京都の混乱が描かれる。『吾妻鏡』の合戦叙述は承久の乱のそれに限らず、視点を異にする御家人たちの功名譚のパッチワークで構成されていると言える。その内実はというと、たとえば六月七日条に語られる東海道軍の評議において、三浦義村が計略を立てて泰時はそれに従ったとの記述などは、野口実が「義村は幕府東海道軍において基本的には泰時の率いる本隊に属しながら、泰時の舅として、その後見の役に任じていた。すなわち、幕府西上軍の実質的な総司令官としての立場にあった[36]」と述べるような歴史的実態に近い。しかし、冥慮と関わらせながら泰時を英雄化するという、緊密に構成された一連の逸話が合戦叙述の中に織り込まれている例を指摘することもできる。それは、他書に見えない「春日刑部三郎貞幸」なる武士にまつわる記事群である。

五月二十六日条で信濃国から参じ登場したこの武士は、武田信光・小笠原長清に合流せよとの主命に背き、契約があるからと泰時に従ったことが特筆される[37]。泰時は行軍の最中にも、たとえば六月十二日条で幸島行時が忠誠を誓って参陣してきた時、その忠心を喜び、並々ならぬ歓待を施すことで見る者たち皆を奮起させるなど、徳のある指揮官として従者との連帯を強めてゆく。[38] 貞幸もそうした理想的な主従関係の体現者として描かれており、承久の乱のクライマックスである宇治川渡河の合戦では、突出した存在感を発揮する。

六月十三日条において、三浦泰村の独断による行動から泰時の与かり知らぬ所で開戦してしまった宇治川渡河の攻防は、雷雨の中での矢戦となり、泰時軍はたちまち劣勢の窮地に陥る。翌十四日条には、何度も落雷する中、貞幸は佐々木信綱・芝田兼義らとの先陣争いに加わり、馬が矢を受けたため水中に投げ出されて沈んだが、「諏方明神」を祈りながら鎧具足を脱ぎ捨てることで救われ、泰時手ずからの灸治で意識を回復したことが記される。[39] その後も泰時軍は急流に阻まれて敗色濃厚な中、泰時も死を覚悟して自ら前線に出て渡河しようとする。しかしそこで、貞幸が機転を利かせて鎧具足を脱ぐように勧める。[40] これは、貞幸自身が直前に河に沈んだ際に、武具を脱いで浮上した経験を踏まえての進言である。泰時がそれに従って武具を脱ぐ間に、貞幸は馬を隠してしまうことで、泰時を留まらせたという。そうしているうちに、忠臣たちの活躍によりやがて渡河は成功し、それを機に戦況が逆転。この要衝を制圧することで勝利を確定的にした。

こうしてみると、この難戦の勝利にあたり、兵士たちを尊重しつつ、自ら陣頭に立つことで忠臣の奮戦を導いた、徳に溢れる指揮官として泰時が造形されていることがわかる。そして、その最大の正念場にあたって泰時を命の危機から遠ざけた忠臣が、貞幸その人であるように語られている。特に、ここで注目したいのは、貞幸が諏訪明神に祈って一命を取り留め、それが泰時の命を救う機転を導く叙述である。なぜなら、この諏訪明神による泰時への加護こそ、『吾妻鏡』における承久の乱叙述の柱の一つとなっているからである。

諏訪明神にまつわる物語は、戻って六月八日条、戌の刻に義時の館の釜殿に落雷があったとの記事から始まる。義時は官軍に楯突くことを咎める凶兆かと朝威を畏怖するが、大江広元は頼朝による奥州合戦の時の落雷を先例として吉兆である可能性を示唆し、陰陽師三名に占わせたところ、はたして三者ともが「最吉」との判断で一致する(41)。このように、不吉に思われた天変が、解釈一つで一転して吉兆に変わるドラマティックな叙述を経過した後、一連の出来事の意味付けは、三日後の十一日条に至って明かされることとなる。すなわちこの日、鎌倉に諏訪大祝盛重から子息信重が派遣されるとともに書状が届けられるが、その書状は八日付で、天下太平を願う祈祷を実施したとの報告であった(42)。八日とはもちろん、落雷のあった日付である。つまり、吉兆とされた義時邸への落雷は、諏訪社の祈祷への感応であったと判明したわけである。そして、その諏訪明神が十四日には貞幸を助命し、貞幸の経験を通じて泰時をも救済することで、承久の乱の勝利をもたらす流れとなっている。巧みなプロットであると言えよう。

この諏訪明神にまつわる一連の逸話群を要約すると、それは春日貞幸を介した、諏訪明神の泰時への助力の物語、ということになる。

諏訪社と幕府の相互保証

貞幸は、『承久記』諸本の中でも宇治川合戦を描かない慈光寺本には出ない。宇治川の渡河をクライマックスとする流布本や前田家本等の後出本では、はやる泰時を留めた貞幸の功名が特筆されるが、諏訪信仰の文脈には連結しない。貞幸と諏訪信仰との関連は、他書にも見出すことができず、『吾妻鏡』の独自記事なのである。それでは、両者はどのような関係にあるのだろうか。

『信州滋野氏三家系図』によると、貞幸の祖父貞直は「神平」と称され、滋野姓の祢津道直の実子である。そして、

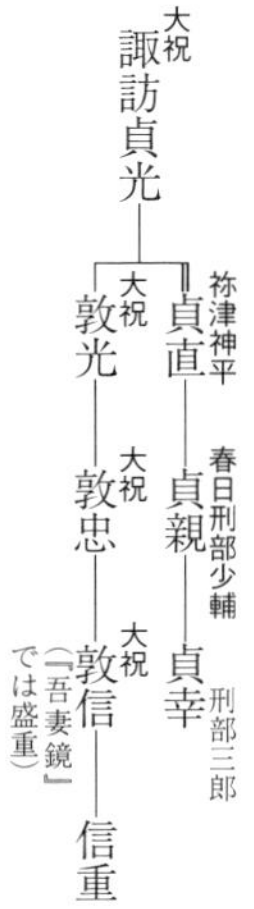

春日貞幸関係系図

前田家本『諏訪氏系図』、および、上社大祝家の庶流である諏訪円忠が延文元年（一三五六）に著した『諏訪大明神絵詞』によると、「祢津神平」貞直は、諏訪の大祝貞光の猶子となっている。[43] また、貞光の息子敦光は、『吾妻鏡』治承四年九月十日条で頼朝の挙兵に呼応して冥助を獲得したとある「篤光」に比定でき、その孫敦信は、信重を子に持つことから、先述の六月十一日条にあった「諏訪大祝盛重」と同一人物と考えられる。他にも『諏訪大明神絵詞』の「第四」では、義時の出兵要請を受けて敦信が冥意を卜占し、「速ニ発向スヘキ神判」を得て「長男小太郎信重ニ、一族家人ノ勇士等相副テ発遣」したとあり、『吾妻鏡』の記述と対応している。敦信を『吾妻鏡』が「盛重」とするのは、何らかの錯誤によるものであろう。[44]

　ともあれ、以上を『吾妻鏡』の文脈に則して言えば、諏訪明神に祈って一命を取り留め、その経験から泰時を助命しえた春日貞幸は、その直前に祈祷で諏訪明神の冥助をとりつけた「諏訪大祝盛重」の又従兄弟にあたることになる（系図参照）。そして、その諏訪氏とは、後の得宗家のきわめて有力な御内人であり、また、文治の頃から頼朝に現人神と認定されるなど、[45] 幕府に保護された存在であった。

　そこで、この貞幸を媒介とする諏訪明神の泰時への助力の物語がどのようにして生成されたかを考えると、乱終結後の六月十七日条、佐々木信綱と芝田兼義の間で先陣の勲功争論がなされた際、貞幸が証人として出廷し証言したとの記事に、貞幸自身の起請文が引用されている点は注目に値する。[46] その中に、「貞幸水底ニ入テ後事。不存知候」との旨が書かれているからである。『吾妻鏡』本文の中でも文書の引用である以上、これを虚構とは考えにくく、この点は事実であった可能性が高い。ならば、まず先陣争いにまつわる貞幸の入水の逸話があり、これが端緒となって、泰時による貞幸助命および貞幸による泰時助命の話が盛り込まれるとともに、貞幸の血縁関係にあたる諏訪大祝家が祈祷という形で幕府の勝利に貢献したとの言説が付与されていった、という見通しが立つ。こうした物語生成の背景には、諏訪社の独特の立ち位置が作用したものだろう。というのも、先述の通り、頼朝以来幕府に保護された諏訪社は、このとき、官軍の敗北を祈ることになったからである。

南北朝期の言説ではあるが、『諏訪大明神絵詞』の「縁起第四」では、承久の乱を大きく取り上げて、従来の合戦と異なり「今度ハ君臣ノ争ヒ上下ノ闘也。天心測カタシ」と判断を迷い、「時ノ祝敦信」が卜占に従い「長男小太郎信重」らを派遣したことを、「神氏ノ正嫡自ラ戦場ニ臨ム事、是最初ナルヘシ」と記しているように、承久の乱は諏訪社の立場からしても大きな転換点であった。『八幡愚童訓』甲本下巻では、結果として官軍を支えなかった八幡社の立場から、論理を尽くしてそれが神慮に叶っていたことを説いているが(47)、八幡社以上に、むしろ積極的に官軍の敗北を祈った諏訪社にこそ、その正当化のために冥慮という根拠が必要とされただろう。そうした要請から、貞幸の物語は生成されたのではないだろうか。

また、それにより、『吾妻鏡』編纂当時において得宗家御内人であった諏訪氏の位置付けもなされることとなる(48)。そこには、泰時の重要な合戦における勝利に冥助をもたらし、決定的な貢献をしたとの言説によって、自らの立場を正当化し、なおかつ得宗家という権威との分かち難い関係を主張する諏訪社の側から語られた家伝的伝承と、泰時の権威化を跡づける得宗家側の利己を原動力とした幕府の正史とが、相互に利用し合う構造がみてとれる。

このように、冥慮による正当性認定という〈歴史〉構築の回路は、ここでも大々的に登場するひとつの論理的軸となっている。では、『吾妻鏡』の文脈において、後鳥羽院麾下の官軍と相対した泰時を勝利に導いてしまう冥慮は、世の中にどのような変化をもたらしたと書かれているのだろうか。最後に、戦後処理と乱の意義付けがなされて総括される部分を追い、『吾妻鏡』の論理を探ってゆきたい。

四、〝盟主〟泰時の誕生

徳にもとづく戦後処理

宇治川渡河の翌日である六月十五日条には、官軍敗戦の報とそれを受けた後鳥羽院の弁明の院宣、泰時の六波羅入り、三浦胤義父子の自害等が語られる。続いて、『史記』にある項羽の秦都攻略を参照しつつ、武士が帝都に充満する事態への悲嘆が述べられるが、(49)これは明らかに『六代勝事記』の記述に拠った評言である。(50)さらに、関東の祈祷が結願となったその同日に官軍が敗北したのは、神仏の感応であると明記される。(51)幕府軍の冥加を語る言説は、執拗なまでに徹底している。

続く戦後処理では、泰時の情けある言動が繰り返し記される。たとえば翌十六日条では、再び『史記』にある殷の湯王の故事を用いて、四面の網の三面を解くように寛大な残党処分を行ったと述べる。しかし、実際には徹底的な残党の掃討が行われたと考えられており、(52)泰時の美化がここにも見られる。続けて、佐々木経蓮（山木合戦で「源家征平氏最前一箭」を放った経高）を助命するも、当人はそれを恥じて自害したので泰時は嘆いたこと、清水寺の僧兵敬月法師を詠歌に免じて助命したことが、和歌の引用を交えて語られる。また、七月十二日条には、後鳥羽院に挙兵を止めるよう諫状を書いていたことが後日になって判明した葉室光親を、すでに処罰してしまったことについて、「武州後悔悩丹府云々」と、泰時がひどく後悔したことが記される。

漢籍や詩歌の引用が頻出するのは、この辺の記事の特徴である。他にも、七月十日・十三日・十四日の各条には、後鳥羽院や土御門院の院司を務めた公卿である藤原宗行の、処刑にいたるまでの悲哀の様が、漢詩や和歌を引用しつつ綴られる。この宗行のエピソードは、『六代勝事記』・『海道記』・『東関紀行』・『古今著聞集』・延慶本『平家物語』等にも見えており、有名な哀話を取り込んだものと言える。また、二十七日条には後鳥羽院の和歌が二首引用されるが、(53)これも『六代勝事記』に載るものと同じである。

そして八月七日条で、「世上属無為。是符合二品禅尼夢想」と、戦前にあった政子の夢告に一致する結果となったことが確認され、神仏への御礼が沙汰される。天皇の廃位や上皇の配流も含めて、皇祖神たる伊勢大神宮の意に沿うものであったことが念押しされるわけである。また、同日条では泰時・政子・義時による無私無欲の領地配分が、「於自分者。無立針管領納。世以為美談云々」と讃えられる。このように、『吾妻鏡』は徳のある戦後処理を語りつつ、漢籍や詩歌を引用しながら体制の転換を穏当に収束させ、冥慮に叶う結果であったことを確認して総括してゆく。この筆法は、頼朝の奥州合戦にも見られるものである。(54)

得宗家執権体制の起源

思えば、この承久の乱の叙述は、夢告・冥加・落雷など、奥州合戦のそれと重なる要素が多いが、二つの合戦は頼朝と泰時がそれぞれ直接遠征した、幕政史上の転換点となる合戦であったという意味で相似関係にある。頼朝の奥州合戦が、頼朝の影響力が奥州に及んだ転機を語るのに対して、泰時の承久の乱は、泰時の影響力が京都に及んだ転機（六波羅探題設置・就任）を語る、と整理すれば、両合戦の対応関係がより明確になるだろう。また、このように奥州合戦の叙述に照らして整理すると、『吾妻鏡』という歴史叙述の文脈における承久の乱の意義付けも考えやすくなる。というのも、奥州合戦の叙述はさまざまな仕掛けを駆使して、幕府による奥州支配体制の起源の〈歴史〉を構築していたからである。(55)

これまで見てきた通り、『吾妻鏡』の承久の乱記事群の中で、泰時は一貫して神仏に加護されつつ、英雄化、徳人化されて描かれていた。この史書が、『承久記』諸本や他の歴史叙述に比して明瞭に持ちえた独自性あるいは文学史的達成は、義時でも政子でもなく、泰時を主人公に据えることで、この兵乱を一定の意義付けのもとに叙述しおおせたことにある。その泰時は歴史的実態として、入京後そのまま六波羅探題に就き、時房とともに三年間在京することとなる。この時期は、諸権門を調整する重要な役割を幕府が担うことになる転換点にあたり、朝幕関係史上きわめて重要な位置にあることは言うまでもない。そして『吾妻鏡』は、その歴史的重大事は泰時の多大なる働きに負うものだった、という〈歴史〉を構築しているわけである。

実際、この史書は貞応三年（一二二四）七月十七日条において、義時死後の執権選定にあたり、泰時しかいないと語る政子の台詞として、「去承久逆乱之時。関東治運。雖為天命。半在武州之功哉」「可為関東棟梁者。武州也。無武州者。諸人争久運哉」と記す。つまり、『吾妻鏡』の論理として、承久の乱を治めたのは泰時の功績であり、それが関東の棟梁たるべき根拠、すなわち執権就任の決め手とされているのである。言うまでもなく、泰時の執権就任は幕政史において、執権得宗家の地位確立を意味している。したがって、ここまで追ってきた『吾妻鏡』における承久の乱の叙述とは、先述した奥州合戦との対応関係に照らして言うならば、北条得宗家執権体制の起源の〈歴史〉を構築しているのだ、という結論が得られたことになる。

ところで、勝者が敗者を生む以上、勝者の歴史は敗者の物語を排出する。この兵乱における敗者の物語は、周知の通り、後鳥羽院の怨霊伝承へと接続してゆくこととなる。たとえば『平戸記』によると、延応年間（一二三九〜四〇）における三浦義村・北条時房の頓死は、いずれも延応元年二月二十二日に隠岐で没した後鳥羽院の怨霊の仕業とみなされていたし、仁治三年（一二四二）の泰時の死も同様の認識がなされていた。[56] しかし、『吾妻鏡』において承久の乱が得宗家執権体制の起源およびその正当性を語る物語であるならば、この兵乱が生んだ後鳥羽院の怨霊という負の遺産は、この史書の歴史叙述にとって不都合な存在である。そうした事情からであろう、おそらく意図的に、『吾妻鏡』はこの話題を一切記していない。[57] 少なくとも結果として、後鳥羽院の怨霊に関する言説の不在が、泰時を理想化する〈歴史〉を、首尾一貫した物語として盤石にしているのは確かである。

このように、『吾妻鏡』が叙述する承久の乱は、源氏将軍の終焉に逢着した幕府にとって、摂家将軍という新たな体制の始発において直面した危機にあたり、得宗家による執権政治体制が必然的に産出されてゆく過程であった。これを、神仏に加護された英雄泰時の功績の帰結とすることで、その必然性を構築し、正当化しているわけである。その際、あくまで三寅の立場の不安定さは語らず、また、頼朝以来の統治者としての正統を、政子を介して泰時が継いでゆくという枠組みを強調することで、その系譜意識が強く喚起される仕掛けとなっている。である以上、この史書の承久の乱記事群に関する史料としての信憑性は、自ずとそうした構想を踏まえた上で個別に判断する必要のあることが了解されよう。

おわりに

ここまで『吾妻鏡』の史料的価値を批判してきたようだが、本稿の意図はむしろ、編纂時の政治的文化的環境あるいは歴史観が叙述を彩ってゆくテクストとしての豊かさを評価することにある。伊勢大神宮の夢告や諏訪明神の加護などの冥慮を巧みなプロットにより描出することで透徹した論理を貫き、壮絶な宇治川合戦と忠臣たちの躍動を活写し、泰時の英雄化を通して執権得宗家体制確立の正当性を物語る『吾妻鏡』の叙述は、あるいは『承久記』諸本よりも完成度の高い軍記物語として捉えることとさえ可能であろう。少なくとも、乱の全貌を一貫した構想の上に叙述しきった『吾妻鏡』が、「恣意と偶発的言動とが横溢し、偶然が支配する世界」を描く慈光寺本『承久記』[58]の示しえなかった眺望を開いてくれることは確かである。

しかしその視界は、『吾妻鏡』を参照していると思しき流布本『承久記』[59]には継承されない。後鳥羽院個人を悪王として排斥することで、王権の永続を語る流布本『承久記』の〈物語〉は「凡庸」と評されるが[60]、それは天皇権力が敗北する以上当然であり、実は勝者の側から叙述する『吾妻鏡』にこそ、完成された軍記物語が描かれえたのではないだろうか。承久の乱は、泰時を主人公としたときに初めて、安定的なパースペクティヴを獲得したのである。このテクストに対する構想論的視座に立った言説分析が、歴史学・文学の双方において有用であり、また必要でもあることを確認して結びとしたい。

註

（1）本文は講談社学術文庫『今物語　全訳注』（講談社、一九九八年）による。
（2）『吾妻鏡』承久三年七月八日条、慈光寺本『承久記』、『増鏡』、『皇代暦』等に記述がある。このとき描かれた似絵は、水無瀬神宮所蔵の有名な後鳥羽院画像（本書表紙カバー参照）であると伝えられている。
（3）原勝郎「吾妻鏡の性質及其史料としての価値」（『史学雑誌』第九編第五・六号、一八九八年）。
（4）八代国治『吾妻鏡の研究』（明世堂書店、一九一三年）、石井進『日本の歴史7鎌倉幕府』（中央公論社、一九六五年）、同『鎌倉武士の実像――合戦と暮しのおきて』（平凡社、一九八七年）など。近年では市川浩史『吾妻鏡の思想史――北条時頼を読む』（吉川弘文館、二〇〇二年）が北条時頼の時代について論じる。
（5）五味文彦「『吾妻鏡』の構想」（『増補　吾妻鏡の方法――事実と神話にみる中世』吉川弘文館、二〇〇〇年）。
（6）五味文彦「『吾妻鏡』の筆法」（前掲註〈5〉の五味文彦著書）。
（7）小林直樹「実朝伝説と聖徳太子――『吾妻鏡』における源実朝像の背景」（『文学史研究』第四七号、二〇〇七年）。
（8）小林直樹「『吾妻鏡』における頼家狩猟伝承――北条泰時との対比の視点から」（『国語国文』第八〇巻第一号、二〇一一年）。
（9）小林直樹「『吾妻鏡』における観音・補陀落伝承――源頼朝と北条泰時を結ぶ」（『文学史研究』第五〇号、二〇一〇年）、および前掲註（8）の小林直樹論文。
（10）王玉玲「『吾妻鏡』災異記事の編纂方針及び意義」（『創価大学人文論集』第二四号、二〇一二年）、池田浩貴「『吾妻鏡』の動物怪異と動乱予兆――黄蝶群飛と鷺怪に与えられた意味付け」（『常民文化』第三八号、二〇一五年）、同「『吾妻鏡』における八幡神使としての鳩への意味付け」（『常民文化』第三九号、二〇一六年）。
（11）本稿ではいわゆる史実か否かにかかわらず、事後の視点から叙述されることで意味付けられた過去像の体系を〈歴史〉と表記する。
（12）拙稿a「白拍子静の物語と語り手」（拙著『義経記　権威と逸脱の力学』和泉書院、二〇一五年。初出は二〇一二年）、b「『吾妻鏡』における〈歴史〉構築の一方法」（前掲拙著。初出は二〇一四年）、c「『吾妻鏡』冒頭部の構成とレトリック」（『紫苑』第一四号、二〇一六年）、d「『吾妻鏡』における貴種流離譚としての幕府草創叙述」（『灘中学校・高等学校教育研究紀要』第六号、二〇一六年）、

e「奥州合戦再読――『吾妻鏡』における〈歴史〉構築の一方法」（『古代文化』第六八巻第一号、二〇一六年）。
（13）高橋秀樹「歴史叙述と時刻――吾妻鏡原史料続考」（佐伯真一編『中世の軍記物語と歴史叙述』竹林舎、二〇一一年）。
（14）『吾妻鏡』の本文は新訂増補国史大系（吉川弘文館）による。引用にあたっては割注や小字を〈　〉で括り、また旧字を新字に直すなど、適宜表記を改めた。以下同じ。
（15）公武対立の歴史観が生じたのは南北朝期であり、『吾妻鏡』編纂時にはまだ成立していなかったと考えられる。この点については、拙稿「承久の乱はいかに語られてきたか――過去像の変容・更新に関する一事例」（『灘中学校・高等学校教育研究紀要』第九号、二〇一九年）に整理した。
（16）なお、本稿は、拙稿「『吾妻鏡』の文学史的達成――承久の乱における〈歴史〉構築」（『灘中学校・高等学校教育研究紀要』第八号、二〇一八年）を書き改めたものである。旧稿は『吾妻鏡』に関する構想論の一環として発表したものだが、本稿では承久の乱に関する史料論としての考察に比重を置いた。
（17）『鎌倉遺文』二六九八号、慈円による西園寺公経宛書状。
（18）河内祥輔「鎌倉幕府と天皇」（同・新田一郎『天皇の歴史04　天皇と中世の武家』講談社、二〇一一年）など。
（19）山本幸司『日本の歴史09　頼朝の天下草創』（講談社、二〇〇一年）など。最近刊行された坂井孝一『承久の乱　真の「武者の世」を告げる大乱』（中央公論新社、二〇一八年）では、朝幕の「駆引き」の一要素として評価されている。
（20）「武家背天気之起。依舞女亀菊申状。可停止摂津国長江。倉橋両庄地頭職之由。二箇度被下　宣旨之処。右京兆不諾申。是幕下将軍時募勲功賞定補之輩。無指雑怠而難改由申之。仍逆鱗甚故也云々」。
（21）「去廿日酉剋。彗星見西方。有騰虵中云々。仍下件状於司天之輩。被尋問之処。於関東。一切不見及由。八人同心申之云々」。
（22）「関東司天不伺見之由。令申之条。非無不審。何無若宮御祈乎之由申之云々」、「依去年彗星可有祈祷否事。於関東不出見上者。不可及沙汰歟由。司天輩依申之」。
（23）「大町上失火。於武州亭前火止訖」。
（24）「大野右近入道。工藤八郎左衛門尉等宅依失火災。右京兆館希有免余炎云々」。
（25）前掲註（12）の拙稿d、e。

(26) 前掲註(4)の八代国治著書。および前掲註(6)の五味文彦論文。
(27) 平田俊春「吾妻鏡編纂の体例について」(同『平家物語の批判的研究　下巻』国書刊行会、一九九〇年)、弓削繁「六代勝事記と吾妻鏡の構想」(同『六代勝事記の成立と展開』風間書房、二〇〇三年。初出は二〇〇一年)。
(28) 前掲註(8)(9)の小林直樹論文に論じられる通り、幕府統括者の立場が頼朝から泰時へ継承されてゆくという『吾妻鏡』の枠組みは、泰時の初登場の記事にはじまり、二代将軍頼家の悪王としての造形と対比的に泰時が位置付けられてゆくという巧妙に練られた叙述を経て、この兵乱にいたるまで一貫している。
(29) 「令待武蔵国軍勢之条。猶僻案也。於累日時者。雖武蔵国衆漸廻案。定可有変心也。只今夜中。武州雖一身。被揚鞭者。東士悉可如雲之従竜者。京兆殊甘心。但大夫属入道善信為宿老。此程老病危急之間籠居。二品招之示合。善信云。関東安否。此時至極訖。擬廻群議者。凡慮之所覃。而発遣軍兵於京都事。尤庶幾之処。経日数之条。頗可謂懈緩。大将軍一人者先可被進発歟者。京兆云。両議一揆。何非冥助乎。早可進発之由。示付武州。仍武州今夜門出」。
(30) なお、泰時が先陣を切って発向したとの言説にも虚構が疑われる。岩田慎平「北条時房論——承久の乱以前を中心に」(『古代文化』第六八巻第二号、二〇一六年)によると、承久の乱の総大将は泰時ではなく時房だった可能性が高いからである。また、慈光寺本『承久記』における発向時の勢揃の記述でも、まず「海道ノ先陣ハ相模守時房」の勢が語られた後に「二陣、武蔵守泰時」の勢が配置されている。慈光寺本『承久記』の本文は新日本古典文学大系『保元物語　平治物語　承久記』(岩波書店)による。
(31) 「可抽世上無為懇祈之旨。示付荘厳房律師。并鶴岡別当法印定豪等」。
(32) 「秀澄自美濃国〈去十九日遣官軍。所被固関方々也。〉進飛脚於京都。申云。関東士為敗官軍。已欲上洛。其勢如雲霞。非仏神之冥助者。難攘天災歟云々。依之。院中徐周章。三院及御立願五社可有御幸之由云々」。
(33) 「武州到于遠江国天竜河。連日洪水之間。可有舟船煩之処。此河頗無水。皆従歩渉畢」。
(34) なお、政子の演説が安達景盛を媒介としてなされたとの記述は、他書に見えない独自記事である。『吾妻鏡』には、安達氏の顕彰記事が散見されるが、その一環とも考えられる。『吾妻鏡』の構想および成立環境に関わってくる問題であり、別に考察したい。
(35) 長村祥知「〈承久の乱〉像の変容——『承久記』の変容と討幕像の展開」(同『中世公武関係と承久の乱』吉川弘文館、二〇一五年。初出は二〇一二年)。

(36)　野口実「慈光寺本『承久記』の史料的価値に関する一考察」（京都女子大学宗教・文化研究所『研究紀要』第一八号、二〇〇五年。本書第３部Ⅰ）。

(37)　「春日刑部三郎貞幸信濃国来会于此所。可相具武田。小笠原之旨。雖有其命。称有契約。属武州云々」。

(38)　「今日。相州。武州休息野路辺。幸島四郎行時。〈或号下河辺。〉相具小山新左衛門尉朝長以下親類上洛之処。運志於武州年尚。於所々令傷死之条。称日者本懐。離一門衆。先立自杜山。馳付野路駅。加武州之陣。于時酒宴砌也。武州見行時。感悦之余閣盃。先請座上。次与彼盃於行時。令太郎時氏引乗馬。〈黒。〉剰至于所具之郎従及小舎人童。召幕際。与餉等云々。芳情之儀。観者弥成勇云々」。

(39)　「貞幸乗馬。於河中各中矢漂水。貞幸沈水底。已欲終命。心中祈念諏方明神。取腰刀切甲之上帯小具足。良久而僅浮出浅瀬。為水練郎従等被救訖。武州見之。手自加数箇所灸之間。住正念」。

(40)　「及日出之期也。武州招太郎時氏云。吾衆擬敗北。於今者。大将軍可死之時也。汝速渡河入軍陣。可捨命者。時氏相具佐久満太郎。南条七郎以下六騎進渡。武州不発言語。只見前後之間。駿河次郎泰村〈主従五騎。〉以下数輩又渡。爰官軍見東士入水。有乗勝気色。武州進駕擬越河。貞幸雖取騎之轡。更無所于拘留。貞幸謀云。着甲冑渡之者。大略莫不没死。早可令解御甲給者。下立田畝。解甲之処。引隠其乗馬之間。不意留訖」。

(41)　「同日戌刻。鎌倉雷落于右京兆館之釜殿。疋夫一人為之被侵畢。亭主頗怖畏。招大官令禅門示合云。武州等上洛者。為奉傾朝庭也。而今有此怪。若是運命之可縮端歟者。禅門云。君臣運命。皆天地之所掌也。倩案今度次第。其是非宜仰天道之決断。全非怖畏之限。就中此事。於関東為佳例歟。文治五年。故幕下将軍征藤泰衡之時。於奥州軍陣雷落訖。先規雖明故可有卜筮者。親職。泰貞。宣賢等。最吉之由同心占之云々」。

(42)　「諏訪大祝盛重去八日状。今日到来鎌倉。廻世上無為懇祈之由献巻数。又子息太郎信重。相具小笠原上洛云々」。

(43)　『諏訪大明神絵詞』の「縁起第五」冒頭には、「祢津神平貞直、本姓ハ滋野ナリシヲ、母胎ヨリ神ノ告アリテ、神氏ニ約テ大祝貞光カ猶子トシテ、字ヲ神平トソ云ケル。諏方郡内一庄ノ領主トシテ、保元・平治ノ戦場ニモ向ニケリ。武勇ノ業ノミニアラス、東国無双ノ鷹匠ナリ」とある。ただし、本巻は題字の下に小書で「此巻ハ後書続入縁起云々」とある。本文は神道大系『諏訪』（神道大系編纂会）による。

(44)　この点、石井進「中世の諏訪信仰と諏訪氏」（『石井進著作集第五巻』岩波書店、二〇〇五年。初出は一九九七年）の考証がある。あるいは、註（48）に触れる蓮仏の存在を念頭に置いた曲筆かもしれない。

（45）文治二年（一一八六）十一月八日条所引の文書に「大明神者。以神主大祝下知。為　御宣事也」とある。

（46）「於六波羅。勇士等勲功事。糺明其浅深。而渡河之先登事。信綱与兼義相論之。於両国司前及対決。信綱申云。謂先登詮者入敵陣之時事。打入馬於河之時。芝田雖聊先立。乗馬中矢。着岸之剋。不見来云々。兼義云。佐々木越河事。偏依兼義引導也。景迹為不知案内。争進先登乎者。難決之間。尋春日刑部三郎貞幸。貞幸以起請述事由。其状云。

去十四日宇治川被越間事

自岸落時者。芝田先立トイヘトモ。佐々木ス、ム。仍芝田。佐々木カ馬ノ弓手ノ方ニアリ。貞幸同妻手ノ方ニ引エタリ。佐々木カ馬ハ。両人カ馬ノ頭ヨリモ。鞭タケハカリ先ツ。中山次郎重継又馬ヲ貞幸カ馬ニナラフ。但是ハ中島ヨリアナタノ事也。貞幸水底ニ入テ後事。不存知候。以下略之。

武州一見此状之後。猶問傍人之処。所報又以符合之間。招兼義誘云。諍論不可然。只以貞幸等口状之融。欲註進関東。然者。於賞者定可為如所存歟者。兼義云。雖不預縦万賞。至此論者。不可承伏云々」。

（47）「縦非道ノ御企也トモ、縦武家ノ氏神也共、何ゾ帝運ヲ継給フ正統ヲ捨ン」と疑問を投げかけて「就之閑思ヘバ神恵深也」とし、先例を縷々検討した上で「公家ハ武家ヲ憚リ、又武家ハ公家ニ恐テ、専不可有自由之政務者也。然者文武二道ノ徳化アリ。東関破テハ洛陽難得安全、将率衰ヘバ民烟ノ荒廃無疑」と結論する。本文は日本思想大系『寺社縁起』（岩波書店）による。

（48）『吾妻鏡』においては、蓮仏（諏訪盛重。ただし、貞幸の又従兄弟である敦信とは別人）が寛喜二年（一二三〇）二月三十日に泰時の家人として登場して以来、明らかに得宗家の側近＝御内人として出ている。蓮仏は泰時・経時・時頼の三代に仕え、宝治合戦では特段の活躍が描かれている。

（49）「秉燭之程。官兵宿廬各放火。数箇所焼亡。運命限今夜之由。都人皆迷惑。非存非亡。各馳走東西。不異秦項之災。東士充満畿内畿外。求出所遁戦場之歩兵。斬首拭白刃不有暇。人馬之死傷塞衢。行歩不安。郷里無全室。耕所無残苗。好武勇西面北面忽亡。立辺功近臣重臣。悉被虜」。

（50）「やどごとに火をかけし、ほのほのひかり、けぶりの色、たかきもいやしきもゆくへをしらず。たゞこよひばかりとまどひあへるよのなか、秦項の災も是にはしかじとぞみえし。同十五日に、百万のいくさ入洛して、畿内・畿外にみちみてり。戦場をのがれたるものをあなぐりもとめて首をきる事、白刃をのごふにひまあらず。人馬の死傷ちまたをふさぎて、行歩たやすからず。郷里にはまたき室なく、耕所にはのこれる苗なし。西面・北面の朝恩にほこりて武勇をこのむ、たちまちにほろび、近習・寵臣の辺功をたつる、こと〴〵とらへられぬ」。本文は中世の文学『六代勝事記・五代帝王物語』（三弥井書店）による。

(51)「今日。関東祈祷等結願也。属星祭々文。民部大夫行盛相兼草清書。及此期。官兵令敗績。可仰仏力神力之未落地矣」。

(52) 前掲註（19）の坂井孝一著書。

(53)「タラチメ《ママ》ノ消ヤラテマツ露ノ身ヲ風ヨリサキニイカテトハマシ」「シルラメヤ憂メヲミヲノ浦千鳥嶋《ママ》々シホル袖ノケシキヲ」。後者の第四句「嶋」は「鳴」の誤記。吉川本や『六代勝事記』では「なく」。

(54) 前掲註（12）の拙稿e。

(55) 前掲註（12）の拙稿e。また、稿者がこれまで論じてきた野木宮合戦や清水冠者追討合戦、あるいは山木合戦に始まる頼朝の関東平定においても、それぞれ北関東、信濃、南関東の幕府支配下への繰り入れを語っていた（前掲註〈12〉の拙稿a、b、d）。正史における合戦記とは本質的に版図拡大の正当化という役割を負っているとも言えそうである。

(56) 今野慶信「後鳥羽院の怨霊——利用される怨霊」（鈴木彰・樋口州男編『後鳥羽院のすべて』新人物往来社、二〇〇九年）が、後鳥羽院の怨霊に関する言説を時系列的に整理している。

(57)『吾妻鏡』で後鳥羽院の怨霊に言及する記事として、宝治元年（一二四七）四月二十五日条と建長四年（一二五二）正月十二日条の二例がある。前者は鶴岡の乾の山麓に鎮魂のため御霊を勧請したとの記事で、後者は後鳥羽院の使の霊が時頼邸に潜むとの託宣があったという記事だが、いずれも北条時頼の執政時代に属し、泰時にまつわる歴史叙述の文脈への影響は読み取り難い。また、後者は鶴岡別当隆弁の法力顕彰記事としての色彩が強い。

(58) 佐倉由泰「『承久記』の機構」（同『軍記物語の機構』汲古書院、二〇一一年。初出は二〇〇一年）。

(59) 杉山次子「承久記諸本と吾妻鏡」（『軍記と語り物』第一一号、一九七四年）。

(60) 大津雄一「誰カ昔ノ王孫ナラヌ」「二流の〈歴史〉」（同『軍記と王権のイデオロギー』翰林書房、二〇〇五年。初出は一九八九年・一九九九年）。

付録

承久の乱の幕府軍進路図
王家（院宮家）・九条家・北条氏関連系図
承久の乱関連略年表

陸奥
越後
5/30
越後府中
越中
下野
北陸道軍
上野
常陸
信濃
東山道軍
武蔵
下総
甲斐
相模
鎌倉
上総
5/21
東海道軍
安房
三河
駿河
遠江
伊豆
6/2
遠江府中

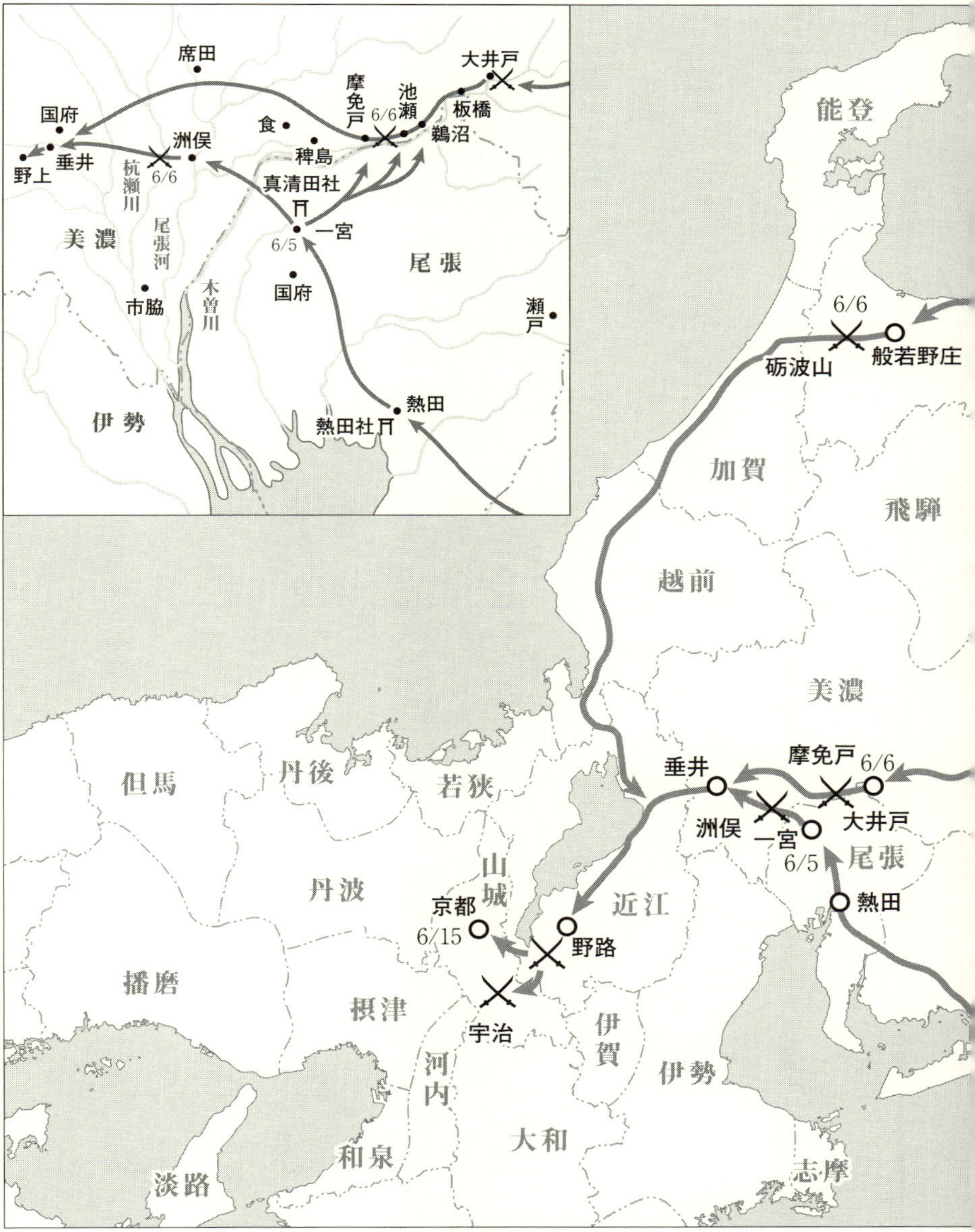

承久の乱の幕府軍進路図（左上は尾張・美濃周辺拡大図）　※野口実「ドキュメント承久の乱」（『別冊歴史読本』第15巻第28号、1990年）所収図を参考に作成。中世の海岸線は確定できないため、現在の地図を用いて作図した。

王家（院宮家）・九条家・北条氏関連系図（作成：岩田慎平）

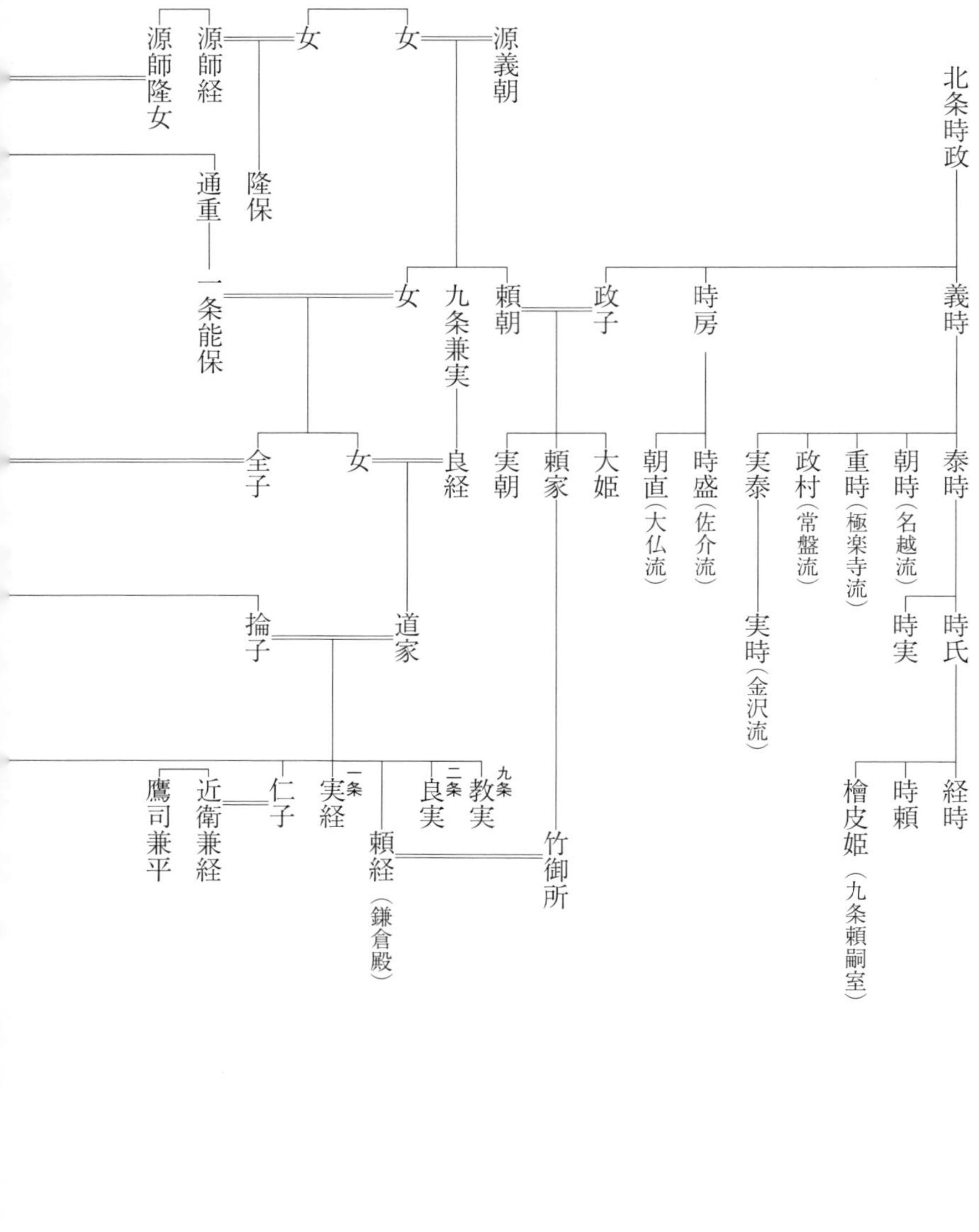

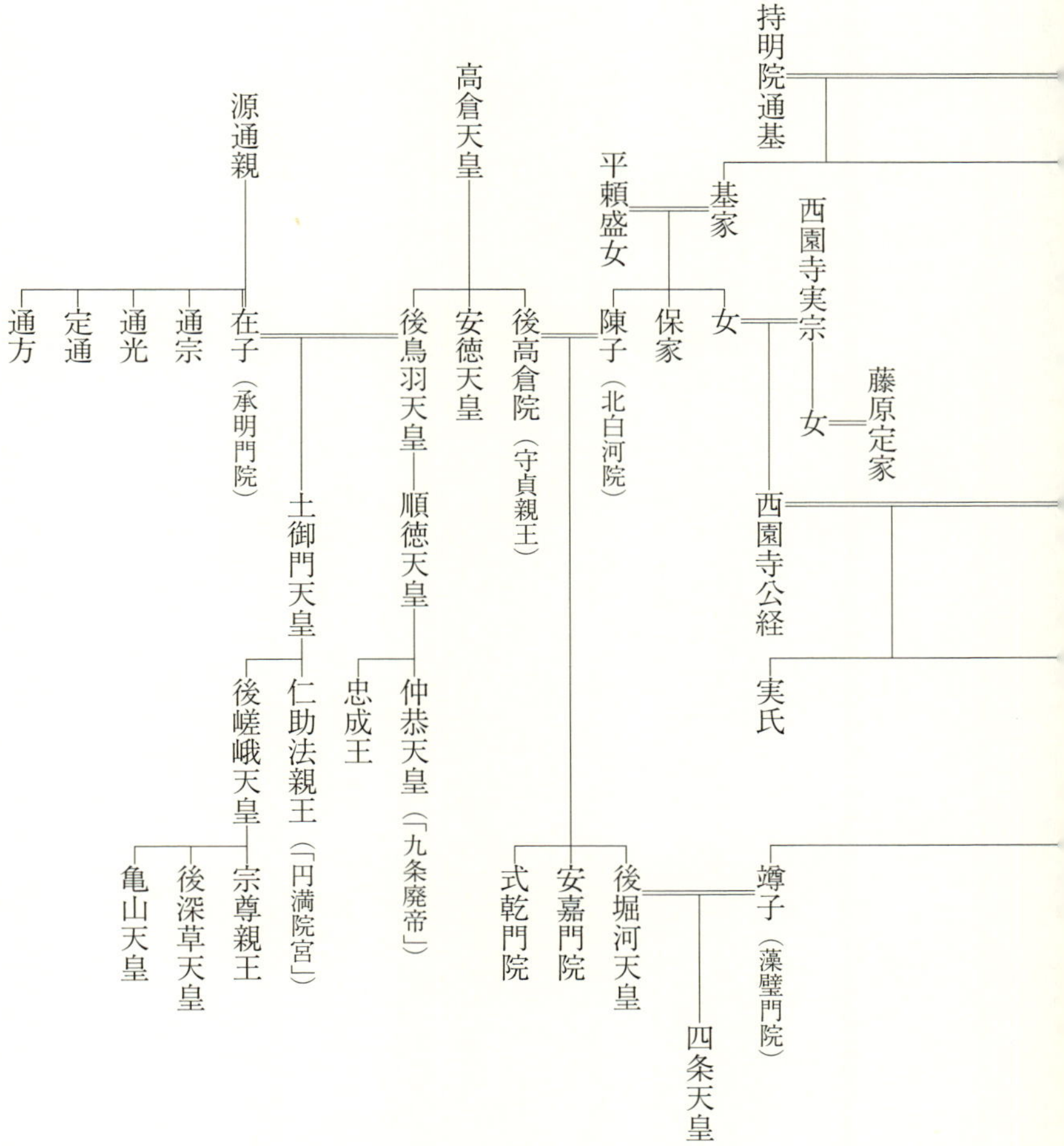
持明院通基
基家
平頼盛女
西園寺実宗
女
保家
陳子（北白河院）
藤原定家
女
西園寺公経
実氏
竴子（藻壁門院）
後堀河天皇
四条天皇
安嘉門院
式乾門院
高倉天皇
後高倉院（守貞親王）
安徳天皇
後鳥羽天皇
順徳天皇
仲恭天皇（「九条廃帝」）
忠成王
源通親
在子（承明門院）
土御門天皇
仁助法親王（「円満院宮」）
後嵯峨天皇
宗尊親王
後深草天皇
亀山天皇
通宗
通光
定通
通方

承久の乱関連略年表

和暦	西暦	月日	事項
建保七年（承久元年）	一二一九	正月二十七日	右大臣拝賀のため、鶴岡八幡宮に赴いた三代将軍源実朝が、二代将軍頼家の遺児公暁に暗殺される。
		二月十三日	執権北条義時、政所執事二階堂行光を京都に派遣し、後鳥羽上皇に皇子の関東下向・将軍就任を打診する。この打診に対し、翌閏二月十二日、上皇は留保の意向を示す。
		二月十四日	義時、京都警固のために義兄の伊賀光季を派遣する。
		二月二十九日	義時、大江親広を京都守護に任命する。
		三月八日	後鳥羽上皇、藤原忠綱を鎌倉に派遣し、実朝の弔問とともに、寵愛する遊女亀菊の所領である摂津国長江庄の地頭職改補を求める。
		三月十五日	義時、実弟時房に軍勢千騎を率いて上洛させ、長江庄の地頭職改補には応じられない旨を伝えるとともに、皇子の関東下向・将軍就任について再度打診する。これ以後、幕府と上皇との対立が深まる。
		六月三日	幕府が後鳥羽上皇皇子の将軍就任を諦め、左大臣九条道家の子である三寅（のちの頼経）を将軍後継とすることが決まる。これにより、三寅に関東下向を命じる宣旨が下される。
			この間、幕府討滅を決意した後鳥羽上皇が、近臣藤原秀康に命じて義時追討を計画。幕府の有力御家人三浦義村の弟で、検非違使として在京中の三浦胤義をはじめ、畿内近国の武士の誘引を図る。

承久三年	一二二一	
	四月二十日	後鳥羽上皇の義時追討計画を支持する順徳天皇（上皇第三皇子）が譲位し、子の仲恭天皇（懐成親王）が即位する。順徳上皇は、以後、義時追討計画に積極的に関与する。
	四月二十八日	後鳥羽上皇の御所である高陽院殿に、上皇の誘いに応じた武士一千余騎が参集する。
	五月十四日	後鳥羽上皇、義時追討のため挙兵する。この間、幕府の命で京都警固にあたる大江親広・伊賀光季に臣従を求める。また、幕府と親密な関係をもつ西園寺公経・実氏父子を高陽院殿内の弓場殿に幽閉する。
	五月十五日	後鳥羽上皇、臣従要求に応じなかった光季の館に軍勢を派遣し、光季を討伐する。光季は使者を遣わし、上皇の挙兵を鎌倉に知らせる。また、三浦胤義が使者を遣わし、兄義村の上皇方への誘引を図る。 後鳥羽上皇、五畿七道諸国に義時追討を命じる官宣旨、および幕府の有力御家人らに義時の幕政奉行停止を命じる院宣を下す。
	五月十九日	後鳥羽上皇の下部押松から、鎌倉の有力御家人らのもとに宣旨・院宣がもたらされる。伊賀光季の使者や弟胤義の誘引を退けた三浦義村らを通じ、北条政子・義時に上皇の挙兵が伝えられる。政子の説得により、有力御家人らの離反が回避される。幕府、侍所に有力御家人らを集め、上皇挙兵への対応策を協議し、東海道・東山道・北陸道の防備を固めたのち、西上の軍勢を派遣することを決定。
	五月二十一日	西上の軍勢として、北条泰時（義時の嫡子）を大将とする東海道軍、武田信光・小笠原長清を大将とする東山道軍、北条朝時（義時の二男）を大将とする北陸道軍が編成され、鎌倉を出陣する。
	六月一日	後鳥羽上皇の下部押松が京都に帰還し、上皇に幕府軍の上洛を伝える。

承久三年	一二二一	五月三十日	幕府東海道軍の先陣が遠江国橋本宿に到達。この際、幕府軍を離脱した安房国の住人筑井高重が討伐される。
		六月三日	後鳥羽上皇、幕府軍西上の知らせを受け、東海道・東山道・北陸道の三手に分けて幕府軍迎撃の軍勢を派遣する。この後、尾張国を本拠とする山田重忠が官軍の大将軍藤原秀澄に、全軍による東海道軍攻撃・鎌倉侵攻を献策するが却下される。
		六月五～六日	幕府東山道軍、美濃国大井戸渡を守る大内惟信・蜂屋入道らを破り、同国鵜沼を守る神地頼経・上田刑部を降伏させる。各地での官軍敗戦を受け、摩免戸を守る藤原秀康・三浦胤義をはじめとする官軍の諸将が退却。幕府東海道軍が木曽川を渡り、墨俣に進出する。その際、杭瀬川付近に陣した官軍の山田重忠がわずかな手勢を率いて奮戦するが、退却する。
		六月八日	官軍の敗戦が後鳥羽上皇に伝えられる。上皇、比叡山への避難を試みるが、延暦寺の協力を得られず高陽院殿に還御する。
		六月十四日	敗走した三浦胤義・山田重忠らが京都に帰還。高陽院殿での徹底抗戦を訴えるが、拒絶した後鳥羽上皇により退去を命じられる。両軍、宇治・芋洗・淀等で合戦。
		六月十五日	幕府東海道軍の大将泰時が京都六波羅に到着。官軍の三浦胤義、京都木島で自害する。
		六月十七日	泰時、鎌倉に戦勝報告を行うとともに、戦後処理についての指示を仰ぐ。
		六月二十三日	義時、京都の泰時に戦後処理についての指示を下す。
		六月二十四日	幕府北陸道軍の大将朝時が京都六波羅に到着。

七月二日	後鳥羽上皇、高陽院殿から左京三条三坊十町の押小路泉殿に移される。四日には一条万里小路の四辻殿に、六日には京外の鳥羽殿に移される。
七月九日	幕府の意向により、仲恭天皇が廃され、後鳥羽上皇の兄守貞親王の三男（茂仁親王）が践祚する（後堀河天皇）。
七月十日	北条時氏（泰時の嫡子）が鳥羽殿に赴き、上皇に流罪を宣告する。
七月十三日	後鳥羽上皇が近臣・女房らとともに、隠岐に配流される。
七月二十一日	後鳥羽上皇に荷担した順徳上皇が佐渡に配流される。
七月二十四日	後鳥羽上皇に荷担した皇子雅成親王が、但馬に配流される。
閏十月十日	後鳥羽上皇の第一皇子である土御門上皇が、土佐に配流される。
嘉禄二年	一二二六
正月二十三日	藤原頼経（三寅）、征夷大将軍となる。

あとがき

日本の歴史に大きな変革をもたらしたのは、律令国家の成立・鎌倉幕府の成立・明治国家の成立で、それは西欧史の発展段階を示す古代・中世・近代の成立に対応する。高校生時代の私は日本史をこのように理解し、この三つの事象の中で唯一、日本社会が外圧を受けることなく、主体的に変革を遂げたのは鎌倉幕府の成立であり、わが国の社会変革を考えようとするならば、学ぶべき対象はこの時代であると考えた。

戦前来、日本人の歴史認識の中で貴族と武士は対立的に捉えられ、軟弱で腐敗堕落《ふはいだらく》した女々《めめ》しい貴族は唾棄克服《だきこくふく》されるものであり、それを達成したのが草深い東国に成長した朴訥《ぼくとつ》だが健全で勇ましい武士たちであるという理解が常識だった。これが、戦後の日本史学界を風靡した階級闘争史観と整合したことでさらに補強され、学界でも通説化していた。そのような理解からすると、「承久の乱」とは、克服されるべき古代的勢力が歴史の流れに抗して惹起《じゃっき》させた反動的事件であり、これに東国武士の政権である「鎌倉幕府」が勝利したことは、古代の残滓《ざんし》を払拭した意味を持つ。すなわち、「公武二元政治《こうぶにげんせいじ》」の解消であり、幕府が国家の主権者としての地位を確立した画期ということになる。

しかし、大学の史学科に入り、鎌倉時代を専攻するゼミに属してこのような考え方を披瀝した私に対し、指導教授の貫達人先生は驚くべき論文を示された。承久の乱こそが鎌倉幕府の成立だというのである。先生は「承久の乱」という用語を使わず、武家による王権簒奪の意味を込めて「承久の変」と呼んだから、これも含めて私は大いに反発した。私は貫先生の後輩にあたる石井進氏の所説に従い、源頼朝によって東国に革命的な政権の樹立された治承四年（一一八〇）こそが鎌倉幕府の成立だと考えていたからである。

それから半世紀近くの時間が経過した今、私は貫先生の所説に近い立場にいる。普通、武士の世が始まるといわれる十二世紀半ばから、その後一世紀あまりの東国武士の存在形態を追い、ついで院政・平家政権、さらに頼朝政権の実相を学んでいった結果、学生時代の認識は大きく変更を余儀なくされたのである。

十二世紀末に至る頃の東国武士に関する研究成果は、既にいくつかの著書を世に問うている。承久の乱についても、せめて一書をまとめておきたいと考えていた。しかし、諸事に紛れ、さらに老いが加わってなかなか実現できない。そこで、私の周囲に集ってくれた若い研究者たちに御助力を仰いだ。新しい日本中世前期の歴史研究の潮流の中で活躍されている彼らの新稿のなかに、私の拙い旧稿を加えさせていただく形で一書を編ませていただいた。

もうすぐ、承久の乱から八〇〇年を迎えることもあってか、最近つぎつぎと、この事件に関する一般向けの本が刊行されるようになった。坂井孝一氏の『承久の乱』（中公新書）は、政治過程の理解において、私とは見解を異にする部分が見受けられるものの、本書の執筆に参加された研究者たちによる最新の知見も多く取り入れられていて、わかりやすく整理された好著だが、他の本は「公武対立」や「討幕」といった旧態《きゅうたい》依然《いぜん》とした公武対立史観に塗り固められている。こうした状況からも、学術的レベルから「承久の乱」を論じた書籍の刊行は意味を持つと思う。

最後に、多忙な中、素晴らしい論文を寄せて下さった執筆者のみなさん、それに、構成案の作成から執筆者への連絡など煩瑣《はんさ》な編集事務を一手に引き受けて下さった戎光祥出版株式会社の丸山裕之氏、年表作成をはじめ、制作の労をとられた石田出氏に記して謝意を表して擱筆したい。

二〇一九年二月

野口　実

【初出一覧】

野口　実「序論　承久の乱の概要と評価」（鈴木彰・樋口州男編『後鳥羽院のすべて』新人物往来社、二〇〇九年）
※原題「承久の乱」を改題のうえ、収録。

第1部　幕府の諸将と宇治川の合戦

Ⅰ　野口　実「承久の乱における三浦義村」（『明月記研究』第一〇号、二〇〇五年）
Ⅱ　岩田慎平「承久の乱とそれ以後の北条時房」（新稿）
Ⅲ　野口　実「承久宇治川合戦の再評価」（京都女子大学宗教・文化研究所『研究紀要』第二三号、二〇一〇年）

第2部　後鳥羽院をめぐる人間関係

Ⅰ　山岡　瞳「後鳥羽院と西園寺公経」（新稿）
Ⅱ　曽我部　愛「後宮からみた後鳥羽王家の構造」（新稿）
Ⅲ　生駒孝臣「後鳥羽院と承久京方の畿内武士」（新稿）

第3部　さまざまな資料に描かれた承久の乱

Ⅰ　野口　実「慈光寺本『承久記』の史料的評価に関する一考察」（京都女子大学宗教・文化研究所『研究紀要』第一八号、二〇〇五年）

II　長村祥知「『平安通志』と『承久軍物語』」（新稿）

III　藪本勝治「『吾妻鏡』の歴史叙述における承久の乱」（新稿）

【執筆者一覧】

序論

野口　実　別掲

第1部

岩田慎平　一九七八年生。現在、神奈川県愛川町郷土資料館学芸員。

第2部

山岡　瞳　一九八四年生。京都大学大学院博士後期課程修了。

曽我部　愛　一九七九年生。現在、関西学院大学非常勤講師。

生駒孝臣　一九七五年生。現在、花園大学文学部専任講師。

第3部

長村祥知　一九八二年生。現在、京都府京都文化博物館学芸員。

藪本勝治　一九八三年生。現在、灘中学校・高等学校教諭。

【編者紹介】

野口 実（のぐち・みのる）

1951年、千葉県生まれ。

青山学院大学大学院文学研究科史学専攻博士課程修了。文学博士。

鹿児島経済大学教授、京都女子大学宗教・文化研究所教授などを経て、現在、京都女子大学名誉教授。

主な著書に、『武家の棟梁の条件　中世武士を見直す』（中公新書、1994年）、『中世東国武士団の研究』（高科書店、1994年）、『武家の棟梁源氏はなぜ滅んだのか』（新人物往来社、1998年）、『伝説の将軍　藤原秀郷』（吉川弘文館、2001年）、『源氏と坂東武士』（同、2007年）、『武門源氏の血脈　為義から義経まで』（中央公論新社、2012年）、『源義家』（山川出版社、2012年）、『坂東武士団と鎌倉』（戎光祥出版、2013年）、『坂東武士団の成立と発展』（戎光祥出版、2013年）、『東国武士と京都』（同成社、2015年）、『小山氏の成立と発展』（編著、戎光祥出版、2016年）など多数。

装丁：藤田美咲

戎光祥中世史論集　第8巻

承久《じょうきゅう》の乱《らん》の構造《こうぞう》と展開《てんかい》
転換《てんかん》する朝廷《ちょうてい》と幕府《ばくふ》の権力《けんりょく》

二〇一九年四月一日　初版初刷発行

編　者　野口 実
発行者　伊藤光祥
発行所　戎光祥出版株式会社
〒一〇二－〇〇八三
東京都千代田区麹町一－七　相互半蔵門ビル八階
電　話　〇三－五二七五－三三六一㈹
ＦＡＸ　〇三－五二七五－三三六五
編集協力　株式会社イズシエ・コーポレーション
印刷・製本　モリモト印刷株式会社

https://www.ebisukosyo.co.jp
info@ebisukosyo.co.jp

ISBN978-4-86403-317-6

戎光祥中世史論集　A5判／並製

巻	タイトル	頁数／価格	編者
第1巻	中世の西国と東国 ——権力から探る地域的特性	242頁／3,600円＋税	川岡 勉 編
第2巻	甲斐源氏 ——武士団のネットワークと由緒	255頁／3,600円＋税	山梨県立博物館 監修／西川広平 編
第3巻	足利尊氏 ——激動の生涯とゆかりの人々	236頁／3,600円＋税	峰岸純夫・江田郁夫 編
第4巻	小山氏の成立と発展 ——軍事貴族から中世武士の本流へ	192頁／2,800円＋税	野口 実 編
第5巻	南近畿の戦国時代 ——躍動する武士・寺社・民衆	262頁／3,800円＋税	小谷利明・弓倉弘年 編
第6巻	戦国大名の土木事業 ——中世日本の「インフラ」整備	278頁／3,800円＋税	鹿毛敏夫 編
第7巻	戦国時代の大名と国衆 ——支配・従属・自立のメカニズム	307頁／4,000円＋税	戦国史研究会 編

好評の関連書籍

シリーズ・書名	判型・頁数／価格	著者・編者
戎光祥研究叢書 第1巻　坂東武士団の成立と発展（在庫僅少）	A5判／上製／317頁／6,000円＋税	野口 実 著
戎光祥研究叢書 第2巻　中世の畿内武士団と公武政権	A5判／上製／337頁／8,400円＋税	生駒孝臣 著
中世武士選書 第15巻　坂東武士団と鎌倉（在庫僅少）	四六判／並製／241頁／2,500円＋税	野口 実 著
中世武士選書 第38巻　源頼朝——鎌倉幕府草創への道	四六判／並製／213頁／2,500円＋税	菱沼一憲 著
シリーズ・中世関東武士の研究 第7巻　畠山重忠	A5判／並製／368頁／6,300円＋税	清水 亮 編著
シリーズ・中世関東武士の研究 第14巻　源範頼	A5判／並製／373頁／6,500円＋税	菱沼一憲 編著
戎光祥選書ソレイユ002　九条兼実——貴族がみた『平家物語』と内乱の時代	四六判／並製／162頁／1,800円＋税	樋口健太郎 著

各書籍の詳細および最新情報は戎光祥出版ホームページ（https://www.ebisukosyo.co.jp）をご覧ください。